KB038565

HRD 관점에서 본
경력개발
CAREER
DEVELOPMENT
A HUMAN RESOURCE DEVELOPMENT PERSPECTIVE

Kimberly McDonald & Linda Hite 저 · 박용호 역

HRD 담당자에게 남기는

경력개발

CAREER
DEVELOPMENT

Kimberly McDonald & Linda M. ...

역자서문

나는 인적자원개발학자이며 경력연구자이다. 학자로서 이러한 나의 정체성에 부합한 책을 만나고 이를 우리말로 번역할 수 있었다는 것은 큰 행운이었다. 번역하는 기간 내내 우리 사회에서 그리고 인적자원개발학 분야에서 경력 관련 논의가 보다 다양한 관점에 기초하여 이루어지기를 소원하는 마음이었다. 또한 작은 일이라도 섬기기를 소망하는 마음으로 이 번역서를 출간하게 되었다.

미국 학회의 경향일 수 있지만 현재 인적자원개발학을 조망하는 관점이 주로 학습과 성과에 기초하고 있으며 교육훈련과 조직개발을 핵심영역으로 삼고 있다는 점은 경력연구자인 나로서는 아쉬운 점이다. 이 책의 저자인 Kimberly McDonald와 Linda Hite는 그러한 상황 속에서도 경력개발과 관련된 논의를 꾸준히 전개해 온 학자들이다. 나는 인적자원개발학의 대상이 인간이라는 점을 고려할 때 이후의 논의는 개인들이 지닌 삶의 의미, 가치, 목적의식 등 경력개발의 주제를 중심으로 더욱 활발히 이루어질 것이라고 확신한다. 이 책을 읽는 독자들도 경력개발의 다양한 주제를 탐구하고 실천할 수 있기를 희망한다.

나는 경력을 삶의 관점으로 바라보아야 한다고 생각한다. 일과 관련된 모든 경험으로 정의되는 경력은 우리의 일생과 밀접한 관계가 있기 때문이다. 최근에는 기술의 변화나 고용주와의 심리적 계약의 변화 등으로 인해 일의 의미와 개인의 책임이 경력과 관련된 논의에서 강조되고 있다. 이 책은 그러한 경력환경의 변화 속에서 경력개발을 어떻게 탐구하며 또한 어떻게 실행에 옮길 것인지를 다루고 있다. 따라서 인적자원개발의 관점에 기초하고 있으나 반드시 그에 국한된 것은 아니라는 점을 밝히고 싶다.

이 책의 개요 등은 서론의 역할을 하는 1장에서도 언급하고 있으나, 역자로서 각 장의 주제를 간략히 설명하고자 한다. 이 책의 서론인 1장은 경력개발의 역사와 경력의 중요성을 다루고 있다. 2장은 경력개발의 개념과 관점을 설명하고 있으며, 3장과 4장은 조직 내 경력개발에서 사용할 수 있는 프레임워크와 방법을 설명하고 있다. 5장은 경력심리학 이론을 설명하며, 6장은 경력개발의 장애요인과 다양성을 다룬다. 7장은 경력개발의 도전과제를, 끝으로 8장은 경력개발의 윤리적 문제를 다루고 있다. 이 책을 번역한 사람으로서 연구자이든 실천가이든 전체 맥락을 감안하여 활용할 것을 권하고 싶다. 인적자원을 다루는 연구자와 실천가 모두에게 의미 있는 시사점을 제공해 줄 것으로 확신한다.

번역이라는 일이 정말 어려운 일이라는 것을 마무리하고 난 후 더욱 절감하게 되었다. 저자의 주장과 의미를 최대한 그대로 표현하였지만, 우리말의 표현과 어울리지 않는 부분은 최대한 독자들의 이해도를 높이는 방향으로 문장을 구성하였다. 또한 이 책에서 제공하는 50여 개의 각주는 모두 개념을 설명하고 의미를 보다 명확하게 하고자 본 역자가 추가한 '역자주'임을 밝힌다. 원문에서 저자들은 하나의 각주만을 사용하였는데, 이 내용도 역자의 설명을 추가하여 역자주로 변경하였음을 밝힌다.

끝으로 이 책이 나오기까지 도움을 주신 분들에게 감사의 말을 전하고 싶다. 번역서 출간을 오랜 기간 기다려 준 박영스토리의 노현 대표님과 이선경 차장님께 감사드리며, 꼼꼼하게 편집해 준 강민정 선생님께도 감사의 말씀을 전하고 싶다. 또한 이 책의 첫 독자가 되어준 홍유리, 강지훈, 김민지, 임혜경 등 연구실 식구들에게 고마움을 전하고 싶다. 그리고 늘 그렇듯 언제나 내편이 되어주는 가족들에게 감사의 마음을 전한다.

2019년 11월
박용호

서문

이 책 『HRD 관점에서 본 경력개발』은 조직 내 HR 기능에서 경력개발의 역할을 설명하기 위해 전략적 프레임워크를 제시하고 있다. 이 프레임워크는 경력개발의 다양한 해결책을 포함하고 있으며 이와 동시에 다양성, 일과 삶의 균형, 윤리 등의 주제도 다루고 있다.

역사적으로 경력개발은 '어떻게 경력을 축적할 것인지'를 다루는 개인중심의 관점과 '어떻게 구성원을 개발하여 이익을 얻을 것인지'를 다루는 경제적 관점 중 하나를 취하여 왔다. 이 책의 저자인 McDonald와 Hite는 이러한 두 관점이 지닌 장점에 기초하여 통합된 경력개발 프레임워크를 제공한다. 이들은 상담분야에 뿌리를 두고 있는 경력개발의 이론적 토대 위에 HRD 및 관련분야의 문헌을 추가하여 기존의 이론과 통합하고 확장하였다. 실천적으로 이책은 현재와 미래의 일터와 관계된 다양한 연령의 개인과 업무형태 등도 포괄하고 있다. 이 책의 마지막 부분은 다양한 배경을 지닌 개인들을 대상으로 하는 경력개발, 경력개발에서의 윤리, 일과 삶의 균형 등의 이슈도 다룬다.

이 책을 통해 현장의 전문가들은 성공적인 경력개발 프로그램을 개발하고 유지하는 데 실질적인 도움을 얻을 것이며, 학자들은 관련 논의를 발전시켜 향후 새로운 연구를 수행하는 데 도움을 얻게 될 것이다.

목차

Chapter 01 경력개발 입문

Chapter 02 경력이론 및 개념

Chapter 03　전략적 경력개발

Chapter 04　경력개발의 방법

Chapter 05   경력개발과 경력심리학

Chapter 06　경력개발 장애요인 및 다양한 배경의 구성원

Chapter 07　경력개발의 도전과제

Chapter 08 윤리적 고려사항 및 결론

경력개발 입문

당신 스스로를 경력의 설계자가 아닌 조각가라고 생각해 보라.
당신은 심한 망치질과 깎고, 긁고, 광을 내는 일들을 해야 한다.

– B. C. Forbes, Forbes지 창립자

당신이 할 일은 자신의 일을 발견하고,
모든 마음을 다하여 그 일에 헌신하는 것이다.

– 부처가 말했다고 알려져 있음

1. 삶과 경력

이 책은 경력과 경력개발의 방법을 다룬다. 그러나 보다 근본적 수준에서 경력을 갖는다는 말의 의미를 이해하기 위해 먼저 일과 그것이 우리 삶에서 어떤 역할을 하는지를 살펴볼 필요가 있다.

이번 장을 시작하는 두 인용문에서도 볼 수 있듯이, 인생에서 일의 중요성은 시대와 지역을 뛰어넘어 강조되어왔다. 일과 경력은 삶의 필수 요소인데, 다양한 담론이 두 주제 사이에서 수 세기에 걸쳐 논의된 바 있다. 이제 그 논의의 장은 소셜미디어와 대중매체부터 학술 논문과 서적에 이르기까지 확대되었다. 예를 들면, 20년 전 Fortune Magazine에 '우리는 왜 일을 하는가?(Why do we work?)'라는 제목의 기사가 실린 적이 있었다(Dumaine & Sample, 1994). 어쩌면 당시에도 '돈을 벌기 위해'라고 말하는 것이 가장 확실한 대답이었을 수 있다. 하지만 해당 기사는 일을 하는 것은 단순한 재정적 보상을 넘어 그 이상의 의미를 지니고 있다고 지적한다. 즉, 어떤 사람은 기본적 삶의 필요를 채우기 위해 일을 하지만, 다른 사람은 직업을 통해 자아의식을 높이려고 한다는 것이다. 리더십 학자이자 컨설턴트인 Warren Bennis는 '일은 당신이 누구인지를 정의하며, 따라서 한 사람의 자존감은 일터에서의 성공을 통해 가늠해 볼 수 있다(Dumaine & Sample, 1994)'라고 하였다.

  그 이후, Hall과 Las Heras(2012)는 일부 문화권에서는 일과 경력이 개인의 정체성과 밀접하게 연관되어 있으며, 이들이 삶의 목적의식을 수립하는 데 영향을 미친다는 점을 밝혀내었다. 즉, 일과 경력이 개인의 잠재력을 실현하는 수단이 된다는 사실을 발견한 것이다. 이와 유사하게, Duffy와 Dik(2013)은 경력 연구에서 소명(calling)에 대한 관심이 커지고 있다고 주장한다. 이들은 소명의 정의는 다양하지만, 소명의식은 세 가지 구성요소를 지니고 있다고 하였다. 이 세 가지 구성요소는 "외부에서의 부름(an external summons, 특정한 유형의 일을 하도록 부름을 받았다고 의식함)", "의미 혹은 목적(meaning/purpose, 일을 삶의 목적과 연결시킴)", "친사회적 동기(prosocial motivation, 다른 사람들의 행복에 기여함)" 등을 포함한다(p.429). 소명이라는 개념에 대해서는 더 많은 연구가 필요하지만, 자신의 경력을 소명으로 바라보는 태도와 경력몰입이나 직무만족 같은 긍정적 결과물이 서로 관련되어 있다는 점은 명백하다(Duffy & Dik, 2013). 따라서 일자리를 잃는 것은 단순히 소득이 줄어드는 것 이상을 의미한다. 일자리를 잃는다면 자신의 가치와 목적에 대해 의구심을 갖게 되기 때문이다. 요약하면, 경력은 우리에게 중요하며 우리가 자신을 보는 방식에 큰 영향을 주고, 삶이 얼마나 행복한가에도 영향을 미친다.

  의미(meaning)와 일에 대한 개인의 생각은 자신의 경력목표를 결정하는 방식에서도 드러난다. Hall과 Las Heras(2012)는 경력을 두 가지 관점에서 바라볼 수 있다고 하였다. 즉, 경력에 대한 개인적 의미에 기초한 주관적 관점과 다른 사람들이 정한 성공의 지표(예를 들면, 승진이나 연봉 등)에 초점을 두는 객관적 관점이 바로 그것이다. 과거 전통적인 경력연구는 주로 객관적 관점을 고수하였으나, 경력환경이 변화함에 따라 점차 주관적 관점이 관심을 끌고 있다. 현재는 경력에 대한 견해가 훨씬 더 광범위해져서, 각 개인의 해석과 주도권을 인정하고 있다. 결과적으로는 경력 및 경력개발에 대한 연구가 다양하게 수행되고 있으며, HRD(human resource development)에서 중요성이 강조되고 있다. 이번 장에서는 이후의 지속적인 논의를 위해 핵심 용어를 다음과 같이 정의하고자 한다.

2. 경력과 경력개발의 정의

Moore, Gunz, 그리고 Hall(2007)은 수천 년 동안 사람들은 일을 하였지만 '경력'이라는 단어는 19세기 이전에는 사용되지 않았으며 20세기에 들어서야 일반적으로 사용되기 시작하였다고 하였는데, 이는 유용한 맥락적 정보를 제공하고 있다. 보다 구체적으로 Herr(2001)는 "1960년대 이전에는 경력이라는 용어가 거의 사용되지 않았다(p.196)"라고 지적한 바 있다.

경력의 정의는 사전에서도 찾을 수 있지만 관련 학술연구들은 정의를 통해 학자들이 두 가지 요소인 시간 및 공간을 중요하게 인식하고 있다는 점을 보여준다. 여기에서 시간은 일정한 기간 동안 경력이 어떻게 발달하는지와 관련되어 있다. 공간은 경력의 범위를 말하는데, 급여를 받는 일자리만을 다룰 것인지 아니면 일과 관련된 모든 경험을 다룰 것인지와 관련되어 있다(Baruch & Bozionelos, 2011). Arthur(2008)는 자신의 연구 및 Gunz와 Peiperl(2007)의 연구에 기초하여 경력을 "시간이 경과함에 따라 발전하는 개인의 일과 관련된 일련의 경험(p.166)"으로 정의하였다. 이러한 정의는 보수를 받지 않는 일도 포함하기 위한 의도도 가지고 있는데, 성공을 위한 전제 조건이 승진이 아니라는 점을 포함하여 보다 본질적인 관점을 반영하고 있다. Inkson(2007)은 이 정의가 과거와 함께 미래를 포괄한다는 점에서 경력의 연속성을 설명한다고 덧붙였다. 또한 "각 개인은 단 하나의 경력만을 보유하며(p.3)", 개인이 직무를 바꾸거나 혹은 다른 산업으로 이동할 수 있지만, 그러한 경험들이 모두 하나의 경력이라는 여정에 기여한다는 점도 강조하였다. 따라서 경력경로는 시간이 지남에 따라 선형으로 진행될 수도 있고 그렇지 않을 수도 있으며, 여러 조직뿐만 아니라 여러 전문분야에 걸쳐 전개될 수도 있다는 점을 지적하였다. 현재 미국과 유럽의 많은 국가에서 경력을 바라보는 관점이 개인의 관심과 목표에 초점을 맞추고 있음을 분명히 이해할 필요가 있는데, 이는 공동체 중심의 사회에서처럼 가족이나 다른 집단의 요구를 중시하는 것이 아니라는 점을 기억해야 한다(Inkson, 2007). 이러한 견해는 진로결정과 진로계획을 수행할 때 개인 스스로가 하나의 결정주체라는 점을 이해하도록 돕는다.

경력에 대한 다양한 정의가 있는 것처럼 경력개발도 학문의 분야에 따라 다양하게 정의되어왔다. 정의가 서로 차이를 나타내는 것은 경력개발에서 관심이 있는 측면 중 하나를 강조한 것에 기인한다. 어떤 경우는 개인의 관점(즉, 관심사, 능력, 목표에 중점을 둠)에 기초하기도 하지만, 다른 경우는 조직의 생산성 관점(즉, 조직의 요구 사항에 집중하고 개별 직원이 이러한 요구 사항을 충족시키는 데 어떻게 도움을 줄 수 있는지에 중점을 둠)에 기초하기도 한다. 나중에 논의하겠지만, 이러한 이분법적인 접근방법에 대해서는 여전히 논쟁이 진행되고 있다. 초기 연구에서는 이 두 가지 관점을 결합하려는 시도가 이루어졌다.

> 경력개발은 일과 삶의 목표를 달성하기 위해 계획과 행동이 이루어지는 과정이다. 개발은 성장, 지속적인 기술의 습득과 활용을 말한다. 경력개발은 개인의 경력계획과 조직의 지원 및 기회 제공이 함께 이루어낸 결과물인데, 개인과 조직 모두에 초점을 맞춘 협업 프로세스가 이루어지는 것이 이상적인 모습이라고 할 수 있다. (Simonsen, 1997, p.6-7)

몇 년 후 Gilley, Eggland, 그리고 Gilley(2002)는 또 다른 정의를 제안하였다. 이들은 "직원의 현재와 미래의 직무에서 필요한 지식, 기술, 역량 및 태도를 향상시키기 위해 개인과 조직이 동반자관계를 창출하는 과정(p.94)"으로 경력개발을 정의하였다. 최근의 연구에 기초할 때, 이 책은 이들이 제시한 정의를 따르고자 한다. 경력개발은 삶과 일에서 목표 달성을 지원하는 (계획되거나 혹은 계획되지 않은) 활동에 참여하고, 이를 경험하는 과정이다. 조직 안에서 경력개발은 조직의 요구를 충족시키면서 동시에 개인의 기술과 고용가능성을 향상시키는 협업 프로세스라고 할 수 있다. Gilley, Eggland, 그리고 Gilley의 정의는 경력개발이 각 개인에 의해 개별적으로 추진된다는 사실을 받아들인다. 따라서 조직 외부에 구축된 경력경로도 고려의 대상이 된다. 또한 이 정의에 기초하면 경력개발은 미리 계획된 전략에 기초한 행동에 주로 기반을 두고 있지만, 예기치 않은 기회에도 동등하게 가치를 부여하고 있다고 할 수 있다.

　　HRD와 경력 사이의 관계를 다루기 전에 다음 절은 경력개발이 어떻게 진화하여 왔는지, 그리고 경력개발과 HRD 사이의 관계가 현 지점에 어떻게 도달했는지 등을 살펴보고자 한다.

3. 경력과 경력개발의 역사

　　이미 말한 바와 같이, '경력'이라는 용어는 상대적으로 최근에 사용되기 시작하였으며, '경력개발'도 Pope(2000)에 의하면 1950년대 이후에, Herr(2001)에 의하면 1960년대 말 이후에 등장한 용어이다. 이는 개념이 소개되지 않았기 때문이 아니라 '진로지도(vocational guidance)'라는 용어가 사용되었기 때문인데, 이후에는 '경력상담(career counseling)'이라는 용어가 주로 사용되었다. 우리가 현재 경력이론으로 알고 있는 이론들은 지난 수십 년 동안 다양한 분야의 발전에 그 기원을 두고 있다.

　　Moore 등(2007)은 경력과 경력개발에 관한 담론이 고대 철학자인 Cicero와 Plato로부터 시작하여 오랜 역사를 지니고 있다고 주장하는데, 이들 Cicero와 Plato는 개인이 삶을 살아가고 자신의 소명을 분별하는 방법에 대해 글을 남겼다. 이후 수천 년이 지나 우리가 현재 알고 있는 경력개발의 근원은 12세기 유럽의 무역 길드를 통해 제공되는 직업 교육에서 분명해진다. 길드에 합류하는 견습생(apprentice)은 전문가(journeyman)의 위치에 도달할 때까지 장인(master)

의 지도 아래 일하며 훈련을 받았는데, 그 과정을 통해 거래를 능숙하게 다룰 수 있게 되었다(Wollschlager & Guggenheim, 2004).

19세기 후반과 20세기 초반에는 미국과 유럽의 산업 혁명으로 제조업 기반의 경제에서 요구하는 직업훈련의 필요성이 증대되었다(Herr, 2001; Pope, 2000; Savickas & Baker, 2005). 영국에서는 젊은이들이 일터로 진입하도록 돕는 일에 직업훈련이 초점을 맞추었다(Watts & Kidd, 2000, p.485). 같은 시기에 미국에서는 두 가지 요인 때문에 직업 훈련을 필요로 하는 많은 열정적 구직자들이 공장으로 이동하였다. 첫 번째 요인은 미국으로 이주하여 더 높은 임금을 받기를 원하였던 이민자들의 증가였고, 두 번째 요인은 다양한 장비가 수작업 노동을 대체함에 따라 도시로 인력이 이동하는 현상이었다(Herr, 2001; Pope, 2000). 제조업 중심의 사회로 변화하면서 사람들은 다양한 미래의 직업에 대해 탐색하였고, 선택의 폭이 좁은 농업문화로부터 선택의 폭이 넓은 제조업으로 이동하기 시작하였다.

사회가 어떻게 그리고 어디에서 일을 할 것인지에 대한 변화에 직면하는 동안, 다양한 분야의 학자들은 미래의 노동력에 영향을 미칠 수 있는 문제들을 다루기 시작하였다. 그 대표적 예가 저명한 사회학자인 Emile Durkheim과 Max Weber 등이다. 이들은 직무와 경력개발을 직접적으로 언급하지는 않았지만, 노동 분업과 조직의 관료주의 내에서 개인이 자유를 유지하려는 노력과 직업의 다양한 지위에 대해 논의하였다. 이들의 저작은 1800년대 후반과 1900년대 초반에 발표되었지만, 그 논의 주제는 현대의 일터에서도 여전히 중요하며 유효하다(Moore et al., 2007).

초기 진로지도분야의 확립과 관련된 핵심 인물은 경력개발과 관련이 없는 타 분야에 속해 있었던 사람이었다. Frank Parsons는 엔지니어이자 변호사였는데, '진로지도'라는 용어를 만들어낸 것으로 기록되어 있다(Herr, 2001). 당시와 그 이전에도 직업선택이나 직업세계에서의 성공을 다룬 책들은 있었지만. 그가 1909년 발표한(사후 출간됨) 『Choosing a Vocation』은 진로상담을 위한 초기 모델을 제공하였다(Herr, 2001; Moore et al., 2007; Pope, 2000). 연구보다는 자신의 실제 경험에 기초하여 모델을 제시하였음에도 불구하고, Parsons의 주장은 널리 받아들여졌다. 그는 처음으로 개인의 관심사와 기술을 직업이 요구하는 사항과 일치시켜야 한다고 주장하였다. 또한, 그는 진로지도에 대해 세 가지 기본 원리를 제안하였다. 즉, 자신을 이해하고, 서로 다른 각 유형의 직무가 요구하는 것을 인식하며, 두 요소를 조정하여 적절한 직업을 찾는 것이 그가 말한 세 가지 기본 원리였다(Parsons, 1909). Parsons의 접근 방식은 개인을 대상으로 개별적으로 이 과정을 수행하는 것에 중점을 두었는데, 놀랍게도 당시 남성과 여성 모두에게 적용 가능한 접근방법이었다(Herr, 2001).

이 초기 단계에서 연구보다 실제 적용에 기초하여 진로지도모델의 토대를 구축한 것은 Parsons만이 아니었다. 이러한 접근은 미국과 유럽 전역에서 사용되었다. 두 대륙의 연구자들은 이론에 기초하여 실제 환경에서 적용할 수 있는 도구를 개발하기 시작하였다(Herr, 2001).

사람과 직무 사이의 적합성을 검토하기 위한 한 가지 방법으로 검사도구에 대한 논의도 이루어지기 시작하였다. 검사도구들은 시간이 지남에 따라 개인과 조직사이에서 가장 적합한 '매칭(matching)'을 확인하는 세 유형으로 구분되었다. 즉, "능력 또는 지능검사, 적성 또는 기술능력검사, 관심 또는 성격검사 등(Moore et al., 2007, p.23)"이 바로 그것이다. 제1차 세계 대전 및 대규모 실업으로 인한 지능 및 태도검사 등의 활용이 이러한 검사도구의 사용에 영향을 미쳤다. 경력의 맥락에서 볼 때, 1920년대와 1930년대는 유럽과 미국의 경제 불황으로 특징지어질 수 있는데, 당시는 연방 취업프로그램과 조직화된 노동운동이 생겨난 시기였다. 이 둘은 각각 하나는 고용을 촉진시키기 위해, 다른 하나는 적은 임금과 부적절한 대우 때문에 절망적인 노동자들이 잠재적 착취에 대해 관심을 가지게 되면서 비롯되었다(Pope, 2000). 이후 1920년대 후반부터는 "변화가 적고 내재되어 있는 능력(Moore et al., 2007, p.24)"보다, 개인의 선호를 찾아내려는 흥미도검사가 활용되기 시작하였다.

1940년대와 1950년대에는 대학에서 진로상담사 훈련이 증대되면서 관련 직종이 전문직으로 등장하였다. 이 시기에는 제2차 세계 대전 기간 중 노동 시장에 진입하려는 여성들과 GI법(GI Bill)[1]에 근거하여 새로운 직업을 찾는 전역 군인들로 인해 경력과 관련된 다양한 사회적 요구가 발생하였다(Pope, 2000).

　Parsons가 주장한 3단계 접근법은 1950년대와 1960년대에 발달심리학자들에 의해 도전을 받게 되었다. 이들은 경력개발이 일회적인 합리적 일치점을 찾는 것이라기보다 장기적 프로세스라고 주장하였다(Hershenson, 2009). 발달접근법을 취한 주요 학자 중 하나인 Donald Super는 특히 인생의 단계와 역할에 기초한 경력개발 모델을 제안한 것으로 유명하다. 이 모델은 개인이 삶의 단계를 거치면서 어떤 시점에는 경력의 특정한 측면을 더 중요하게 생각할 수 있다는 아이디어를 근본에 두고 있다. 또한 그의 이론은 경력개발 과정에서 직업성숙도가 진보의 정도를 나타낸다는 아이디어에도 그 뿌리를 두고 있다(Hershenson, 2009). Super의 모델과 같이 단계 기반의 경력모델은 시간이 지남에 따라 비판을 받고 있지만, 경력과 관련된 이론과 실제의 개발에 중요한 이정표를 제시하였다. 이 내용은 이 책의 다른 장에서 더 자세히 살펴볼 것이다.

　미국에서는 1960년대 후반과 1970년대를 생각하면 John Kennedy 대통령과 베트남전쟁을 떠올리는데, 이 시기에는 개인들이 의미 있는 일자리를 찾도록 다양한 일터를 발굴하고 개인들의 관심을 고취시키기 위한 법안들이 채택되었다(Pope, 2000). 또한 사람들의 유형을 직업환경과 연결시키는 John Holland의 이론이 이 시기에 등장하였는데, 이를 통해 Parsons의 일과 사람을 연계하고자 하는 아이디어는 다시 주목받기 시작하였다(Hershenson, 2009). 흔히 'RIASEC(Realistic, Investigative, Artistic, Social, Enterprising, Conventional)[2]'으로 불리는 분류체계는 현재에도 가장 많이 사용되는 직업흥미검사도구 도구이다.

　이후 1980년대와 1990년대에는 실직이 가져온 퇴직상담의 증가, 노동조합

---

1 이는 '제대군인원호법'으로 미국에서 1944년도에 제정되었으며, 퇴역한 군인에게 직업훈련의 기회를 제공하거나, 의료, 주택, 혹은 교육의 기회를 제공하는 프로그램을 포함한다.

2 이들은 각각 '현실형', '탐구형', '예술형', '사회형', '진취형', '관습형' 등으로 불린다.

의 감소, 다양한 집단을 대상으로 하는 경력이론의 개발 등에 관심이 증가하였다(Pope, 2000). 이 기간 동안 일자리가 사라지는 현상은 사람들이 일과 경력을 인식하는 방식에 큰 영향을 미쳤다.

4. 변화된 경력환경

현재의 경력환경은 매우 변화가 빠르며 예측할 수 없고 도전적이라는 특징이 있다. 경제적 혼란, 기술의 발전, 다양한 배경을 가진 노동력, 정부의 정책, 사회적 영향을 포함한 여러 요인 사이의 상호작용 등이 이러한 환경변화에 영향을 주고 있다. 앞서 역사적 맥락을 다룰 때에도 살펴본 바와 같이, 조직이 재정적 균형을 되찾기 위해 대규모 해고를 시도하고 동시에 경제가 견고하지 못하여 전 세계적으로 부채가 증가함에 따라 실업이 늘어나게 되었다(OECD, 2011). 기술적 진보는 지식 경제를 등장시켰고 일자리의 형태뿐 아니라 일이 이루어지는 방식(예를 들면, 가상 팀, 온라인 회의 등), 일이 수행되는 장소(예를 들면, 재택근무, 공항, 심지어 바닷가까지도!), 작업의 범위(예를 들면, 잠재적인 공급업체 및 고객에 대한 전 세계적 접근이 가능한 환경)에까지 영향을 미쳤다(Arthur, 2008). 현재는 변화하는 인구구조, 전 세계 노동력의 이동, 정부의 법률제정 등이 다양한 경력목표와 관심을 보유한 노동력을 등장시키고 있다. 경제와 글로벌환경, 그리고 사회환경의 복합적 영향력으로 인해 더 많은 맞벌이 가정이 등장하였고, 일부 분야(예를 들면, 고령화 사회에 대비하기 위한 의료계 종사자는 증대하고 있고, 일부 국가에서는 노동조합이 쇠퇴하고 있다)는 그 규모가 확대 및 축소되고 있으며, 노동자들이 한 직업에서 다른 직업으로 자주 옮겨 가는 현실이 초래되고 있다. 그 결과 경력개발 및 HRD는 여러 중요한 도전과제에 직면하고 있는데, 결과적으로 불안정하고 위태로운 경력환경이 조성되고 있다(Savickas et al., 2009).

이러한 변화는 경력개발을 바라보는 개인의 시각과 조직에 의해 경력개발이 다루어지는 방식을 근본적으로 변화시키고 있다. 기업이 업무에서의 노하우나 기술을 소홀히 생각하고 직원을 해고하여, 인식하지 못하는 사이에 구성원들의 조직에 대한 충성과 몰입을 잃게 되는 상황을 연구자들은 심리적 계약의 파기로 설명한다. 심리적 계약이란 고용안정과 성공적 업무성과의 상호교환을 의미한다(Rousseau, 1995; Turnley & Feldman, 1998). 이러한 변화에 대응하기 위해 많은 사람들은 더 이상 미래의 고용이나 자신의 개발과 관련하여 고용주를 신뢰하지 않고 스스로 자신의 경력을 관리하기 시작하였다. 이러한 접근법을 Hall(1996)은 프로티언경력이라고 하였다. 거의 같은 시기에 무경계경력(Arthur, 1994)도 등장하였는데, 이는 개인이 어떤 하나의 조직이나 직업에만 매여 있는 것이 아니라 기회가 발생하였을 때 이동하는 현상을 설명하는 용어이다. 이들 개념은 현재 및 미래의 경력개발에서 HRD가 직면한 역할을 설명하는 데 적합하다고 여겨지는데 다음 장에서 보다 자세히 설명할 것이다.

1) 경력개발과 HRD

경력개발과 HRD의 관계는 Patricia McLagan이 HRD의 세 하위영역 중 하나로 경력개발을 언급한 1989년부터 공식화되었다. 훈련 및 개발, 조직개발과 함께 경력개발은 HRD분야의 필수 구성영역으로 간주되었다. 앞서 확인한 바와 같이, 실천 및 이론영역에서 경력개발은 지금까지 잘 정립된 역사를 지니고 있다. 조직에서 HRD의 역할을 감안할 때 경력개발이 하위영역이라는 점은 자연스러워 보인다. 그러나 시간이 지남에 따라 경력개발이 HRD의 최전선에서 점차 물러나고 있는 것처럼 보인다. 이러한 사실을 보여주는 한 가지 예가 Swanson과 Holton의 HRD 정의에서 분명히 드러난다. 그들은 조직개발과 훈련 및 개발 두 분야만을 HRD분야의 "주요 실천영역(major realms of practice; Swanson & Holton, 2009, p.5)"으로 꼽았다. 물론 그들은 경력개발을 다양한 HRD관련 구성요소 중 하나로 포함하고는 있는데, 이러한 점은 경력개발이 중요성 측면에서 뒤로 밀려나고 있다는 점을 시사한다. 어떻게 이런 일이 일어났는가?

이는 심리적 계약이라는 연결고리가 사라지면서 조직과 개인의 상호 이익을 꾀하는 경력개발목표의 달성에서 진전이 없기 때문이며, 또한 HRD 안에서 경력개발이 완전하게 회복되지 못했기 때문이다. 전통적인 경력개발 사고방식에 익숙한 조직, 학자, 실무자들은 직원들이 더 이상 하나의 조직 내에서 오랜 기간 경력을 쌓을 것으로 예상되지 않는 현실 속에서 무엇을 해야 하는지 당황해하고 있다. 동시에 경력개발이 지닌 학제적(interdisciplinary) 성격 또한 HRD의 결단력 있는 진전을 만들어내지 못하는 데 영향을 주고 있다. 즉, 다양한 영역의 연구와 실천 분야들(예를 들면, 사회학, 교육학, 경제학, 심리학 등)이 경력개발에 관심을 보이고 있지만, 이러한 다양한 관심이 협업보다는 혼란을 야기하고 있으며 서로 다른 해석을 만들어내고 있는 것이다(Gunz & Peiperl, 2007).

그 예로 들 수 있는 학문 분야 중 하나는 경력개발의 이론과 실천에 지속적으로 영향을 미치고 있는 직업심리학이다. Savickas와 Baker(2005)는 이 심리학의 하위 분야에서 발생하는 알력이 경력개발에서 심리학이 역사적으로 지녀왔던 존재감을 약화시키고 있다고 우려를 표명한다. 그들은 해당 분야에서 연구자들이 "직업선택"의 중요성을 주장하는 학자들(상담 심리학에 종사하는 사람들이 보유하고 있는 명백한 개인중심의 시각)과 "일터에서의 조정"을 가치 있게 여기는 학자들(산업조직 심리학자들이 지지하는 조직중심의 시각)로 명확하게 구분된다고 주장하였다(p.43). 유사한 분열은 HRD에서도 존재하는데, 이로 인해 인적자원과 관련하여 실천이 가능하고 역동적인 영역인 경력개발의 부활이 점차 어려워지고 있다. 개인의 요구에 초점을 맞추어 경력개발을 바라보는 사람들은 개인들이 한 조직 내의 안정성보다는 전체 경력에서의 유연성과 고용가능성을 위해 노력해야 한다고 생각한다. 이러한 사고방식에 기초하면, 경력개발프로세스를 어느 하나의 조직과 너무 밀접하게 연결하는 것에는 주의를 기울여야 하는데, 특히 미래의 경력이 조직뿐만 아니라 산업 사이에서도 활발한 흐름이 존재한다고 예상될 때 이는 더욱 주의가 요구된다. 한편, 경력개발을 주로 인력충원 기능으로 인식하고, 조직의 생산성을 보장할 수 있는 노동력의 파이프라인을 구축하고 유지하는 것으로 바라보는 사람들은 조직에 머물지 않는 개인에게 자원을 사용하는 일에 주의를 기울여야 한다고 주장한다. 이러한 이분법은 경력개발을 '논쟁의 여지가 있는 영역'이라고 불리도록 하는 결과를 낳았다(Inkson & King, 2011). 심리학에서의 이질적 견해가 경력연구를 정상적 궤도에서 벗어나게 하는 것과 마찬가지로, HRD에서의 이러한 서로 다른 견해로 인해 환경에 빠르게 대응할 수 있는 경력개발 접근법의 개발은 지연되고 있다. 이 내용은 이후 다른 장에서 자세하게 다루겠지만, HRD에서 경력개발과 관련된 문제를 해결하기 위한 배경지식 차원에서 간략하게나마 여기에서 지적하고자 한다. Herr(2001)는 어렵고 다소 혼란스러운 환경이 있지만, 경력개발분야 실무자들과 연구자들이 포기하지 않고 글로벌화되고 기술적으로 진보된 미래의 과제를 해결하기 위해 지속적으로 변화를 이어나가야 한다고 촉구하였다. 그는 경력개발이 가혹한 경제현실과 지속적 직장 내 차별로 인해 혼란을 겪고 있는 개인의 존엄성을 확인하는 방법으로서 가치가 있다고 주장하였다. 또한 그는 경력개발이 끊임없이 변화하는 업무환경에서 성공을 위해 필요한 유연성을 키우는 방법이 된다고 지적하였다. 다른 HRD 연구자들은 현재 및 미래 일터의 현실에 응답함으로써, 경력개발을 HRD의 주요 기능으로 부활시키고 이를 강화할 새로운 접근법이 요구된다고 주장하였다(Egan, Upton, & Lynham, 2006; McDonald & Hite, 2005). 그러한 과정을 시작하는 한 가지 방법은 HRD 안에서 보다 강력하고 탄력적인 경력개발을 구축하기 위해 다른 분야의 연구 및 실천사례를 수용하고 경력개발과 관련된 관점을 확대해 나아가는 것이다(Cameron, 2009). 이 책에서는 이러한 점들을 더 자세히 살펴볼 것이다.

2) 새로운 경력개발 시대에 필요한 역량

변화된 경력개발프로세스로 인해 HR(human resource)전문가는 개인 및 조직의 요구를 충족시키기 위해 보다 광범위한 기술을 습득해야 한다. 타 분야의 전문 경력개발협회들은 이러한 필요 역량에 대한 시사점을 제공한다(예를 들면, British Columbia Career Development Association, The Canadian Standards & Guidelines for Career Development Practice, Career Industry Council of Australia, National Career Development Association[NCDA] 등). 다음 목록은 Canadian Standards(2012) 및 NCDA(2009)가 밝힌 경력개발분야의 전문가들이 갖추어야 하는 역량의 주요 내용을 포함하고 있다. 통찰력과 열린 마음가짐 외에도 전문가는 다음과 같은 지식과 기술을 습득해야 한다.

- 경력개발 모델 및 이론
- 경력자원(조직 혹은 기타의 정보출처를 포함)
- 개인 및 그룹 대상 경력상담
- 경력평가
- 다양한 배경을 가진 개인들을 위한 경력개발
- 윤리적 경력상담 실천
- 경력계획과 관련된 테크놀로지
- 경력개발프로그램 개발 및 실행

현재의(그리고 미래의) 불확실한 경력환경으로 인해 개인은 스스로 경력을 관리해야 하는데, 경력전문가들은 개인이 일생 동안 경력을 계속 개발할 수 있도록 돕는 방법을 이해해야 한다(Herr, 2001). 이러한 역량들은 깊이 있는 지식과 기술이 필요하다는 점에서 경력개발이 HRD의 중요한 일부라는 점이 확인되는데, 관련 지식과 기술은 아직 HRD 교육과정에서는 잘 다루지 않는 것들이다. 이 책은 이러한 역량을 구축하는 출발점을 제공하고자 한다. 경력관련 직무에 관심이 있는 전문가들에게는 NCDA의 경력개발 퍼실리테이터 자격증(자세한 내용은 5장 참조)과 같은 추가 교육도 도움이 될 수 있다. 경력개발의 풍부하고 다양한 역사를 볼 때, 경력개발 전문가는 관련 분야인 상담 및 심리학분야에서도 정보를 획득할 수 있으며 경력개발에 대한 학제적 연구로 관점을 넓혀 살펴보거나 탐색함으로써 타 분야에서 이미 연구하고 실행한 결과를

학습할 수도 있을 것이다(Cameron, 2009). 이러한 과정을 통해 경력개발 실무
자들은 개인 및 조직을 돕고 HRD의 경력개발영역에 시너지효과를 가져올 수
있는 새로운 방법을 발견하게 될 것이다.

5. 이 책의 개요

이 책은 크게 세 부분으로 나뉘어 있는데, 전체를 읽을 수도 있고 관심분야
에 따라 선택하여 읽을 수도 있다는 점을 밝힌다. 제1부는 기본적 정보를 제
공하는데, 서론 격인 이번 장과 2장의 주요 이론 및 개념 등으로 구성되어있
다. 제2부(3~5장)는 HR 내에서 경력개발을 다룬다. 구체적으로 전략적 경력개
발, 경력개발 관련 HR전략, HRD의 경력개발에 대한 접근방식과 경력상담을
연계시키는 방안 등의 문제를 다룬다. 제3부(6~8장)는 경력개발 및 HR 전반에
걸쳐 영향을 미치는 문제들을 다루는데, 다양한 배경의 인적자원, 일과 삶의
균형, 윤리 등의 이슈가 이에 해당한다. 각 장은 경력개발의 미래가 어떠할 것
인지를 생각하게 하고, 그러한 미래를 건설하는 데 도움이 되는 지식과 기술
을 개발하도록 돕고 있다.

이러한 여행을 시작하는 시점에서 경력과 경력개발에 대한 몇 가지 주요 가
정(assumption)을 검토해 보고자 한다. 처음 다섯 개의 가정은 이미 이전에 발
표된 것이다(McDonald & Hite, 2005, p.422-423). 독자들은 아마도 이 책을 읽으
면서 추가하고 싶은 다른 것들을 발견하게 될 것이다.

- 경력개발프로세스에서 HRD는 필수적 기능을 담당한다.
- 조직의 관심을 얻어 경력개발에 투입되는 노력을 확대하려면 경력
  개발에 대한 투자수익률을 검토해야 한다.
- 경력개발은 조직 내 일부 개인이나 특정 직급에 국한하여 운영될 수
  없다.

- 경력개발은 형식 혹은 무형식의 형태를 띠며, 조직 내/외부에서 발생할 수 있다.
- 개인의 삶과 업무에서의 우선순위는 경력과 경력개발 기회를 선택하는 데 영향을 준다.
- 경력은 다양한 도전과제와 유익함을 지니고 있어서 복잡하고 다차원적이다.
- 자신의 경력에 대한 책임은 개인에게 있지만 조직 또한 이를 지원할 책임이 있다.
- 경력개발은 개인과 조직 모두에게 이익이 된다.
- 경력개발실천가들에게는 특별한 역량이 요구된다.
- 경력개발프로그램은 변화하는 경력환경에 맞게 계속 진화해야 한다.

6. 요약 및 개인과 조직을 위한 시사점

경력개발의 새로운 시대는 개인이 자신의 경력개발 및 계획에 적극적으로 참여할 것을 요구하고 있다. 한때 조직이 자신의 시스템 내에서 경력경로를 사전에 결정하고 경력의 단계들을 지정하였지만, 이제는 직원들이 스스로 자신의 목표에 도달하기 위한 경로를 설정해야 한다. 따라서 어떤 사람들은 이를 어려운 일이라고 생각할 수도 있는데, 이들은 오히려 쉽게 확인이 가능한 직책이나 직위를 향해 익숙한 과정을 따르는 상대적으로 안정적 방법을 선호한다. 다른 사람들은 스스로 경력경로를 수립하고 자신의 고용가능성을 높이기 위해 지식과 기술을 쌓으며, 본인이 스스로 정의한 경력성공을 추구하기 위해 한 조직에서 다른 조직으로 이동할 준비를 하며 힘을 얻기도 한다.

조직도 새로운 경력환경에 적응해야 한다. 핵심직책에 대해 자격을 갖춘 후보자들을 준비시켜 파이프라인을 채우게 하는 경력개발프로그램에 대해서는 의문이 제기되고 있는데, 이제는 보다 변화에 민감한 방식이 이를 대체하고 있다. 고용주가 경력경로를 결정하는 과거의 방식은 더 이상 표준이라고 할 수 없다. 일부의 개인은 경력의 대부분 혹은 전부를 한 조직에서 보내기 원하지만, 다른 사람들은 새로운 도전을 할 준비를 하고 있다. 자신의 경력을 스스로 관리하는 직원들은 성장의 기회를 제공하는 조직에 더 큰 매력을 느낄 것이며, 지속적인 몰입을 유도하기 위해 노력하는 조직에 머물러 있기를 원한다. 이를 위해 조직은 장기적인 헌신을 기대하거나 제공하지 않으면서도 종업원에게 투자하는 새로운 사고방식을 습득해야 한다. 경력개발은 이 과정에서 역동적 역할을 감당하겠지만, 새로운 시대에 대응하기 위해서는 새롭게 변모되어야 한다. 이제 그 새로운 시대에 대한 탐험을 시작하고자 한다.

참고문헌

Arthur, M. B. (1994). The boundaryless career: A new perspective for organizational inquiry. *Journal of Organizational Behavior, 15*(4), 295–306.

Arthur, M. B. (2008). Examining contemporary careers: A call for interdisciplinary inquiry. *Human Relations, 61*(2), 163–186.

Baruch, Y., & Bozionelos, N. (2011). Career issues. In S. Zedeck (Ed.), *APA handbook of industrial and organizational psychology, Vol. Ⅱ. Selecting and developing members for the organization* (pp. 67–113). Washington, DC: American Psychological Association.

Cameron, R. (2009). Theoretical bridge building: The career development project for the 21st century meets the new era of human resource development. *Australian Journal of Career Development, 18*(3), 9–17.

Canadian Standards and Guidelines for Career Development Practice (2012). Retrieved from http://career-dev-guidelines.org/career_dev/index.php/th estandards-guidelines/core-competencies.

Duffy, R. D., & Dik, B. J. (2013). Research on calling: What have we learned and where are we going? *Journal of Vocational Behavior, 83*(3), 428–436.

Dumaine, B., & Sample, A. (1994, December 26). Why do we work? *Fortune Magazine, 130*(13). Retrieved from http://money.cnn.com/magazin es/fortune/fortune_archieve/1994/12/26/80094.

Egan, T. M., Upton, M. G., & Lynham, S. A. (2006). Career development: Load-bearing wall or window dressing? Exploring definitions, theories, and prospects for HRD-related theory building. *Human Resource Development Review, 5*(4), 442–477.

Gilley, J. W., Eggland, S. A., & Gilley, A. M. (2002). *Principles of human resource development* (2nd ed.). Cambridge: Perseus.

Gunz, H., & Peiperl, M. (2007). Introduction. In H. Gunz & M. Peiperl (Eds.), *Handbook of career studies* (pp. 1-12). Thousand Oaks, CA: Sage.

Hall, D. T. (1996). Protean careers of the 21st century. *The Academy of Management Executive, 10*(4), 8-16.

Hall, D. T., & Las Heras, M. (2012). Personal growth through career work: A positive approach to careers. In K. S. Cameron & G. M. Spreizer (Eds.), *The Oxford handbook of positive organizational scholarship* (pp. 507-518). Oxford: Oxford University Press.

Herr, E. L. (2001). Career development and its practice: A historical perspective. *Career Development Quarterly, 49*(3), 196-211.

Hershenson, D. B. (2009). Historical perspectives in career development theory. In I. Marini & M. Stebnicki (Eds.), *The professional counselor's desk reference* (pp. 411-420). New York: Springer.

Inkson, K. (2007). *Understanding careers: The metaphors of working lives.* Thousand Oaks, CA: Sage.

Inkson, K., & King, Z. (2011). Contested terrain in careers: A psychological contract model. *Human Relations, 64*(1), 37-57.

McDonald, K. S., & Hite, L. M. (2005). Reviving the relevance of career development in human resource development. *Human Resource Development Review, 4*(4), 418-439.

McLagan, P. A. (1989, September). Models for HRD practice. *Training & Development Journal, 43*(9), 49-59.

Moore, C., Gunz, H., & Hall, D. T. (2007). Tracing the historical roots of career theory in management and organization studies. In H. Gunz & M. Peiperl (Eds.), *Handbook of career studies* (pp. 13-38). Thousand Oaks, CA: Sage.

National Career Development Association (NCDA) (2009). *Career counseling competencies*. Retrieved from http://associationdatabase.com/aws/NCDA/pt/sd/news_article/37798/_self/layout_ccmsearch/true.

OECD (2011). *"Economic growth perspective weakening as recovery slows," OECD says*. Retrieved from http://www.oecd.org/document/25/0,3746,en_21571361_44315115_48633433_1_1_1_1,00.html.

Parsons, F. (1909). *Choosing a vocation*. Boston: Houghton Mifflin.

Pope, M. (2000). A brief history of career counseling in the United States. *Career Development Quarterly, 48*(3), 194-211.

Rousseau, D. M. (1995). *Psychological contracts in organizations: Understanding written and unwritten agreements*. Thousand Oaks, CA: Sage.

Savickas, M., & Baker, D. B. (2005). The history of vocational psychology: Antecedents, origin, and early development. In W. B. Walsh & M. Savickas (Eds.), *Handbook of vocational psychology: Theory, research, and practice* (3rd ed., pp. 15-50). Mahwah, NJ: Erlbaum.

Savickas, M., Nota, L., Rossier, J., Dauwalder, J.-P., Duarte, M. E., Guichard, J., Soresi, S., Van Esbroeck, R., & Van Vianen, A. (2009). Life designing: A paradigm for career construction in the 21st century. *Journal of Vocational Behavior, 75*(3), 239-250.

Simonsen, P. (1997). *Promoting a development culture in your organization*. Palo Alto, CA: Davies-Black.

Swanson, R. A., & Holton, E. F., III. (2009). *Foundations of human resource development* (2nd ed.). San Francisco: Berrett-Koehler.

Turnley, W. H., & Feldman, D. C. (1998). Psychological contract violations during corporate restructuring. *Human Resource Management, 37*(1), 71-83.

Watts, A. G., & Kidd, J. M. (2000). Guidance in the United Kingdom: Past, present and future. *British Journal of Guidance & Counseling, 28*(4), 485-502.

Wollschlager, N., & Guggenheim, E. F. (2004). A history of vocational education and training in Europe−from divergence to convergence. *European Journal of Vocational Training, 32*, 1-17.

CHAPTER 02

경력이론 및 개념

변화하는 경력환경에 대한 관심과는 상관없이, 오늘날의 경력은
수십 년 전보다 훨씬 더 불규칙하고 다양하다.
－Strunk, Schiffinger, & Mayrhofer, 2004, p.496

  앞장에서 언급하였듯이 글로벌화된 경제, 기술 및 생활 방식의 변화는 경력
에 중요한 영향을 주고 있다. 그 결과, 지난 30여 년 동안 경력 및 경력개발과
관련된 새로운 접근 방식과 개념이 등장하였다. 여러 가지 관점이 등장하였지
만, 이번 장은 프로티언경력(protean career), 무경계경력(boundaryless career), 조
직중심의 경력(organizational career), 만화경경력(kaleidoscope career) 등 네 가지
관점에 초점을 맞출 것이다. 이들은 다음과 같은 여러 가지 이유에서 중요하
다고 할 수 있다. 첫째, 이들은 21세기에 경력이 어떻게 진화하고 있는지를 이
해하는 데 도움을 주고 있다. 일차적으로 이들 새로운 관점은 경력성공을 이
루기 위해 경력역량을 개발하려는 개인에게 유용한 시사점을 제공한다. 또한
경력개발분야에 종사하는 전문가들에게는 다른 사람들을 도울 때 사용할 수
있는 다양한 도구와 관점을 제공한다. 둘째, 이러한 접근 방식은 궁극적으로
경력개발에 대한 지식과 실천을 확대시켜줄 경력연구의 틀을 제공하고 있다는
점에서도 중요하다. 이는 지금의 경력환경에서는 신뢰할 만한 연구를 통해 유
연성과 혁신이 얼마나 필요한지 확인하는 것이 중요하기 때문이다. 먼저 최근
몇 년간 학자와 경력 전문가들 모두가 가장 많이 주목한 두 가지 관점인 프로
티언경력과 무경계경력을 다루는 것으로 시작하고자 한다(Briscoe & Hall,
2006).

1. 경력관점

1) 프로티언경력

프로티언경력은 그리스의 신 프로테우스(Proteus)에서 그 용어가 유래되었다. 프로테우스는 스스로 자신의 모습을 바꿀 수 있는 바다의 신이었다. 경력의 관점에서 볼 때, 이는 급격하고 끊임없이 변화하는 경력환경에서 유연하고 적응력이 뛰어난 개인을 묘사한다고 할 수 있다. Hall(1976)은 프로티언경력을 "조직이 아닌 개인이 자신의 경력을 관리하는 과정(p.201)"으로 묘사한 바 있다. 즉, 이는 개인이 자신의 경력에 대해 책임지는 것을 의미한다. 사실 많은 사람들에게 이것은 특별히 새로운 것처럼 보이지는 않을 것이다. 개인이 자신의 경력을 통제하고 관리하는 것은 당연하기 때문에! 그러나 1970년대 이전에는 경력이 대개 조직 내에서만 유의미한 것으로 받아들여졌다. 즉, 개인은 조직을 위해 일하였고, 일과 관련된 삶의 대부분을 조직에서 보냈으며, 승진을 위한 기회 또한 조직에 의해 관리되고, 바로 그 조직의 필요에 의해 경력의 경로가 제시되었다.

프로티언경력은 두 가지 하위 요인을 가지고 있다. 첫 번째는 가치지향의 요인인데 이는 개인의 내면적 가치가 자신의 경력과 경력개발을 바라보는 방식을 결정한다는 것이다. 두 번째 요인은 자기주도적 경력관리인데 이는 개인 스스로가 자신의 경력선택 및 개발에 책임을 진다는 사실을 암시하는 것이다. 자기주도적 경력관리는 성찰적 측면과 행동적 측면으로 더 세분화하여 설명할 수 있다. 다시 말해 자신의 경력목표와 계획에 대해 스스로 책임지는 개인은 자신의 경력에 대한 통찰력을 개발하고(성찰적 측면), 그러한 생각에 기초하여 행동을 옮길 수 있다(행동적 측면)는 것이다(De Vos & Soens, 2008).

Briscoe와 Hall(2006)이 지적하였듯이, 무엇보다도 프로티언경력 개념은 경력에 대한 사고 방식(mindset)이라고 할 수 있다. 그들은 프로티언경력을 "개인의 가치관에 근거하여 경력에서의 자유, 자기주도성, 선택에 주목하는 태도

(Briscoe & Hall, 2006, p.6)"라고 정의하였다. 달리 말하면 조직이라는 시스템이 정한 방향에 의존하기보다 개인이 스스로 자신의 경력경로를 결정하도록 하는 '내적 요소에 초점을 둔' 경력지향이 프로티언경력이라는 것이다(Briscoe, Henagan, Burton, & Murphy, 2012).

프로티언경력에 대한 실증적 연구는 'Protean Career Attitude Scale(Briscoe, Hall, & DeMuth, 2006)'의 개발을 통해 촉진되었다. 예를 들면, 프로티언경력이 성과, 경력성공, 심리적 웰빙(Briscoe et al., 2012)뿐만 아니라 경력만족과 고용가능성(DeVos & Soens, 2008)과도 긍정적 관계를 갖는 것이 확인되었다. 이러한 각각의 변인들은 의미가 있는데, 특히 고용가능성은 조직이 이를 재평가하고 개인이 스스로 자신의 기술을 연마하여 새로운 기회를 포착하려고 노력하는 상황에서 점차 그 중요성이 증대되고 있다.

프로티언경력지향이 경력의 결과변인들과 긍정적 관계를 갖고 있다는 증거는 있지만, 이러한 접근법이 전체 개인들의 경력을 반영하지 않는다는 비판 또한 존재한다. 이와 관련하여 Kuchinke(2014)는 다음과 같이 주장하였다.

> 현시대에서 일부 개인이 자신에게 맞는 일자리를 찾고 자신의 재능, 가치 및 욕구에 부합하는 경력을 쌓는 데 성공했음은 의심할 여지가 없어 보인다. 그러나 이 모델이 대다수의 개인들에게도 적용이 가능한 것인지에 대한 증거는 아직 미약하다 …(중략)… 좋은 교육을 받은 엘리트나 일부 운이 좋은 소수의 사람들이 아닌 일반적인 사람들의 청사진이 프로티언경력이라고 말하는 것은 받아들이기 어려운 일이다. (p.212-213)

이러한 이분법적 견해는 경력개발의 미래에 대한 여러 질문을 제기한다. 즉, 프로티언경력의 경우, '다양한 소득과 교육 수준에 걸쳐 프로티언경력의 개념이 일반화 될 수 있을까?'라는 질문이 제기될 수 있다. 또한 '프로티언경력이 다양한 형태의 일에 적합한가?' 혹은 '충분한 재정적 수단과 교육 자본을 가진 사람들에게게만 적용 가능한 것인가?' 등의 질문이 제기될 수 있을 것이다.

2) 무경계경력

무경계경력은 "전통적 경력 계약에 의존하기보다 전통적 경력 계약으로부터의 독립(Arthur & Rousseau, 1996, p.6)" 이라는 특징을 지닌다. 자신들의 연구에서 Arthur와 Rousseau는 무경계경력이 취할 수 있는 다양한 형태를 제시하였다. 예를 들어, 한 가지 형태는 "서로 다른 고용주들의 경계를 뛰어넘는 것"이라고 할 수 있는데 이는 새로운 기회를 포착하기 위해 하나의 조직에서 다른 조직으로 쉽게(혹은 자주) 이동하는 것을 의미한다. 또 다른 형태는 "개인과 가족의 필요에 몰입할 수 있도록 일을 구성"하는 형태인데, 이는 개인의 삶의 필요와 관심에 부합하도록 자신이 하는 일을 다시 살펴보는 것을 의미한다 (Tams & Arthur, 2010, p.631).

무경계경력은 물리적 이동성(예를 들면 직무, 직업, 국가 등을 뛰어넘어 이동하는 것)과 "개인의 생각 속에서 이동할 수 있는 능력(Sullivan & Arthur, 2006, p.21)"인 심리적 이동성을 포함한다. 초기 연구는 물리적 이동성에 초점을 맞추었는데, 이는 조작적 정의가 훨씬 용이하다는 점 때문이었다(Sullivan & Arthur, 2006). 그 후 'Boundaryless Career Attitude Scale'의 개발을 통해 심리적 이동성을 측정할 수 있게 되었다(Briscoe et al., 2006). 이 척도는 "경계를 넘어 일과 관련된 관계를 시작하고 추구하는 사람들이 갖는 태도(Briscoe et al., 2006, p.31)"인 '무경계 사고방식'뿐만 아니라 실제 이동(예를 들면, 여러 고용주들 사이의 이동)과 관련하여 개인이 갖는 관심의 정도인 '조직 이동성 선호'를 측정할 수 있도록 구성되어 있다.

Briscoe 등이 개발한 측정도구를 통해 무경계경력을 탐구하는 많은 연구가 등장하게 되었다. 선행연구들을 통해 무경계 사고방식과 조직 이동성 선호는 특정한 성격 특성(예를 들면, 적극적인 성격특성, Briscoe et al., 2006), 경력역량(Colakoglu, 2011) 및 동기부여 요인(예를 들면, 자율성 혹은 소속감) 등과 관련이 있다는 사실이 밝혀졌다(Segers, Inceoglu, Vloeberghs, Bartram, & Henderickx, 2008). 그러나 일부 연구 결과는 서로 상충되기도 한다. 예를 들어, Verbruggen(2012)은 무경계 사고방식이 객관적인 경력성공 지표(더 많은 승진이나 급여 등)에 긍정적 영향을 미친다는 것을 밝혀내었다. 그러나 반대로 조직 이동성 선호는 승진의 기회를 낮추고 낮은 직무 및 경력만족도를 야기한다는 사실도 밝혀내었다.

무경계경력의 개념은 몇몇 학자들에 의해 비판받기도 하였다. 어떤 이들은 이 개념이 지나치게 모호하고, 다양하게 정의되어 혼란스럽고, 경계를 갖지 않는 것이 아닌 경계를 뛰어넘는 것에 초점을 두어 논의가 되어왔기 때문에 용어 자체가 제안하고 있는 바에 대해 오해를 불러일으키고 있다고 주장하였다(Inkson, Gunz, Ganesh, & Roper, 2012). 또한 Rodrigues와 Guest(2010)는 경력에서 경계(boundary)는 여전히 필요하다고 주장하기도 한다. 이들은 경제적 환경의 변화로 인해 새롭게 정의되고 수정되고 있지만(예를 들면, 종종 글로벌 차원에서 조직이 합병되고 축소되는 경우), 여전히 많은 경계가 존재하고 필요하다는 점을 지적하였다. 또한 아마도 무경계경력에 대한 가장 큰 비판은 그것이 경험적 근거가 부족하다는 점일 것이다(Inkson et al., 2012; Rodrigues & Guest, 2010). 이를 언급한 학자들은 정년보장이나 직업안정성과 관련된 통계를 기초로 대부분의 개인이 여전히 전통적인 조직중심의 경력에 기초하여 노동시장에 참여하고 있다는 점을 지적한다. Dries, Van Acker, 그리고 Verbruggen(2012)은 많은 조직 구성원들은 여전히 전통적인 형태의 경력을 희망하며, 이러한 전통적인 형태의 경력을 따르는 것이 '무경계경력'이라는 이상(ideal)에 맞추는 것보다 더 많은 만족감을 제공한다는 사실을 발견하였다.

따라서, 무경계경력을 논의할 때에는 아마도 그 개념을 연속체(continuum)로 이해하는 것이 필요하리라 본다. 예를 들어, 무경계경력이라는 것은 완전히 경계 안에 갇힌 형태(즉, 하나의 조직 또는 분야 안에서만 자신의 경력을 바라보는 형태)에서 경계 사이의 이동을 인정하는 형태(즉, 실제 이동하는 행동과는 무관하게 유연성과 기회에 대해 무경계적 사고방식을 유지하는 형태)와 경계가 존재하지 않는 형태(즉, 하나의 조직이나 직업에서 다른 조직이나 직업으로 쉽고 빈번하게 이동하는 형태) 등의 범주를 갖는 것으로 바라볼 필요가 있다는 것이다. 이러한 관점은 글로벌 사회를 구성하는 다양한 일터 및 경력 기회에 더 잘 부합할 수 있다.

3) 조직중심의 경력

위에서 지적한 바와 같이, '전통적 조직구조의 범위 내에서(Sullivan & Baruch, 2009)' 발생하는 것으로 특징지을 수 있는 전통적 경력이 여전히 존재하고 널리 수용되고 있다는 증거는 다양하다. 오스트레일리아 공공 기관의 관리자들을 대상으로 실시한 연구에 따르면, 많은 사람들이 여전히 정년보장과 지속적이고 안정적 승진을 기초로 한 전통적 경력경로를 따르고 있다는 것이 밝혀졌다(McDonald, Brown, & Bradley, 2005). 1970년과 1990년에 경영대학을 졸업한 졸업생들을 비교한 또 다른 연구는 두 그룹의 경력개발이 큰 차이를 보여주고 있지 못하다는 점을 밝혀내었다. 두 집단 모두 전통적인 조직 내 이동 및 승진이 경력개발의 중심을 이룬다는 사실을 밝혀낸 것이다. 이 연구의 저자인 Chudzikowski는 "전통적인 경력이 죽었다고 말하는 것은 사실과 거리가 있다(2012, p.304)"고 결론을 내렸다.

그러나 대부분의 다른 사회 현상과 동일하게 조직중심의 경력은 그 성격이 변화하고 있다. Clarke(2012)는 "시간이 지남에 따라 조직중심의 경력이 예전의 관료제적 경력의 측면과 새로운 경력(new careers)의 측면을 통합하는 방향으로 진화하고 있다(p.696)"고 설명한다.

Clarke는 '새로운 조직중심의 경력'의 잠재적 특징이 다음을 포함하고 있다고 주장한다.

- '평생' 고용보다는 '장기적' 측면에서의 고용연속성
- 변화에 대처할 수 있는 개인의 유연성과 적응력

- 서로 다른 역할 사이에서 수평 혹은 수직이동을 포함하는 중간수준의 정년보장
- 조직 및 조직 외부 집단 모두에 대한 충성심
- (조직과 개인이 함께) 공동으로 관리하는 경력
- 조직 및 개인의 필요를 충족시키기 위한 능력개발
- 조직 내부 그리고 외부 모두에 관심을 기울이는 경력
- 나선형의 형태를 나타내는 경력경로
- 관계중심의 고용계약
- 객관적 측면과 주관적 측면을 모두 포함하는 경력성공 평가 (Clarke, 2013, p.697)

이러한 Clarke의 견해는 우리가 경력의 과거와, 현재, 미래를 바라볼 때 보다 포괄적 접근을 해야 함을 상기시켜준다. 즉, 점점 더 경력연구와 해당 실천분야가 과거의 토대 위에, 현재 우리가 살아가는 현실에 적응하며, 글로벌 일터환경과 같이 앞으로 우리가 살아갈 미래를 꿈꾸게 하는 방향을 밝혀주고 있다는 것이다. 이러한 맥락에서 경력개발도 시간의 관점에서 본다면, 특정한 단계들로 이루어지는 것이 아니라 유동적이고 끊임없이 이동하는 실체라고 할 수 있다.

4) 만화경경력

Mainiero와 Sullivan은 경력을 설명하기 위해 만화경의 비유를 사용하여 모델을 개발하였다. 긴 관을 회전시킴에 따라 모양이 바뀌는 만화경을 상상해보자. 모든 움직임은 새로운 모양을 만들어낸다. Mainiero와 Sullivan의 모델은 경력 또한 이와 유사하게 패턴으로 발전하고 진화한다는 점을 강조한다. 즉, 만화경경력모델은 "삶의 다양한 측면을 새로운 관계와 역할에 부합하도록 변경하기 (rotating) 위해 개인이 자신의 경력패턴을 어떻게 바꾸었는지를 설명(Sullivan &

Baruch, 2009, p.1557)"하는 모델이다.

Mainiero와 Sullivan(2005)은 경력과 관련된 결정에 영향을 미치는 중요한 세 가지 요인을 다음과 같이 제안하였다.

- 진정성(authenticity) : 본인에게 부합한 선택을 하는 것
- 균형 : 업무와 업무 외적 책임 사이에서 균형을 유지할 수 있는 선택을 하는 것
- 도전 : 흥미롭고 재미있는 일과 자신의 경력에서 지속적 개발과 성장의 기회를 제공하는 선택을 하는 것

Mainiero와 Sullivan은 개인의 인생에서 일어나는 변화에 따라 서로 다른 시기에 이 세 요인 중 하나가 경력의 가장 중요한 초점이 될 것이라고 주장하였다. 이 모델을 확립하는 과정에서 연구자들은 특히 여성의 경력패턴을 이해하는 데 관심을 기울였다. 그들은 일반적으로 여성들은 관계를 중심으로 자신의 경력과 관련한 결정을 내린다는 사실을 발견하였다. 또한 남성과 여성의 경력에서 서로 다른 시기에 무엇이 지배적 이슈인지에 대해서도 성별 간 차이가 있다는 것을 발견하였다. 남녀 모두 경력 초기에는 도전과 목표성취에 가장 큰 관심을 보이는 것으로 확인되었다. 그런데 남성과 여성의 차이는 중년의 시기 및 후기 경력단계에서 나타났다. 중년의 시기 여성에게는 균형의 이슈가 가장 큰 영향력을 가지고 있는 것으로 보이지만, 같은 기간 남성에게는 진정성이 점차 그 중요성을 더하는 것으로 확인되었다. 후기 경력단계에서는 진정성에 대한 강조가 여성에게 가장 큰 이슈가 되지만, 같은 시기 남성에게는 균형이 경력의 초점이라는 점도 확인되었다(Cabrera, 2008; Mainiero & Sullivan, 2005).

만화경경력모델을 지원하는 실증적 연구는 많지 않다. 그러나 Sullivan과 Mainiero(2008)는 HRD가 개인의 진정성, 균형 및 도전을 지원하고 촉진할 수 있는 방법에 대해 구체적으로 제언하였다. 예를 들어, 이들은 진정성을 향상시

킬 수 있는 짧은 안식년과 복지 프로그램의 개발, 삶의 균형을 도울 수 있는 "단기간의 경력단절"을 허용하는 정책, 도전적 과제를 부여할 수 있는 직무순환이나 해외 파견제도 등을 제언하였다(p.38-41).

위에서 설명한 네 가지 접근방법 혹은 경력관점은 각각의 특징들은 뚜렷하지만 공통적으로 변화하는 경력환경에 적절히 대응하는 것을 목적으로 삼고 있다. 각각의 관점은 경력에 대해 생각하고 경력을 평가하는 것과 관련하여 새로운 접근방식을 제공한다. 또한 각 관점은 네트워크의 영향과 중요성, 일과 삶의 문제, 기술 및 기타 환경적 요인들의 영향도 고려하고 있다. <표 2.1>은 네 가지 접근법을 요약한 것이다.

〈표 2.1〉 경력관점

경력관점	설명	초점	측정
프로티언 경력	경력은 개인에 의해 결정되고 관리된다. 즉, 경력은 내적 가치와 자기주도성에 의해 결정된다.	개인	Protean Career Attitudes Scale (Briscoe et al., 2006)
무경계 경력	경력은 전통적 조직중심의 구조에 의존하지 않는다. 오히려 이러한 잠재적인 제약으로부터 독립적이다. 경력은 물리적·심리적 이동성을 포함한다.	개인	Boundaryless Career Attitudes Scale (Briscoe et al., 2006)
조직중심의 경력	경력은 하나의 조직 안에서 발생하며, 구성원과 조직이 함께 관리한다.	개인과 조직	―
만화경 경력	경력은 패턴으로 개발되고 진화한다. 경력이 진보하는 데 영향을 미치는 세 가지 요인은 진정성, 균형, 도전이다. 개인의 경력에서 특정한 시기에는 이들 세 요인 중 하나가 가장 큰 영향력을 발휘하게 된다.	개인과 조직	진정성, 균형, 도전을 측정하는 15개 문항으로 구성된 측정도구 (Sullivan, Forret, Carraher, & Mainiero, 2009)

5) 실천을 위한 시사점

앞서 언급한 네 가지 경력관점은 HRD 전문가가 개인의 경력개발을 도울 수 있는 다양한 방법을 제시한다. 구체적으로 예를 들면 다음과 같다.

- 개인의 프로티언경력과 무경계경력태도를 개발하도록 도울 수 있다. Briscoe 등(2012)은 이러한 태도가 경력개발과 관련된 기술을 촉진할 수 있다는 사실을 발견하였으며, 불안한 고용환경을 탐색하는 데 유용할 수 있다는 점 또한 발견하였다. 이들과 De Vos와 Soens(2008)에 따르면, 프로티언경력과 무경계경력은 모두 학습이 가능한 것으로 확인되었다.

- 직원의 유연성과 적응력을 개발할 수 있는 기회를 만들 수 있다. 경력적응력에 관한 더 많은 정보는 이를 높이기 위해 개발할 수 있는 교육훈련 프로그램에 대한 설명과 더불어 다음 장에서 제시될 것이다.

- 직원들이 조직 외부 및 내부 네트워크를 구축하고 다양한 네트워크(예를 들면, 관심이나 집단에 대한 선호도에 기초한 네트워크)를 개발할 수 있도록 지원할 수 있다. 네트워크에 대한 자세한 내용은 4장에서 논의될 것이다.

- 직원들이 부서 간 업무를 수행하고 조직 내에서의 수직 이동뿐 아니라 측면 이동을 권장할 수 있는 창의적 개발 기회를 제공할 수 있다.

- 개인의 경력과 관련하여 도전적 기회를 제공하고, 가족 및 삶의 다른 이슈 사이에서 균형을 추구하며, 진정성을 구축할 수 있도록 하는 개인개발의 기회에 대해 신중하게 고려할 수 있다.

2. 경력개념

경력에 대한 보다 폭넓은 이해를 위해 경력연구에 사용되는 다양한 개념에 익숙해질 필요가 있다. 여기서는 네 가지 주요 개념인 경력성공, 경력역량, 경력이동, 경력정체성에 초점을 맞추어 설명하고자 한다.

1) 경력성공

대다수의 사람들은 삶의 여러 시기에서 자신의 경력에 대해 성찰하고 평가한다. 경력에 대해서는 성공 혹은 실패로 평가할 수 있는데, 우리가 판단하는 많은 것들과 마찬가지로 이러한 경력에 대한 평가는 시간이 흐르면서 변화할 가능성이 있으며 개인마다 다를 수 있다. 경력분야의 학자들은 경력성공이 무엇을 의미하고 무엇을 예측하는지를 이해하기 위해 경력성공의 개념에 많은 관심을 기울여왔다. 먼저 경력성공이 무엇인지 살펴보면 다음과 같다.

경력성공은 경력과 관련된 긍정적 경험의 결과물 혹은 업무 관련 목표를 달성하는 과정으로 정의되어왔다(Arthur, Khapova, & Wilderom, 2005; Mirvis & Hall, 1996). 대체로 경력성공에는 두 가지 측면이 포함된다는 점이 널리 받아들여진다. 즉, 개인의 내면적 측면에 초점을 맞춘 주관적 경력성공은 경력에 대한 각 개인의 평가를 말하며, 또 다른 하나는 보다 확인가능하고 외부적 평가에 초점을 맞춘 객관적 경력성공이 있다(Arthur et al., 2005; Heslin, 2005). 주관적 경력성공에 대해서는 인적자본의 가치와 자신의 효능감 및 능력에 대한 자신의 평가가 판단의 척도로 고려될 수는 있지만(Stumpf & Tymon, 2012), 경력만족이 가장 일반적인 주관적 경력성공의 증거로 인식되어 왔다(Heslin, 2005). 객관적 경력성공의 지표로는 급여, 승진, 직업의 지위 등이 있는데 이들은 모두 다른 사람들에 의해 평가될 수 있는 것들이라고 할 수 있다(Ng, Eby, Sorensen, & Feldman, 2005). 이 두 가지 유형의 경력성공이 상호 의존적이라는 것을 인식하는 것은 중요하다. 예를 들어, 성공에 대한 객관적 지표는 경력만족과 같은 주관적 요소에 영향을 줄 수 있다.

그러나 사실 경력성공은 단순히 두 가지 구성요소로 구분하는 것보다 훨씬 복잡하다고 할 수 있다. Heslin(2005)은 경력성공을 생각할 때 경력경험을 평가하는 기준이 무엇이었는지가 또 하나의 중요한 이슈라고 주장하였다. 일부의 사람들은 외부에서 정한 표준을 참고하여 자신 스스로가 기준을 수립하고 이를 사용하는 경향이 있다. 예를 들어, 본 저서를 집필하고 있는 저자 중 한 사람은 자신이 50세가 될 때까지 정교수직을 획득하고 싶어 하였다(이는 성취되었기 때문에 성공이라고 할 수 있다!). 경력결과를 평가하는 또 다른 방법은 타인의 기준을 사용하는 것이다(Heslin, 2005). 일반적으로 이 방법은 다른 사람들과의 비교를 포함한다. 자신은 그렇지 못하지만 동료가 이미 법률 회사에서 파트너위치에 올라섰다면 실패한 것처럼 느낄 수 있는 것이 그 예가 될 수 있다. 타인의 기준을 사용하는 또 다른 방법으로는 자신의 경력과 관련하여 다른 사람의 기대에 부응하는 태도 등을 들 수 있다. 예를 들어 어떤 사람들은 가족, 동료, 상사의 기대에 따라 특정 직업을 선택하거나 특정한 수준의 급여를 받으려 하거나 혹은 승진을 해야겠다고 생각할 수 있다. Heslin이 지적하듯이, 개인은 자신의 기준과 다른 사람의 기준을 모두 사용하여 객관적이고 주관적 경력성공을 평가한다.

Dries(2011)는 경력성공의 의미에 영향을 미치는 다양한 맥락적 요소를 파악함으로써 경력성공을 정의하는 것이 복잡하다는 사실을 확인하였다. 구체적으로 말하면 역사적, 문화적(예를 들면, 국가의 문화) 그리고 이념적(예를 들면, 사회 및 조직의 이념) 맥락이 경력성공의 정의와 이를 바라보는 관점에 영향을 미친다고 주장하였다. Dries는 이들의 영향력을 이해할 수는 있지만, 직원 및 고용주들은 종종 경력개발에 이를 고려하지 않는다는 점을 지적하였다. Dries의 한 가지 제안은 직원과 고용주가 경력성공이 무엇을 의미하는지에 대해 보다 폭넓은 관점을 보유하고 있어야 한다는 점이었다. 이러한 관점의 확대는 직원들의 "진정성을 느끼는 마음(Dries, 2011, p.380)"을 확대시켜 각 개인을 보다 다양하고 생산적인 노동력으로 변화시킨다고 하였다.

　경력성공이 정의되고 인식되는 방법을 이해하는 것 외에도 경력성공을 예측하는 것도 중요하다. 선행연구에 따르면 다음과 같은 경력성공의 다양한 예측 요인이 존재한다.

- 교육, 훈련 및 업무 경험과 같은 인적자본 : Ng 등(2005)은 객관적 혹은 주관적 경력성공 예측요인에 대한 메타 분석에서 많은 인적 자본 요인들이 객관적 경력성공(예를 들면 급여나 승진 등)과 관련되어 있다는 점을 발견하였다.
- 대인관계, 네트워크 및 멘토와 같은 사회적 자본 : 예를 들어, Seibert 등(2001)이 수행한 연구는 주관적 혹은 객관적 경력성공 모두와 연관된 사회적 자본을 발견하였다. 연구자들은 결과를 통해 사회적 자본의 영향력이 결코 흔히 이야기되는 잡담수준의 논의를 훨씬 뛰어넘는다는 것을 밝혀내었다. 오히려 사회적 자본의 개발을 통해 개인은 정보, 자원 그리고 경력지원을 받음으로써 더 많은 급여나 승진 및 경력만족이라는 세 가지 중요한 혜택을 얻었다는 점을 발견하였다.
- 관리자의 지원 및 HRD전략(예를 들면, 훈련 및 개발)과 같은 조직의 지원(Ng et al., 2005; Wayne, Liden, Kraimer, & Graf, 1999) : 조직의 지원이 인적자본 및 사회적 자본과 중복되는 측면이 있지만, 이 책에서는 HRD에 중점을 두고 설명하고자 한다. 이러한 전략에 대해서는 4장에서 보다 더 자세히 다룰 것이다.
- 성별, 인종 및 연령과 같은 인구통계학적 변인 : 예를 들어, 당신이 백인이며, 남성이고, 결혼을 하였으며, 나이가 많을 경우에는 더 높은 급여를 받을 가능성이 높다(Ng et al., 2005). 여성이나 소수민족 출신, 빈곤층에서 자란 개인은 월급이나 승진과 같은 객관적 지표 측면에서 경력성공을 경험할 가능성이 낮다. 경력개발의 불평등에 대한 더 자세한 논의는 이후에 다루게 될 것이다.

- Big Five 성격요인 등과 같이 쉽게 변하지 않는 개인의 특성이나 통제소재(locus of control) 혹은 인지 능력(Ng et al., 2005) : 이 변수는 상대적으로 변화가 적지만 분명 경력성공에 영향을 미친다. 양심, 인지 능력, 심지어 육체적 매력과 같은 요인들이 경력성공의 영향요인으로 밝혀졌다(Judge, Higgins, Thoresen, & Barrick, 1999; Judge, Hurst, & Simon, 2009).

- 구조적 또는 맥락적 요인 : Baruch과 Bozionelos(2011)는 조직의 특성(예를 들면, 크기나 소유구조 등), 환경적 요인(예를 들면, 경제적 여건 등) 및 사회적 요인(예를 들면, 법률 혹은 교육시스템 등)이 경력의 성공에 영향을 미친다는 것을 확인하였다. 또한, Judge, Cable, Boudreau, 그리고 Bretz(1995)는 산업 유형 및 인식된 조직의 성공 등과 같은 변수가 임원의 급여 및 경력만족에 긍정적으로 영향을 미친다는 사실을 발견하였다. 최근의 세계 경제침체는 많은 사람들의 경력을 혼란스럽게 만든 것이 사실이다.

분명히 성공이라는 것은 경력연구에서 중요한 개념이다. 이것은 우리 스스로가 혹은 다른 사람들이 우리의 가치를 평가하는 중요한 방법이 된다. 또한 이는 현대 사회를 보다 적절하게 반영하기 위해 계속해서 새롭게 정의되고 재검토되어야 하는 복잡한 현상이라고 할 수 있다.

2) 경력역량

경력을 밟아나가는 데 필수적 요소는 무엇일까? 경력역량은 시간이 지남에 따라 개발되는데, 자신의 경력을 향상시키고자 필요한 능력을 습득하기 원하는 개인과 인재를 확보하고 개발시키려는 조직 모두에게 중요하다(Francis-Smythe, Haase, Thomas, & Steele, 2012). DeFillippi와 Arthur(1994)는 세 가지 주요 경력역량으로 의미지 역량(know-why competency), 방법지 역량(know-how competency),

관계지 역량(know-whom competency) 등을 제시하였다3. 의미지 역량은 자기 인식에 초점이 있다. 다시 말하면 이것은 자신의 흥미와 가치에 대한 이해라고 할 수 있다. DeFillippi와 Arthur에 따르면 이 의미지 역량은 "경력동기, 개인적 의미 및 정체성과 관련되어 있기 때문에, '왜(why)'라는 질문에 대한 답을 제공한다(p.308)"라고 하였다. 방법지 역량이란 개인이 소유하고 조직 및 개인의 역량에 기여하는 직무 관련 지식 및 경력 관련 기술이다(DeFillippi & Arthur, 1994). 교육훈련은 이러한 역량을 강화하기 위해 사용되는 일반적 전략이라고 할 수 있다. 마지막으로, 관계지 역량은 조직에서의 의사소통과 개인의 학습 및 시장가치에 도움이 되는 경력 관련 네트워킹이나 관계수립 등이라고 할 수 있다(DeFillippi & Arthur, 1994; Eby, Butts, & Lockwood, 2003).

이러한 세 가지 역량을 개발하면 경력을 향상시킬 수 있다는 증거가 있다. 이 세 가지 역량은 인식된 경력성공 및 시장가치를 예측하는 요인들로 밝혀졌다(Eby et al., 2003). 또한 Colakoglu(2011)는 의미지 역량과 방법지 역량이 자율성을 높이고 경력 불안정을 감소시킨다는 사실을 밝혀내었다.

다른 경력역량 모델도 제시되었는데, 예를 들어 Francis-Smythe 등(2012)은 DeFillippi와 Arthur의 모델이 성격 특성과 중첩된다고 하며 역량은 행동이 강조되어야 한다고 주장하였다. 그들이 대안으로 제시한 모델은 다음의 일곱 가지 경력역량을 제시하고 있다.

- 목표설정 및 경력계획
- 자신에 대한 지식(예를 들면, 관심, 가치, 강점, 약점 등)

---

3 이 책이 제시하고 있는 각 역량의 명칭은 진성미(2009)가 평생학습사회 제5권 제2호에서 발표한 '경력 역량 탐색을 위한 평생학습의 시사'의 용어번역을 따르고 있다는 점을 밝힌다. 해당 연구에서 진성미는 "이 세 가지에 대한 의미를 가장 적절하고 간결하게 드러내는 번역을 위하여, 개인적 의미(personal meaning at work)나 정체성(work identity) 등에 대한 지식이라는 뜻에서 意味知, 업무와 관련한 방법과 기술적 측면의 지식으로서 方法知, 일과 관련하여 조직 내적 혹은 조직 외적 모든 네트워크형의 관계에 대한 지식으로서의 關係知라고 번역하여 사용하고자 한다(p.28)"고 밝힌 바 있다.

- 직무 관련 성과효과성(job-related performance effectiveness)
- 경력 관련 기술(예를 들면, 개발 기회 모색)
- 일터에서의 권력 등과 관련된 인간관계행동
- 경력지도 및 네트워킹
- 피드백 추구와 자기표현 (Francis-Smythe et al., 2012, p.236)

이 모델은 경력역량의 복잡성을 보다 정확하게 나타낸다(Francis-Smythe et al., 2012). 또한 이 모델은 확인, 평가 및 개발을 위한 특정 행동을 제시함으로써 조직과 개인 모두에게 유용한 시사점을 제공하고 있다. Francis-Smythe 등은 이러한 역량을 평가하기 위해 CCI(Career Competencies Indicator)를 개발하였다. 그들의 초기 연구는 CCI가 신뢰성과 타당성을 가지고 있다는 점을 뒷받침하지만, 연구와 실천을 위한 이 도구의 유용성에 대해서는 더 많은 연구가 필요해 보인다.

3) 경력전환

경력전환은 "경력의 의미, 자신에 대한 여러 가지 전제, 세계관 등을 변화시키는 경력개발 과정 속에서의 긍정적 혹은 부정적 사건(O'Neil, Fishman, & Kinsella-Shaw, 1987, p.66)"을 말한다. 대부분의 경력전환은 과업, 직위 또는 직업의 변화를 포함하며(Heppner, Multon, & Johnston, 1994), 전환에 대한 통제가능성, 규모 및 모호성에 따라 상당히 다른 모습으로 나타난다(Wanberg & Kammeyer-Mueller, 2008).

많은 개인이 경험하는 공통적인 경력전환에는 초기 경력선택, 조직진입, 경력재평가, 비자발적 고용상실 및 퇴직 등이 포함된다(Wanberg & Kammeyer-Mueller, 2008). 초기 경력선택은 조직에 진입하기 전에 발생하지만, HRD는 위에 나열된 대부분의 전환단계에서 중요한 역할을 할 수 있다. 새롭게 조직에 진입한 직원은 상사, 동료 그리고 직업 자체에 대한 모호함과 불안으로 가득 차 있기 때문에 조직에 처음 진입하는 것은 상당한 스트레스의 원인이 될 수 있다. 효과적으로 개발된 오리엔테이션 프로그램, 네트워킹의 기회 및 코칭 등은 직원을 도울 가능성을 가진 몇 가지 방법에 불과하다. 경력상담 및 대체 경력경로(alternative career paths)는 개인의 경력재평가에 도움이 될 수 있으며, 퇴직자 전직지원 프로그램 및 경력상담은 감원, 구조조정, 폐업 등으로 인해 실직을 경험하는 직원에게 도움을 제공할 수 있다. 마지막으로 가교일자리(bridge employment)[4]나 점진적 퇴직과 같은 대체근로를 제공하고 은퇴 준비를 위해 교육프로그램을 제공하는 것은 직원이 은퇴의 단계로 전환할 수 있도록 돕는 HRD전략의 예라고 할 수 있다(Callanan & Greenhaus, 2008).

전환의 유형과는 관계없이 경력에서 변화를 겪는 개인은 불안감을 느끼거나, 불안정적인 기간을 경험하게 된다. Ng, Sorensen, Eby, 그리고 Feldman(2007)에 따르면 "경력은 평온한 상태와 직무이동의 전환기를 번갈아 가며 전개된다(p.367)"고 하였다. 그들은 이 평온한 상태를 흔드는 세 가지 중요한 요소들을 제시하였다.

- 구조적 요인 : 경제적 조건, 사회적 특성(예를 들면, 전쟁, 기술혁신, 사회운동), 산업에서의 차이(예를 들면, 남성 또는 여성이 지배적인 노동구조, 보상과 관련된 관행, 산업의 성장추세) 및 조직 내 직원배치 정책(예를 들면, 내부 이동과 관련된 기회).
- 개인 간의 차이 : 성격특성, 경력과 관련된 흥미, 가치 및 애착 유형.
- 전환에 대한 의사결정과 관련된 관점 : 변화에 대한 주관적 기준(예를 들면, 특정 유형의 직무 이동성에 대한 선호)이나, 이동에 대한 희망, 변화에 대한 준비.

Ng 등(2007)은 이러한 요인들이 독립적이지 않으며, 대부분의 경우 하나의

---

4 정년퇴직 후 노동시장에서 완전히 벗어나는 은퇴의 시기까지 개인이 갖는 일자리를 의미한다.

요인이 다른 요인에 영향을 미치는데, 이는 직무이동과 관련된 결정이 복잡하다는 것을 나타낸다고 하였다.

5개국에 걸쳐 실시된 한 연구에서는 경력전환을 야기하는 내부적 원인을 지적하였는데 연구대상자들은 주로 미국 및 유럽 3개국 출신들이었다(Chudzikowski et al., 2009). 특히, 미국 출신의 연구 참여자들은 개인적 이유(예를 들면, 다른 일을 하고 싶다는 희망이나, 일과 삶의 균형을 이루기 위해 직업을 바꾸고 싶다는 희망)로 인해 변화와 관련하여 동기부여를 받는 것으로 알려졌다. 중국 출신의 연구 참여자들은 Ng 등(2007)이 제시한 구조적 요인인 정부정책 및 조직재편 등과 같은 외부요인을 전환의 원인으로 지적하였다.

경력전환에 관한 다음의 두 연구는 경력개발 전문가와 HRD에 중요한 시사점을 제공하였다. 한국의 퇴직 후 노동자들을 대상으로 자발적 퇴직 후 취업하기까지의 변화를 탐색한 연구에서 경력전환의 과정은 다음과 같이 네 단계로 확인되었다.

- 이전 경력에서의 불안정한 기간
- 변화가 일어나기 전, 자신과 환경에 대해 성찰하는 기간
- 새로운 전문가들과의 관계 및 변화를 만드는 기간
- 새로운 경력에 몰입하는 기간 (Kim, 2014, p.9)

Kim은 이러한 단계가 반드시 선형이 아니라 "각 단계마다 분열이 요구되는 반복적 과정(p.15)"이라고 지적하였다. 또한 학습(형식 및 무형식)은 퇴직 후 개인의 경력전환 과정에서 중요한 역할을 하였다는 점도 지적하였다.

중국의 MBA 졸업생에 대한 또 다른 연구는 경력전환을 겪을 때 개인이 제약과 도전을 경험한다는 것을 발견하였다. 응답자들이 인식하는 세 가지 가장 공통적 어려움은 지식부족(즉, 경력경로에 대한 지식부족), 익숙하지 않은 "환경 및 경력변화 메커니즘", 그리고 "업계 지식과 경험의 부족"이었다(Sun & Wang, 2009, p.521). 저자들은 개인들은 경력전환을 다루기 위해 준비하고 있지만, 조

직 및 교육시스템이 적절히 대응하지 않았음을 지적하였다. 이 두 연구는 한 경력에서 다른 경력으로 성공적으로 이동하기 위해서는 학습이 중요한 역할을 한다는 것을 보여주었다. HRD시스템 및 경력개발 전문가는 경력코칭, 경력상 담, 교육훈련, 멘토링 등과 같은 다양한 실천전략들을 이용하여 전환 과정에 있는 개인을 도울 수 있다.

4) 경력정체성

대다수의 사람들은 '나는 누구인가'에 대한 답을 찾고자 하는데, 대개의 경 우 자신의 정체성을 확인하는 수단으로 직업이 사용된다. Fugate, Kinicki, 그 리고 Ashforth(2004)는 다음과 같이 경력정체성을 설명하고 다른 개념과 차별 화 하였다.

> 경력정체성(career identity)은 역할정체성(role identity), 직업정체성 (occupational identity), 조직정체성(organizational identity)과 같이 구체 적인 하나의 구인(construct)인데, 그 모두는 사람들이 특정 작업환경 에서 자신을 어떻게 정의하는지를 나타낸다. 그러나 경력정체성은 본 질적으로 긴 시간적 배경을 갖는데, 이는 과거와 현재를 이해하고 장 래에 대한 방향을 제시하기 때문이다. (p.20)

Holland와 동료들은 '직업적 정체성(vocational identity)'을 "목표, 관심사, 재 능에 대한 명확하고 안정적인 이미지를 소유하는 것(Holland, Gottfredson, & Power, 1980, p.1191)"이라고 정의하였다. 직업적 정체성은 경력에 관한 자신의 취향을 결정하는 것과 강하게 관련이 있는 것으로 밝혀졌다(Savickas, 1985). 직 업적 정체성은 경력정체성과 분명히 관련되어 있지만, 대개 경력상담이나 청 년들의 직업선택 연구에 사용되어 왔다(Ashforth, Harrison, & Corley, 2008). 따 라서 일 및 경력과 관련된 정체성의 확립과정에 적용하는 것은 제한적이라고 할 수 있다. Holland 등의 주장에 대해 Vondracek(1992)은 또 다른 비판을 제기하였는데, "너무 단순하고 또한 무분별하게 사용된다(para.25)"고 지적한 바 있다.

정체성은 경력의 과정을 통해 확립되고 재구조화되는데(Turnbull, 2004), 특히 개인이 경력전환을 경험할 때 정체성의 확립이나 재구조화가 이루어진다(Ibarra, 1999). 중년 경영컨설턴트 및 투자 은행가를 대상으로 경력전환에 대한 질적 연구에 참여한 개인들은 전문가로서의 정체성을 구축하기 위해 세 가지 적응행동을 취하는 것으로 나타났다. 여기서 전문가로서의 정체성이란 "중요한 역할을 담당하는 구성원들에게는 신뢰감을 주고, 자기개념과도 일치하는(Ibarra, 1999, p.782)" 것을 의미한다. 언급된 세 가지 적응행동에는 성공적 역할모델 관찰, 잠정적 자아 실험(역할 모델을 모방하거나 자신에 부합한 스타일이나 접근법을 찾기 위해 노력하는 것), 개인 자신의 기준이나 다른 사람들의 피드백에 기초하여 결과를 평가하는 것 등이 포함된다. 이렇게 제시된 행동들을 통해 멘토, 네트워크 및 코치가 정체성 형성에 중요한 역할을 할 수 있다는 사실을 확인할 수 있으며, 또한 궁극적으로는 경력정체성의 개발이 복잡한 학습의 과정임을 확인할 수 있다(Meijers, 1998).

경력정체성은 시간이 지남에 따라 진화하는데, 일부 학자들은 정체성의 형성이 향후 더욱 중요해질 것이라고 예상하였다. Ashforth 등(2008)은 "직장생활을 통해 다양한 정체성 형성의 기초를 마련할 수 있지만, 직업적 정체성과 경력정체성이 개인에게 점차 더욱 중요해질 것으로 예상할 수 있다. 이는 경력환경이 조직과 장기적 관계를 형성하는 것을 어렵게 하고 조직 안에 자리 잡고 있는 기본적 가정들을 무너뜨리기 때문이다(p.352)"라고 하였다. Meijers(1998)는 불안정, 변화, 그리고 자신의 일자리를 스스로가 관리해야 하는 분위기 속에서 경력정체성을 개발하는 것이 중요하다는 사실을 강조한 바 있다.

앞서 살펴본 이러한 네 가지 개념인 성공, 역량, 전환 그리고 정체성은 경력에 관심을 가지고 있는 모든 개인에게 중요하다. HRD전문가들은 특히 이러한 개념을 이해하고 관련 지식을 통해 경력을 어떻게 개발할 수 있는지 인식해야 한다. 다음의 <표 2.2>는 이러한 개념들이 문헌에서 조작적으로 정의되고,

측정되며, 평가되는 방법에 대해 설명하고 있다. 측정과 관련된 정보는 본인 스스로와 다른 사람들의 경력을 개발하기 위해 노력하는 개인 및 전문가들 모두에게 유용할 것이다.

〈표 2.2〉 경력개념

경력개념	측정 및 평가도구
경력성공	• 객관적 성공 : 연봉, 승진, 직업의 지위 등을 포함. • 주관적 성공 : 가장 일반적으로 많이 사용되는 도구는 자기보고식의 5개의 문항으로 구성된 Career Satisfaction Scale(CSS), (Greenhaus et al., 1990).

경력역량	• 43개 문항으로 다음의 7개 역량을 측정하는 도구인 Career Competencies Indicator(CCI).
	  – 목표설정 및 경력계획
	  – 자신에 대한 지식
	  – 직무관련 성과 효과성
	  – 경력 관련 기술
	  – 일터에서의 권력 등과 관련된 인간관계행동
	  – 경력지도 및 네트워킹
	  – 피드백 추구와 자기표현 (Francis-Smythe et al., 2012)

경력전환	• 40개 문항으로 성공적 경력전환을 촉진하는 5개 요인을 측정하는 도구인 Career Transitions Inventory(CTI).
	  – 준비도 : 경력전환을 위한 동기
	  – 자신감 : 경력전환을 이루기 위해 요구되는 과업 수행
	  – 경력전환을 다루는 데 개인이 느끼는 통제감
	  – 사회적 지원
	  – 의사결정 독립성 (혹은 경력전환에 대한 의사결정을 내릴 때 다른 사람의 생각을 중요하게 고려하는가?) (Heppner et al., 1994)

경력정체성	• My Vocational Situation(MVS)의 하위 측정도구인 Vocational Identity Subscale(VI)는 18개 문항으로 구성된 진위형 측정도구임(Holland, Gottfredson, & Power, 1980). • 내러티브(narrative)는 개인이 자신의 경력정체성을 어떻게 형성하여왔는가를 이해하는 중요한 방법으로 고려되고 있음.

3. 실천적 시사점

HRD분야에서 활동하는 사람들은 앞서 살펴본 이러한 개념에 대한 지식을 가지고 다양한 방법으로 다른 개인들의 경력개발에 도움을 제공할 수 있을 것이다. 구체적인 예를 들면 다음과 같다.

- 개인이 경력성공을 정의하고 인식하는 다양한 방식을 이해하고 개인의 성공추구를 지원할 다양한 실천전략을 채택하는 데 적극적 역할을 할 수 있다.
- Francis-Smythe 등(2012)이 제안한 경력역량 모델 등을 사용하여, 경력역량을 개발하려는 개인을 돕는 방안을 설계할 수 있다. 교육훈련, 성과향상 전략, 코칭, 멘토링 및 네트워킹과 같은 다양한 활동이 도움을 제공할 수 있다. Francis-Smythe 등은 직원의 경력역량 개발로 인한 잠재적인 결과로 낮은 이직률과 조직에 대한 헌신의 증가 등을 언급하였는데, 궁극적으로는 개별 직원뿐 아니라 조직도 이익을 얻을 것이라고 결론지었다.
- 자발적 혹은 비자발적 경력전환이 학습과 불가분의 관계에 있음을 인식해야 한다. HRD가 새로운 경력에서 평온함을 되찾고 성공(물론 각자가 규정하지만)을 달성하려는 개인들을 도울 수 있는 다양한 방법(이들 대부분은 이미 언급한 바 있다)이 존재한다.
- 정체성의 확립과 재구조화 과정에서 경력이 갖는 중요한 역할을 인정해야 한다. HRD는 관찰하고 학습할 수 있도록 기회를 제공하는 역할모델을 찾는 일과 개인이 정체성의 확립과정에서 필요한 외부의 피드백을 제공하는 일을 촉진할 수 있다.

4. 요약

이번 장에서는 프로티언경력, 무경계경력, 조직중심의 경력, 만화경경력 등 네 가지 경력과 관련된 관점에 대해 설명하였다. 이러한 접근법 중 세 가지(프로티언경력, 무경계경력, 만화경경력)는 Strunk 등(2004)이 이번 장을 시작하는 인용문에서 언급한 '급격히 변화하는 경력환경'에 대처하기 위해 개발된 관점이라고 할 수 있다. 조직중심의 경력은 오랜 역사가 있지만 학자와 실무자는 최근 변화하는 시대를 반영하기 위해 이를 새로운 방식으로 이해하는 것에 주력하고 있다. 또한 경력성공, 경력역량, 경력전환 및 경력정체성과 같은 네 가지 경력개념을 소개하고 설명하였다. 인적자원분야의 전문가들은 이러한 경력관점 및 개념을 이해함으로써 직원의 경력개발에 중요한 역할을 담당할 수 있을 것이다.

참고문헌

Arthur, M. B., Khapova, S. N., & Wilderom, C. P. M. (2005). Career success in a boundaryless career world. *Journal of Organizational Behavior, 26*(2), 177–202.

Arthur, M. B., & Rousseau, D. M. (1996). *The boundaryless career: A new employment principle for a new organizational era.* New York: Oxford University Press.

Ashforth, B. E., Harrison, S. H., & Corley, K. G. (2008). Identification in organizations: An examination of four fundamental questions. *Journal of Management, 34*(3), 325–374.

Baruch, Y., & Bozionelos, N. (2011). Career issues. In S. Zedeck (Ed.), *The APA handbook of industrial and organizational psychology* (pp. 67–113). Washington, DC: American Psychological Association.

Briscoe, J. P., & Hall, D. T. (2006). The interplay of boundary less and protean careers: Combinations and implications. *Journal of Vocational Behavior, 69*(1), 4–18.

Briscoe, J. P., Hall, D. T., & DeMuth, R. L. F. (2006). Protean and boundaryless careers: An empirical exploration. *Journal of Vocational Behavior, 69*(1), 30–47.

Briscoe, J. P., Henagan, S. C., Burton, J. P., & Murphy, W. M. (2012). Coping with an insecure employment environment: The differing roles of protean and boundaryless career orientations. *Journal of Vocational Behavior, 80*(2), 308–316.

Cabrera, E. F. (2008). Protean organizations: Reshaping work and careers to retain female talent. *Career Development International, 14*(2), 186-201.

Callanan, G. A., & Greenhaus, J. H. (2008). The baby boom generation and career management: A call to action. *Advances in Developing Human Resources, 10*(1), 70-85.

Chudzikowski, K. (2012). Career transitions and career success in the "new" career era. *Journal of Vocational Behavior, 81*(2), 298-306.

Chudzikowski, K., Demel, B., Mayrhofer, W., Briscoe, J. P., Unite, J., Milikic, B. B., Hall, D. T., Las Heras, M., Shen, Y., & Zikic, J. (2009). Career transitions and their causes: A country-comparative perspective. *Journal of Occupational and Organizational Psychology, 82*(4), 825-849.

Clarke, M. (2013). The organizational career: Not dead but in need of redefinition. *The International Journal of Human Resource Management, 24*(4), 684-703.

Colakoglu, S. N. (2011). The impact of career boundarylessness on subjective career success: The role of career competencies, career autonomy, and career insecurity. *Journal of Vocational Behavior, 79*(1), 47-59.

DeFillippi, R. J., & Arthur, M. B. (1994). The boundaryless career: A competency based perspective. *Journal of Organizational Behavior, 15*(4), 307-324.

De Vos, A., & Soens, N. (2008). Protean attitude and career success: The mediating role of self-management. *Journal of Vocational Behavior, 73*(3), 449-456.

Dries, N. (2011). The meaning of career success. *Career Development International, 16*(4), 364-384.

Dries, N., Van Acker, F., & Verbruggen, M. (2012). How "boundaryless" are the careers of high potentials, key experts and average performers? *Journal of Vocational Behavior, 81*(2), 271-279.

Eby, L. T., Butts, M., & Lockwood, A. (2003). Predictors of success in the era of the boundaryless career. *Journal of Organizational Behavior, 24*(6), 689-708.

Francis-Smythe, J., Haase, S., Thomas, E., & Steele, C. (2012). Development and validation of the Career Competencies Indicator (CCI). *Journal of Career Assessment, 21*(2), 227-248.

Fugate, M., Kinicki, A. J., & Ashforth, B. E. (2004). Employability: A psychosocial construct, its dimensions, and applications. *Journal of Vocational Behavior, 65*(1), 14-38.

Greenhaus, J. H., Parasuraman, S., & Wormley, W. M. (1990). Effects of race on organizational experiences, job performance evaluations, and career outcomes. *Academy of Management Journal, 33*(1), 64-86.

Hall, D. T. (1976). *Careers in organizations.* Glenview, IL: Scott Foresman & Co.

Heppner, M. J., Multon, K. D., & Johnston, J. A. (1994). Assessing psychological resources during career change: Development of the Career Transitions Inventory. *Journal of Vocational Behavior, 44*(1), 55-74.

Heslin, P. A. (2005). Conceptualizing and evaluating career success. *Journal of Organizational Behavior, 26*(2), 113-136.

Holland, J. L., Gottfredson, D. C., & Power, P. G. (1980). Some diagnostic scales for research in decision making and personality: Identity, information, and barriers. *Journal of Personality and Social Psychology, 39*(6), 1191-1200.

Ibarra, H. (1999). Provisional selves: Experimenting with image and identity in professional adaptation. *Administrative Quarterly Science, 44*(4), 764-791.

Inkson, K., Gunz, H., Ganesh, S., & Roper, J. (2012). Boundaryless careers: Bringing back boundaries. *Organization Studies, 33*(3), 323-340.

Judge, T. A., Cable, D. M., Boudreau, J. W., & Bretz, R. D., Jr. (1995). An empirical investigation of the predictors of executive career success. *Personnel Psychology, 48*(3), 485-519.

Judge, T. A., Higgins, C. A., Thoresen, C. J., & Barrick, M. R. (1999). The big five personality traits, general mental ability, and career success across the life span. *Personnel Psychology, 52*(3), 621-652.

Judge, T. A., Hurst, C., & Simon, L. S. (2009). Does it pay to be smart, attractive or confident (or all three)? Relationships among general mental ability, physical attractiveness, core self-evaluations, and income. *Journal of Applied Psychology, 94*(3), 742-755.

Kim, S. (2014). The career transition process: A qualitative exploration of Korean middle-aged workers in postretirement employment. *Adult Education Quarterly, 64*(1), 3-19.

Kuchinke, K. P. (2014). Boundaryless and protean careers in a knowledge economy. In J. Walton & C. Valentin (Eds.), *Human resource development: Practices and orthodoxies* (pp. 202-222). London: Palgrave MacMillan.

McDonald, P., Brown, K., & Bradley, L. (2005). Have traditional career paths given way to protean ones? *Career Development International, 10*(2), 109-129.

Mainiero, L. A., & Sullivan, S. E. (2005). Kaleidoscope careers: An alternate explanation for the "opt-out" revolution. *Academy of Management Executive, 19*(1), 106-123.

Meijers, F. (1998). The development of a career identity. *International Journal for the Advancement of Counseling, 20*(3), 191-207.

Mirvis, P. H., & Hall, D. T. (1996). Psychological success and the boundaryless career. In M. B. Arthur & D. M. Rousseau (Eds.), *The boundaryless career* (pp. 237-255). New York: Oxford University Press.

Ng, T. W. H., Eby, L. T., Sorensen, K. L., & Feldman, D. C. (2005). Predictors of objective and subjective career success: A meta-analysis. *Personnel Psychology, 58*(2), 367-408.

Ng, T. W. H., Sorensen, K. L., Eby, L. T., & Feldman, D. C. (2007). Determinants of job mobility: A theoretical integration and extension. *Journal of Occupational and Organizational Psychology, 80*(3), 363 -386.

O'Neil, J. M., Fishman, D. M., & Kinsella-Shaw, M. (1987). Dual-career couples' career transitions and normative dilemmas: A preliminary assessment model. *Counseling Psychologist, 15*(1), 50-96.

Rodrigues, R. A., & Guest, D. (2010). Have careers become boundaryless? *Human Relations, 63*(8), 1157-1175.

Savickas, M. L. (1985). Identity in vocational development. *Journal of Vocational Behavior, 27*(3), 329-337.

Segers, J., Inceoglu, I., Vloeberghs, D., Bartram, D., & Henderickx, E. (2008). Protean and boundaryless careers: A study of potential motivators. *Journal of Vocational Behavior, 73*(2), 212-230.

Seibert, S. E., Kraimer, M. L., & Liden, R. C. (2001). A social capital theory of career success. *Academy of Management Journal, 44*(2), 219-237.

Strunk, G., Schiffinger, M., & Mayrhofer, W. (2004). Lost in translation? Complexity in organizational behavior the contributions of systems theories. *Management Revue, 15*(4), 481-509.

Stumpf, S. A., & Tymon, W. G., Jr. (2012). The effects of objective success on subsequent subjective success. *Journal of Vocational Behavior, 81*(3), 345–353.

Sullivan, S. E., & Arthur, M. B. (2006). The evolution of the boundaryless career concept: Examining physical and psychological mobility. *Journal of Vocational Behavior, 69*(1), 19–29.

Sullivan, S. E., & Baruch, Y. (2009). Advances in career theory and research: A critical review and agenda for future exploration. *Journal of Management, 35*(6), 1542–1571.

Sullivan, S. E., Forret, M. L., Carraher, S. M., & Mainiero, L. A. (2009). Using the kaleidoscope career model to examine generational differences in work attitudes. *Career Development International, 14*(3), 284–302.

Sullivan, S. E., & Mainiero, L. (2008). Using the kaleidoscope career model to understand the changing patterns of women's careers: Designing HRD programs that attract and retain women. *Advances in Developing Human Resources, 10*(1), 32–49.

Sun, J. Y., & Wang, G. G. (2009). Career transition in the Chinese context: A case study. *Human Resource Development International, 12*(5), 511–528.

Tams, S., & Arthur, M. B. (2010). New directions for boundaryless careers: Agency and interdependence in a changing world. *Journal of Organizational Behavior, 31*(5), 629–646.

Turnbull, S. (2004). Perceptions and experience of time–space compression and acceleration. *Journal of Managerial Psychology, 19*(8), 809–824.

Verbruggen, M. (2012). Psychological mobility and career success in the "new" career climate. *Journal of Vocational Behavior, 81*(2), 289–297.

Vondracek, F. W. (1992). The construct of identity and its use in career theory and research. *Career Development Quarterly, 41*(2), 130-144.

Wanberg, C. R., & Kammeyer-Mueller, J. (2008). A self-regulatory perspective on navigating career transitions. In R. Kanfer, G. Chen, & R. D. Pritchard (Eds.), *Work motivation: Past, present, and future* (pp. 433-469). New York: Routledge.

Wayne, S. J., Liden, R. C., Kraimer, M. L., & Graf, I. K. (1999). The role of human capital, motivation and supervisor sponsorship in predicting career success. *Journal of Organizational Behavior, 20*(5), 577-595.

CHAPTER 03

전략적 경력개발

경력시스템이 변화한다는 것이 경력관리에 대해 조직이
아무런 역할을 하지 않아도 됨을 의미하지는 않는다.
대신 조직은 인적자원에 대해 지원하고, 권한을 부여하며, 개발하는 등
새로운 중요한 역할을 담당해야 한다.
조직은 전통적 '명령 및 통제' 중심의 접근 방식을 벗어나
'지원하고 개발하는' 접근방식을 취해야 한다.

– Baruch, 2006, p.130

지난 2-30년은 경력에 있어 큰 변화가 일어난 시기였다. 경제의 변화, 기술의 놀라운 진보, 글로벌화, 인구구조의 변화는 새롭고 다른 경력의 의미를 개념화하도록 영향을 주었다. 또한 개인과 조직이 경력을 구성하고 성장시키고 개발하는 것에 대한 각자의 역할에 대해서도 새로운 영향을 미치고 있다. 일부는 경력개발이 조직 구조와 지원에 의존하기보다 개인적으로 추진되어야 한다고 결론을 내린다. 이러한 주장이 갖고 있는 장점은 있으나, 대부분의 개인이 조직을 통해 경력을 쌓는다는 사실을 기억할 필요가 있다. Inkson과 King(2011)이 지적했듯이 "경력은 …(중략)… 직장생활을 하는 개인인 경력행위자와 조직 사이에서 협상을 통해 이루어진 결과이다(p.37)." 이는 조직이 경력개발에 여전히 중요한 역할을 하고 있음을 말하는 것이지만, Baruch(2003)이 지적했듯이 '새로운 패러다임'이 필요하다는 것 또한 말하고 있다. Gilley, Eggland, 그리고 Gilley(2002)는 조직과 개인 간의 경력개발 관계를 '결혼'으로 설명한다. 이 결혼은 다음과 같은 것을 포함한다.

조직은 개발계획, 적절한 목표와 목표를 평가하는 과정, 그리고 물리

적, 재정적, 인적자원의 적절한 배분을 담당한다. 동시에 직원들은 개인목표수립, 역량 및 향후 기회에 대한 현실적인 평가를 포함한 경력 및 인생계획 수립을 담당한다. (p.65)

1. 논쟁의 여지가 있는 영역

그러나 대부분의 결혼처럼 경력개발에서도 당사자들 사이에 긴장은 피할 수 없다. 종종 개인의 경력 요구와 희망은 조직의 이익과 충돌한다. Inkson과 King(2011)은 이 때문에 경력이 두 당사자들 사이의 '논쟁의 여지가 있는 영역 (contested terrain)'이 될 수 있다고 주장하였다. 이 용어는 경제학자 Richard Edwards(1979)가 자신의 저서인 『Contested Terrain』에서 처음으로 사용한 바 있다. 앞서 언급한 긴장을 설명하기 위해 Edwards는 다음과 같이 말한다.

> 노동자와 조직의 이익이 충돌하고, 한편에게 좋은 것이 다른 편에게 는 비용으로 작용하기 때문에 갈등은 존재한다. 생산과정을 통해 만들어지는 상품과는 달리 여기서는 통제권(control)이 문제가 되는데, 이는 노동력이 흥미나 욕구를 가지고 있으며, 상품처럼 대우받기를 거부하는 사람들을 통해 구현되기 때문이다. (p.12)

Edwards는 일반적으로 일터에 초점을 맞추었지만, Inkson과 King(2011)은 개인 및 조직의 투입 요소와 목표를 설명하는 경력의 심리적 계약 모델을 제시하여 이러한 논쟁의 여지가 있는 영역이라는 개념이 경력에 어떻게 적용되는지를 설명하였다. 그들은 논쟁의 여지가 있는 영역으로서 경력의 중요성을 다음과 같이 강조하였다.

> 경력과 관련된 이슈는 계약과 관련된 특정한 긴장감을 야기한다. 왜

냐하면 경력목표는 종종 장기적이고 때로 잠정적(tentative)이기 때문이며, 투자한 것을 회수하는 시점과 크기가 불확실하기 때문이고, 투자가 확정된 후 많은 시간 동안 무엇이 계약 위반이었는지가 분명하지 않을 수 있기 때문이다. (p.46)

이러한 잦은 이해관계의 충돌을 인식하는 것이 중요한데, 조직과 구성원 모두의 목표를 달성하게 하는 경력시스템의 개발은 가능하다고 할 수 있다. 경력개발과 관련하여 각 당사자의 관심사를 듣고 이해하는 것과 같이 기대와 요구를 서로 공유하는 것은 중요하다(Inkson & King, 2011). HRD전문가들은 이러한 문제에 대해 고용주와 피고용인들 사이에서 협상을 촉진하는 데 중요한 역할을 할 수 있다(McDonald & Hite, 2015). 이는 이번 장의 뒷부분에서 더 논의될 것이다.

그렇다면 조직과 구성원 모두의 필요와 관심을 충족시키는 경력시스템은 어떻게 만들 수 있을까? 그 필수 요소는 무엇일까? 조직 내에서 경력개발을 실행하기 전에 고려해야 할 사항은 무엇인가? 경력개발의 효과성은 어떻게 결정될 수 있는가? 이 장에서는 효과적 경력개발시스템을 달성하기 위해 필요한 과정을 개략적으로 설명하는 모델을 제공함으로써 이러한 질문에 답하려고 한다. Baruch(2003)은 경력관리시스템이 시대에 뒤떨어져 있기 때문에 훨씬 더 "통합적"인 것이 되어야 한다고 주장한다. 그는 "적절한 모델은 경력시스템의 복잡성과 다차원적 성격을 반영할 뿐만 아니라 현대의 역동적 비즈니스 환경에도 적응해야 한다(p.232)"고 하였다. 이번 장에서 제시하는 프레임워크가 이러한 우려를 불식시킬 수 있기를 희망한다.

2. 전략적 경력개발

효과적 경력개발은 경력과 관련된 이슈를 조직의 전략적 방향과 통합한다(Baruch, 2003; Gilley et al., 2002; Greenhaus, Callanan, & Godshalk, 2010). 전략

적으로, 경력개발은 모든 인적자원관리 기능에 내재되어 있어야 한다. 이것은 조직이 인재를 모으고 이들을 유지하려고 할 때 필수적이라고 할 수 있다 (Kaye & Smith, 2012). Baruch(2003)은 다음과 같이 지적하였다.

> HRM(human resource management)의 핵심이 전략적 측면에 있다는 것은 오래 전부터 입증되어왔다. 행정적 기능 중 하나로서 보조적 역할을 수행하기보다 HRM을 조직의 전략적 관리에 통합해야 한다는 것이 HRM의 역할이 지닌 특징인데, 이러한 특징은 경력관리시스템에 반영되어야 한다. (p.238)

조직의 전략적 의사결정이 내려지면 현재뿐만 아니라 미래의 경력요구도 고려되어야 한다. 마찬가지로 경력개발계획은 조직의 비즈니스 요구사항을 해결할 수 있어야 하고 조직변화의 전략적 방향에 부합해야 한다. 이러한 가변적 성격에 대해 Brousseau, Driver, Eneroth, 그리고 Larsson(1996)은 다음과 같이 설명한다.

> 기업은 조직의 경력문화를 역동적인 것으로 간주해야 하며, 정기적인 재조정을 전략적 고려사항으로 삼아야 하는데, 구성원이 바뀌거나 각 구성원의 경력동기 및 역량이 시간이 지나며 변화할 때 이러한 정기적인 점검을 수행해야 한다. (p.63)

이러한 사실을 염두에 두고 우리는 조직 내에서 전략적 경력개발을 증진시킬 수 있는 프레임워크를 제공하고자 한다. 이 프레임워크는 경력개발을 다른 HR시스템과 통합하는 것이 중요하다는 점을 강조하고 있으며, 경력개발시스템이 환경, 조직 그리고 구성원 개인의 변화에 적응할 수 있어야 함을 설명하고 있다([그림 3.1] 참고).

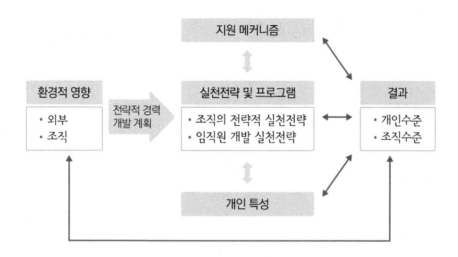

[그림 3.1] 조직 내 경력개발 프레임워크

3. 환경적 영향

경력개발은 진공 상태에서 발생하지 않는다. 그러나 종종 조직에서의 경력개발과 관련하여 이루어지는 노력은 경력개발에 영향을 미치는 다양한 요소를 고려하지 않는다는 이유로 비판받고 있다. 이러한 사실은 어떤 측면에서는 이해가 된다. 사회의 변화속도가 빨라질수록 조직의 시스템이 뒤처지지 않으려고 안간힘을 써야 하기 때문이다. 따라서 전통적 경력관리시스템은 시대에 뒤처질 가능성이 있다(Baruch, 2003; Doyle, 2000). 다시 말해 환경적 요인은 개인과 조직 차원에 공통적으로 영향을 미치기 때문에 중요하게 고려되어야 할 요소라고 할 수 있다. 경력과 조직은 이러한 환경적 영향으로 인해 사라지거나 새롭게 등장할 수 있다. 몇 가지 예시가 <표 3.1>에 제시되어 있다.

〈표 3.1〉 사라진 직업과 새롭게 등장하는 직업

사라지거나 혹은 거의 사라진 직업	새롭게 등장하는 직업
볼링핀 세우는 사람	모바일 앱 개발자
얼음 자르는 사람	웹 컨텐츠 전략가
가로등에 불을 붙이는 사람	노인 요양 전문가
전화 교환수	응급상황 관리 전문가
대학강사	컴퓨터게임 설계자
승강기 운전원	바이오메디컬 엔지니어
강(江)에서 운전하는 뱃사공	물리치료보조사
우유배달원	기호논리학 전문가
식자공	이벤트 매니지먼트 전문가
전신기사	생물통계학자

출처 : http://www.boredpanda.com/extinct-jobs
　　　 http://www.schoolanduniversity.com/featured-jobs/7-emerging-jobs
　　　 http://www.simplyhired.com/blog/jobsearch/job-search-tips/top-10-emerging-careers/
　　　 http://www.npr.org/templates/story/story.php?storyId=124　251060
　　　 http://latestcareersopportunities.wordpress.com/2014/02/17/emerging-careersfor-you
　　　 ng-professionals-in-2014

　　그렇다면 환경적 영향이란 무엇일까? 조직의 외부환경과 조직의 특성은 조
직 내에서 경력개발이 계획되고 실현되는 방식에 큰 영향을 미친다. 이 두 가
지를 아래에서 더 자세히 살펴보고자 한다.
　　경력개발에 영향을 미치는 외부환경(external environment)의 요인들은 다음
과 같다.

- 과학기술(technology)은 다양한 방식으로 경력 및 경력개발에 영향
  을 미쳐왔고 앞으로도 지속적으로 영향을 미칠 것이다. <표 3.1>
  에 제시된 목록을 통해서 기술 변화로 인해 직업이 사라지거나 새
  롭게 등장하는 모습을 볼 수 있다. 기술의 진보는 우리의 일하는
  방식, 일하는 시간, 일하는 속도를 바꿀 수 있다. '과학기술이 어떻

게 직업을 사라지게 하는가?(How technology is destroying jobs? Rotman, 2013)'라는 제목의 기사는 과학기술이 직업에 미치는 영향에 관한 경제학자들의 다양한 의견을 제시하였다. 많은 사람들이 기술의 진보가 일자리를 없애고 있다고 생각하지만 다른 사람들은 과학기술이 새로운 고용 기회를 창출할 수 있다고 주장한다. 이 기사는 "과학기술에 정통한 사람들과 그렇지 않은 사람들 사이의 소득 격차가 확대되고 있다(para.33)"는 논쟁도 포함하고 있다. 조직 내 의사결정권자는 이러한 문제와 더불어 과학기술이 구성원의 경력개발에 미치는 영향에 대한 시사점도 살펴봐야 할 것이다. 과학기술의 영향을 고려하지 않으면 조직은 진부해질 수 있다.

- 지난 30여 년 동안 노동인구구조(workforce demographics)가 크게 변화하였다. 많은 국가에서 여성은 노동력의 거의 절반을 차지하게 되었다. 예를 들어 호주, 캐나다, 이스라엘, 남아프리카공화국 그리고 미국의 여성 노동자 비율은 45.8%(호주)에서 47.3%(캐나다)까지 이르고 있다(Catalyst, 2014). 또한 점점 더 많은 이민자가 선진국의 노동력으로 편입되고 있다(Guest & Rodrigues, 2012; Lyons, Ng, & Schweitzer, 2014). 예를 들어, 1970년 미국에서 전체 노동인구의 약 5%를 차지하던 이민자들은 현재 약 16.4%를 차지하는 것으로 추산되고 있다(Singer, 2012). 노동인구의 구성은 연령 측면에서도 다양해지고 있다. 많은 서구 국가(예를 들면 미국, 캐나다 그리고 유럽 등)는 고령화된 노동력과 관련된 문제에 직면해 있다(Lyons et al., 2014; Toossi, 2012).

앞서 언급한 것들은 조직 내 경력개발에 중요한 영향을 미칠 인구통계학적 변화 중 세 가지의 예시에 불과하다. 이러한(여기에 설명하지 않은 다른 것을 포함하여) 인구통계학적 변화는 근로자가 경력 기대 및 경험 측면에서 보다 더 큰 다양성을 보유하게 되었음을 의미하며, 조직이 유의미한 경쟁력을 유지하기 위해서는 이들을 고려해야 함을 의미한다(Lyons et al., 2014).

- 경제(economy)는 경력개발 노력에 큰 영향을 미친다. 1장과 2장에서는 경제의 흐름이 경력에 어떻게 영향을 미치는지를 개괄적으로 설명하였다. 부분적으로는 경제 변화로 인해 새로운 경력에 대한 접근(예를 들면, 프로티언경력이나 무경계경력 등)이 등장했으며, 경제적 혼란의 결과로 많은 조직이 경력개발 노력을 포기하기도 하였다(McDonald & Hite, 2005). 지식기반경제의 발전과 경제의 글로벌화는 일자리와 각 일자리에 필요한 지식, 기술, 인재를 끌어들이고 유지하기 위한 기업들의 경쟁을 크게 변화시켰다(Guest & Rodrigues, 2012).

- 산업동향(industry trends)은 경력의 진화에 중요한 영향을 미친다. 광고업, 의료업, 은행업, 또는 농업 등 어느 산업분야에 있는지에 따라 새로운 규제, 새로운 기술, 혹은 새로운 지식이 경력개발에 영향을 미친다. DeFillippi, Arthur, 그리고 Lindsay(2006)는 콜센터 운영, 전자 상거래, 여행 산업을 예로 들며 비즈니스의 상당부분이 가상의 공간에서 수행되고 있다고 지적했다. Lyft와 Sidecar[5]와 같이 차량 공유 서비스 기업이 인기를 얻음에 따라 운송 산업도 변화할 가능성이 있다. 해당 산업에 속해있거나 변화에 직면한 다른 기업에서의 경력개발 노력은 직원의 경력필요를 충족시키고 경쟁력을 유지할 수 있도록 맞춤화된 설계를 제공해야 한다.
산업 내 경쟁 또한 경력개발에 영향을 줄 수 있다. 그러한 경쟁적 환경에서 생존하려면 조직에서 조직 구성원의 기술을 향상시키고 이들을 지속적으로 보유하는 데 도움이 되는 경력개발 계획을 수립해야 한다.

---

5 Lyft의 경우 2019년 3월 차량 공유 서비스 기업 중 처음으로 NASDAQ에 상장하였으나, Sidecar는 2015년 12월에 서비스를 중단하고 폐업하였다.

- 경력 및 경력개발에 영향을 미치는 수많은 사회정치적 문제(social and political issues)도 존재한다. 미국 내 여성운동과 시민권 운동은 큰 변화를 만들었고, 직장 및 지역사회, 가정에 걸쳐 지속적 영향을 미친 대표적 사회혁명의 두 가지 사례라고 할 수 있다. 또한 국가 간의 갈등, 입법, 정치시스템 등은 수 세기 동안 일과 경력에 영향을 미쳐왔다. 예를 들어, 제2차 세계 대전으로 인해 여성들이 일정 기간 노동 시장에 유입되기도 하였으며, 시민권 법안제정은 소외된 사람들에게 더 많은 직업의 기회와 경력개발의 기회를 제공하였다. 또한, 공산주의 국가에서의 경력과 경력개발은 민주주의 국가와는 매우 다른 양상을 보여주었다. Skorikov와 Vondracek(1993)은 구소련에서의 경력개발이 주로 '개인의 자아실현'보다는 '집단적 목표달성'에 초점을 맞추었다고 주장하였다. Inkson(2007)은 경력환경을 살펴보는 것이 중요하다고 하며 다음과 같이 주장한다.

많은 나라에서 빈곤과 경제적 기회의 부족은 경력연구의 배경을 제공하는 맥락이 되는데, 서구사회의 연구에서 배경이 되는 선택의 자유, 자유 기업, 개방된 노동 시장, 평화, 직업, 전문직, 직업 선택, 계층구조, 직업세계에서의 진보, 개인개발, 완전고용, 노동윤리 등과는 큰 차이를 보이기도 한다. (p.5-6)

경력개발을 계획하고 실행할 때에는 조직 요소도 고려해야 한다. 조직의 규모, 조직의 유형(예를 들면 영리/비영리 혹은 산업의 형태 등), 해외사업의 여부 등이 쉽게 생각 속에 떠오르는 요인들이다. 이번 장에서는 다음의 네 가지 조직 영향요인에 초점을 맞추고자 한다.

- 조직의 관습, 문화 및 핵심가치는 중요한 고려 사항이다. 조직 문화는 직원의 경력에 큰 영향을 미칠 수 있다. Higgins(2005)는 보

건의료 관련 기업인 Baxter에 대한 분석을 통해 그 기업의 문화가 '집단 정체감'과 '성과에 대한 극심한 압력'을 지니고 있다고 말했다. 그녀는 다음과 같이 결론을 내렸다.

이 특별한 종류의 강력한 문화, 즉 '승진이 아니면 퇴출당하는' 문화와 Baxter의 사람들에게 주어진 업무에서의 책임감은 이후 경력에 유용하게 활용될 수 있는 기업가적 능력의 형태로 개인들의 경력에 유입되었다. (p.66)

• Brousseau 등(1996)에 따르면, 조직의 전략적 방향은 경력문화에 의해 뒷받침되어야 하고 또한 경력문화를 형성해야 한다. 그들은 다양한 전략적 방향을 지원할 수 있는 네 가지 서로 다른 경력문화(직선형, 전문가형, 나선형 및 이동형)를 확인했다. 예를 들어, 한 조직이 새로운 시장 창출에 주력할 때에는 이동형의 경력문화(한 분야 혹은 직무에서 다른 분야 혹은 직무로 빈번하게 이동하는 문화)가 가장 효과적이라고 제안하였다. 경력경로 및 직원에게 제공되는 개발 기회의 유형은 조직의 전략에 따라 변경될 수 있다(Higgins, 2005).
• 현재 직원들이 지니고 있는 다양한 배경이 경력개발에 영향을 줄 수 있다. 기존 직원의 역량, 지식, 기술 및 경력목표에 대한 분석은 향후 노동 수요에 대한 평가와 함께 필요하다(Gilley et al., 2002; Gottfredson, 2005). 예를 들어, 조직의 인적자원들이 점차 노령화 되고 있는가? 만약 그렇다면 노령화라는 현상은 다양한 경력개발전략에 큰 영향을 미치고, 향후 계획(예를 들면 승계계획이나 교육훈련 및 개발의 기회를 제공하는 것 등)을 결정하는 데에도 도움을 줄 것이다. 이러한 요소가 다소 기본적인 것으로 보일 수는 있지만 Gottfredson(2005)은 종종 조직의 인력에 대한 체계적 평가가 수행되지 않기 때문에 효과적인 경력개발의 실체를 수립하기 어렵다고 지적하였다.

- 마지막으로, 조직의 경력개발에 대한 이전의 경험들이 고려되어야 한다고 지적할 수 있다. 경력개발이 과거에 어떻게 인식되어 왔는 가? 경력개발이 좋은 일 혹은 인적자원 관련 핵심 기능으로 간주 되어왔는가? 경력개발은 조직 및 사회 변화와 함께 변화되어왔는 가? 경력개발이 가치를 창출하는 시스템으로 인식되는가 아니면 시간과 자원낭비로 인식되고 있는가? 이러한 질문들과 관련된 관 점들은 유익한 시사점을 제공하는데, 특히 경력관리 시스템을 변 경하거나 혹은 간단히 조정해야 하는지 여부를 따질 때 유용하다. 또한, 이는 경력개발 전문가들에게는 경력개발시스템의 변화에 대 한 저항을 이해하는 데 도움을 제공한다.

이러한 것들이 경력개발에 대한 환경적 영향의 전체 목록이라고 볼 수는 없 다. 그리고 여기서 밝힌 모든 요인이 조직의 경력개발 노력에 잠재적으로 영 향을 미치지만 일부는 다른 요인들보다 더 큰 영향력을 지닐 수 있다는 점도 고려되어야 한다. 그러나 가장 근본적인 것은 실용적이고 활발히 사용되는 경 력개발시스템을 창출하기 위해서는 경력을 형성하는 이러한 맥락적 요인들을 고려해야 한다는 사실이라고 할 수 있다.

4. 경력개발전략의 수립

효과적 경력개발 프로세스를 수립하기 위해서는 위에서 언급한 바와 같이 맥락적 요인을 평가해야 한다. 이 평가는 사용 가능한 자원이 무엇인지를 분 석하는 것과 마찬가지로 조직의 경력개발 목표를 결정하는 데 중요하다. 이러 한 목표는 조직마다 다르지만 일반적 경력개발 목표는 다음과 같다.

- 직원들의 경력관리 지원

- 리더들을 대상으로 한 승계계획
- 조직 내의 인재를 확인하고, 업무에 배치하고, 평가하기
- 직원의 역량 및 지식 개발
- 경력에 영향을 줄 수 있는 조직 해체와 관련된 계획 수립(예를 들면, 합병이나 다운사이징 등)
- 핵심인재 유지
- 다양한 인력의 채용 및 유지 (Gottfredson, 2005; Kaye & Smith, 2012)

HR부서가 이러한 노력을 주도할 것으로 보이지만 경력개발에 이해관계를 가지고 있는 다양한 개인들로부터 의견을 수렴하는 것은 중요하다.

- 경력개발 프로세스가 활발히 운영되기 위해서는 최고 경영층의 지원이 필요하다. 이들은 조직의 전략적 방향에 초점을 두는데 이는 전략과 경력개발 사이의 연계성 확보에 도움이 될 수 있다.
- 관리자들은 경력개발과 관련하여 직원에게 지원과 안내를 제공하는 중요한 역할을 담당한다. 통찰력을 갖춘 관리자는 경력개발전략을 개발할 때 고려해야 할 직원의 경력 요구와 업계 동향을 이해한다.
- 직원들은 자신의 경력을 관리하는 데 책임을 진다. Kaye, Cohen, 그리고 Crowell(2011)은 "어떤 누구도 직원들에게 일어나는 또는 직원들을 위한 경력개발을 미루게 할 수는 없다 …(중략)… 경력에 대해 스스로 책임을 짐으로써 미래를 준비하게 된다(p.164)"라고 하였다.

또한 경력개발의 방향을 계획하는 데 중요한 것은 개발된 전략의 효율성을 결정하기 위해 사용될 평가 프로세스를 확립하는 것이다(Gottfredson, 2005; Schutt, 2012). 평가가 이루어질 구체적 측정 요소들은 수립된 경력개발목표에 따라 결정된다. 조직과 직원 모두 경력개발로부터 혜택을 얻고 경력개발에 대한 책임을 져야 하기 때문에 경력개발 노력이 조직차원과 개인차원에서 평가되어야 한

다는 것은 합리적이라고 할 수 있다(McDonald & Hite, 2005; Rothwell, Jackson, Knight, & Lindholm, 2005).

평가는 전략적으로도 이루어져야 한다. 예를 들어, 새로운 전략적 접근에 대해 초기에 평가하여 무엇이 제대로 작동하고, 무엇이 그렇지 않은지를 파악하는 것도 의미가 있을 수 있다. 개선이 이루어진 후 재평가를 하는 것은 효과를 보다 명확하게 확인할 수 있을 만큼 충분히 운영된 후에 수행하는 것이 유용할 수 있다. 즉, 계획, 실행, 평가 사이에 상당한 중복이 있을 수 있다는 것이다. 세 가지 프로세스 모두 지속적으로 다른 프로세스에 정보를 제공해야 한다.

대부분의 조직은 조직과 개인이 경력개발시스템에서 얻는 이익을 평가하는 것이 유익하다는 것을 알게 될 것이다(McDonald & Hite, 2005). 경력개발목표가 다르면 다양한 평가기준이 수립되고 측정이 이루어져야 하지만, 조직은 이렇게 모든 이해관계자를 참여시키고 질적 및 양적 접근법을 사용하여 결과적으로는 이익을 얻게 된다(Rothwell et al., 2005; Young & Valach, 1994). 또한 효과적 경력개발시스템에 중요한 조직지원 메커니즘도 평가할 필요가 있다. 이러한 지원 시스템에 대해서는 이번 장의 뒷부분에서 자세히 설명하고자 한다.

5. 경력개발시스템의 구성요소

조직 내에서 경력개발시스템을 고려할 때에는 종종 관련 프로그램과 실천전략들이 그 중심을 차지하게 된다. 저자들은 이것이 복잡한 시스템의 하나의 요소로 간주되어야 한다고 생각한다. 즉, 관련 프로그램과 실천전략을 강조하더라도 다른 두 가지 요소를 고려하지 않은 프로그램은 효과를 상실하게 된다는 점을 지적하고자 한다. 다시 말해, 경력개발시스템을 개발할 때에는 실천전략들과 프로그램, 지원 메커니즘 및 개별 직원의 특성이 모두 함께 고려되어야 한다. 먼저는 가장 많이 다루어지는 요소인 직원의 경력개발과 관련된 실천사항 및 프로그램에 대해 논의하고자 한다.

1) 경력개발 실천사항 및 프로그램

경력개발목표를 달성하기 위해 조직에서 자주 사용하는 실천전략들이 있다. 일반적 실천전략들이 <표 3.2>에 제시되어 있다.

일부 학자들은 HR전략의 실천이 조직성과와 어떻게 연관되어 있는지를 파악하기 위한 수단으로 실천전략들에 대한 분류법 혹은 범주를 개발하였다 (Baruch & Peiperl, 2000; Eby, Allen, & Brinley, 2005). Baruch과 Peiperl이 설명 했듯이 이러한 분류는 모범사례로 활용될 수 있다.

> HR관리자와 조직에서 경력관리를 담당하는 사람들은 경력시스템을 실제적인 시스템으로 개발해야 한다. 즉, 일련의 실천전략들이 서로 자연스럽게 들어맞듯이 조직의 발달단계, 형태, 산업 등에 적합하게 구성되어야 한다. (p.360)

Eby, Allen 등(2005)은 조직이 HR의 실천사항들을 "조직의 문화와 전략을 강화하는 통합 패키지(p.568)" 안에 포함시키려는 경향이 있다고 설명했다.

〈표 3.2〉 조직의 경력개발 실천전략

조직에서 실천 가능한 경력개발전략	
사내공모제도	평가센터
경력상담	교육훈련
수업료 환급/형식교육	성과평가
경력경로	오리엔테이션 프로그램
경력사다리	해외파견/본국 귀임
직무순환	액션러닝
승계계획	프로젝트 기반의 학습
멘토링	특별임무 부여
코칭	네트워킹
경력 워크숍	경력의 이슈와 관련된 문서자료 및 웹사이트
은퇴전 계획수립/워크숍	

출처 : Baruch & Peiperl (2000); Eby, Allen, et al. (2005).

Baruch과 Peiperl(2000)은 영국의 관리자들을 대상으로 각자 자신의 조직에서 어떤 경력개발과 관련된 실천전략들을 채택하고 있는지를 조사하였다. 요인분석을 통해 그들은 조직 경력관리 실천사항에 대해 다섯 가지 주요 요소 혹은 클러스터를 개발하였다. 해당 주요 요인들은 다음과 같다.

- 기본 전략 : 직무공고, 퇴직 전 프로그램 및 수평적 이동과 같이 자주 사용되는 실천전략이다.
- 능동적 계획 : 능동적 조직의 개입과 직원개발 계획이 필요하다. 이 실천전략에는 성과평가, 경력상담 및 승계계획이 포함된다.
- 능동적 관리 : 평가센터, 공식적 멘토링 및 경력 워크숍 같은 '정보제공의 요소'가 포함되는 실천사항이다.
- 공식적(formal) 자료활용 : 조직이 경력개발을 지원하기 위해 공식적 정보(보통 하향식의 정보)를 제공하는 실천전략이다. 이와 관련된 사례에는 서면화된 개인경력계획, 이중 경력사다리 및 직원에게 경력기회를 알리기 위해 작성된 서면자료 등이 포함된다.
- 다중 방향성(multi-directional) 전략 : 직원들의 개발을 지원하도록 피드백을 제공하기 위해 고안된 실천전략이다. 동료평가 및 상향평가는 이 항목에 포함된다. (Baruch & Peiperl, 2000)

경력관리의 실천전략과 경력태도를 조사한 또 다른 연구에서, 관련된 실천전략은 다음과 같은 방식으로 구분되었다.

- 경력계획 및 탐색 : 경력계획 워크숍 및 공식 멘토링 프로그램 등이 포함된다.
- 미래에 대한 전략 계획 : 승계계획 및 퇴직자 경력상담이 이 요소를 구성하는 실천전략이다.
- 내부 노동시장 정보 : 개별 경력상담, 경력 사다리/경로 및 직무

공고가 이에 해당된다.

- 외부 형식교육 : 여기에는 외부 교육 프로그램 및 수업료 환급이 포함된다.
- 무형식 내부교육 : 사내 교육 및 퇴직 전 워크샵이 이에 해당된다. (Eby et al., 2005)

이러한 분류체계는 광범위한 항목들을 살펴보는 데 유용하지만, 경력의 본질이 크게 변화된 상황에서는 그 적용이 매우 제한적일 수 있다. 이 두 연구에 포함된 실천전략들은 대부분 오랜 기간 조직이 사용해 온 것들이다. 현실과의 적합성을 유지하기 위해 조직은 경력개발목표를 지원하고 달성하게 하는 혁신적 실천전략을 채택해야 한다. 결론적으로 이 책에서는 두 가지 큰 범주를 제안하고자 하는데, 하나는 조직의 전략적 경력개발 실천전략이며, 다른 하나는 개인개발 실천전략이다. 개인개발 실천전략들은 다시 조직의 내부 또는 외부, 무형식 또는 형식전략으로 구분될 수 있다. 조직의 전략적 실천전략의 범주에는 승계계획, 경력사다리와 경력경로, 직무공고, 퇴직자 전직지원 프로그램 등이 포함된다. 개인개발 실천전략은 멘토링, 코칭 및 교육훈련 등과 같은 활동으로 구성된다(자세한 목록은 <표 3.3> 참조).

〈표 3.3〉 개인개발 실천전략

실천전략	형식	무형식	외부	내부
멘토링	O	O	O	O
코칭	O	O	O	O
네트워킹	O	O	O	O
교육/수업료 환급	O		O	
교육훈련	O	O	O	O
직무할당/직무순환	O	O	O	O
자발적 업무참여	O	O	O	
경력상담	O	O	O	O

이러한 실천전략들은 무형식적 형태로 운영될 수도 있고 형식적일 수도 있으며, 조직 외부에서 제공될 수도 있고 또한 내부적으로 제공될 수도 있다. 예를 들어, 많은 교육훈련 전략은 형식적이다. 즉, 신중하게 준비되고, 특정 집단을 대상으로 일련의 특정 목표가 있으며, 대면 혹은 온라인의 형태로 제공되고, 특정한 추후과정 및 평가 프로세스가 존재한다. 그러나 상당히 많은 교육훈련은 일터현장에서 필요한 바로 그 시점에 이루어지기도 한다. 달리 말하면 개발과 전달의 측면에서 훨씬 더 무형식적이다. 이와 더불어 많은 조직은 형식 혹은 무형식 교육훈련을 내부적으로 제공하지만 외부 교육훈련의 기회도 장려하고 있다.

누가 이익을 얻게 되는지를 고려하고 또한 이러한 실천전략의 결과를 고려할 때, 벤다이어그램이 유용할 수 있다([그림 3.2] 참조). 일부 전략은 조직 혹은 개인에 더 큰 이득을 가져다줄 수 있지만, 두 집단은 대부분의 활동에서 공통적으로 함께 이익을 얻게 된다. 또한, 경력 활동들은 그 자체로 상당히 중복되어 있다. 예를 들어 성공적 승계계획은 일반적으로 개인이 리더십 직책을 맡는 데 필요한 역량을 확보 할 수 있는 방법으로서 개인개발전략을 포함하고 있다.

이러한 일련의 잠재적 실천전략 중 어느 것을 선택할지를 결정할 때에는 다

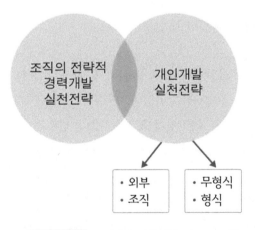

[그림 3.2] 경력개발 실천전략 및 프로그램

양한 요소들이 고려되어야 한다. 이 장 앞부분에서 논의된 바와 같이 맥락적 요인은 반드시 고려되어야 한다. 예를 들어 Baruch과 Peiperl(2000)은 능동적 계획활동(예를 들면, 경력상담이나 승계계획)이 역동적이고 개방적이며 적극적 조직문화를 가진 조직과 관련이 있다는 사실을 발견했다. 따라서 조직문화와 풍토는 앞서 언급한 전략들을 사용하는 데 영향을 미칠 것이다. 직원에 관한 정보는 실천전략을 결정하는 데 활용될 수 있다. Baruch과 Sullivan(2008)은 다양한 배경의 노동력이 가진 다양한 경력요구가 중요함을 논의한 바 있으며, 특정한 경력지향을 가진 개인들을 위한 차별화된 전략을 제안하기도 하였다. Baruch(2003)은 관련 전문가가 경력개발시스템을 분석하는 데 사용할 수 있는 규범적 모델을 제시했다. 그가 제시한 여섯 개 요인들은 전략을 선택하고 지속적으로 사용할 것인지를 평가하는 데 사용될 수 있다. 각각의 요인들은 다음과 같다.

- 구체적 경력실천전략을 수립하기 위한 조직의 개입
- 경력실천전략의 정교성과 복잡성
- 경력실천전략의 전략적 지향성
- 개발에 초점을 둔 경력실천전략
- 조직의 의사결정과 경력실천전략과의 관련성
- 경력실천전략의 혁신성 (p.239)

경력개발과 관련된 실천전략을 결정하는 데 가장 중요한 기준이나 맥락적 요인을 결정하는 것은 조직에 달려있다. 단순히 '최근에 유행하는 것으로 하자'는 태도를 넘어서서 일정한 평가를 하는 것이 필수적이다. Baruch이 지적한 것처럼 "실천전략은 개인적이고 독립된 활동처럼 진공상태에서 적용되는 것이 아니라, 통합적 경력시스템으로 구성되어야 한다(p.232)".

잘 계획되고 효과적으로 개발된 일련의 실천전략은 구성원과 조직에 긍정적 영향을 미칠 수 있다. 경력개발과 관련된 계획은 개인의 경력성공(Maurer & Chapman, 2013), 경력태도(Eby, Allen, et al., 2005), 구성원의 몰입 및 경력향상

(De Vos, Dewettinck, & Buyens, 2009)에 기여하는 것으로 나타났다. 이러한 실천전략과 관련된 보다 자세한 내용은 4장과 5장에서 논의될 것이다.

2) 지원 메커니즘(Support Mechanisms)

조직은 구성원의 경력개발 노력을 지원하기 위해 다양한 지원 메커니즘을 제공해야 한다. 어떤 지원 메커니즘이 필요한지를 결정하기 위해, 개인이 자신의 경력을 개발하는 과정에서 직면하는 어려움을 먼저 고려하는 것은 유용할 수 있다. 이러한 도전이나 장애물은 개인의 경력에 대한 진보, 개발 및 만족에 대한 인식에 중대한 영향을 미칠 수 있다(Ng & Feldman, 2014; Van der Sluis & Poell, 2003). 경력관련 장애물에 관한 많은 연구는 여성의 경력개발(Lent, Brown, & Hackett, 2000), 특히 그중에서도 의학, 법률, 경영, 학계 및 공학 분야의 연구에서 등장하였다. London(1998)은 개인적 장애물(예를 들면, 특질, 동기, 기술 수준, 연령, 성별, 인종 등)뿐만 아니라 많은 조직/환경적 장애물(예를 들면, 부적절한 관리 감독, 조직의 변화, 다양한 역할 사이의 갈등, 제한된 기회 등)도 확인하였다. 조직이 수립한 계획을 통해서도 쉽게 해결될 수 없는 과제가 있다. 예를 들어, 특정 직업에서 동기가 부족하거나 또는 신체적 쇠퇴를 겪는 것은 조직이 구성원의 경력개발을 지원하는 방법을 결정할 때 간과하기 쉬운 문제이다. 그리고 일부(예를 들면, 기술 부족)는 이전에 설명한 경력개발 실천전략 및 프로그램을 통해 해결될 수 있다. 이러한 관점에서 경력개발 실천전략은 지원의 한 형태이다. 그러나 여기서는 구성원들이 경력개발 실천전략 및 프로그램에 참여할 가능성을 높일 수 있는 지원방법에 초점을 맞추어 논의하고자 한다. 구체적으로는 전략 및 보상구조, 일과 삶의 균형과 관련된 계획, 포용적 업무환경, 관리자의 지원, 조직의 지속적 학습문화 등 다섯 가지 조직의 지원 메커니즘을 중점적으로 설명하고자 한다.

• 전략 및 보상구조 : 직원들이 경력개발을 위한 노력에 적극적으로

참여하는 것을 장려하고, 참여에 방해가 되는 요인들을 최소화하기 위한 전략 및 보상구조가 마련되어야 한다. Baruch과 Sullivan(2008)은 '상황에 적합하지 않은 평가 및 보상 시스템'을 제거하고 이를 오늘날 노동인력의 다양한 요구를 충족시키기 위해 폭넓은 선택을 제공하는 혁신적 전략 및 보상구조로 대체해야 한다고 주장했다. 그들은 또한 고성과자들을 채용하고 유지하는 데 필요한 창의적 업무배치, 유연한 업무실행(flexible work practices: FWPs) 또는 유연근무제(flexible work arrangements: FWAs), 휴직 등이 많은 이점을 가지고 있다는 점을 지적하였다.

• 일과 삶의 균형과 관련된 계획 : 일과 가정의 문제는 구성원의 경력에 큰 영향을 준다. 다수의 연구 결과에 따르면 여성의 경력선택, 포부, 패턴, 만족 및 성공은 가정생활과의 갈등 혹은 가정생활과 직장생활 사이에서 균형을 이루려는 열망에 의해 영향을 받는 것으로 나타났다(예를 들면, Eby, Casper, Lockwood, Bordeaux, & Brinley, 2005; Hite & McDonald, 2003; Martins, Eddleston, & Veiga, 2002). 그러나 여성과 남성 모두 직장생활과 가정생활 사이의 문제로부터 영향을 받으며, 그들이 직면한 갈등을 최소화하기 위한 지원을 희망한다. 점차적으로 유연한 업무실행이나 유연근무제의 실행이 증대되고 있으며, 직원들이 업무와 가족에 대한 책임사이의 갈등을 해결하는 데 도움이 되는 부양가족 지원 및 기타 복지제도가 증가하고 있다. 경력개발에 대한 일과 삶의 중요성을 감안하여 이 책의 7장에서는 일과 삶의 문제에 대한 보다 포괄적 논의를 하고자 한다.

• 포용적 업무환경 : 소수자집단에 속한 구성원들(예를 들면, 장애인, 유색인종, 성소수자 - 레즈비언, 게이, 양성애자, 트랜스젠더)은 자신의 경력개발에서 어려움을 겪을 것이다(Niles & Harris-Bowlsbey, 2013). 사회적, 문화적, 조직적 규범과 편견, 그리고 고정관념과 관행으로 인해 이러한 소수자들은 종종 경력성공을 위해 필요한 기회를 갖

는 것이 불가능하다. 조직이 보다 포용적 업무환경을 조성하기 위한 여러 가지 방법에 대해서는 6장에서 논의 될 것이다.

- 관리자의 지원 : 관리자가 직원의 경력개발에 중요한 역할을 한다는 증거는 존재한다(van der Heijden, 2003; van der Heijden, 2002; van der Rijt, Van den Bossche, van de Wiel, Segers, & Gijselaers, 2012; Van der Sluis & Poell, 2003; Wayne, Liden, Kraimer, & Graf, 1999). 관리자의 지원이 부족하면 직원의 경력성공에 대한 주관적 인식에 부정적 영향을 미치는 것으로 나타났다(Ng & Feldman, 2014). 관리자는 직원의 성과를 관찰하고, 피드백을 제공하며, 평가하고, 보상할 가능성이 있기 때문에 특히 중요하다. 관리자가 직원의 경력개발을 도울 수 있는 다양한 방법이 있다. 아래에는 이와 관련된 몇 가지 예를 제시하고 있다.

관리자가 직원들의 경력을 지원하고 개발할 수 있는 방법

- 양질의 피드백을 제공하라.
- 자기개발의 기회에 대해 잘 알아야 하며, 직원들에게 이러한 기회를 알리고 경력개발 프로그램, 실천전략 및 다양한 자원을 활용하도록 하라.
- 직원들이 내부 및 외부 네트워크에 참여하도록 권장하라.
- 개별 직원과 협력하여 개발이 필요한 사항을 파악하라.
- 개인의 현재 경력뿐만 아니라 미래의 경력도 고려하라.
- 직원들이 새로운 기술과 지식을 적용할 기회를 제공하라.
- 직원들이 위험을 감수하고서라도 실수해도 용납이 되는 환경을 조성하라.
- 직원들을 개발하기 위해 형식 교육훈련 프로그램 이외의 것도 탐색하라. 직원의 성장과 경력개발을 돕기 위해 과제확장, 직무순환,

기회의 탐색 및 특별 프로젝트를 구성하라.

- 직원이 직면할 수 있는 어려움(예를 들면, 직장과 가정생활 사이의 갈등, 자원 부족, 조직 변화 등)을 인식하고 직원이 이러한 어려움을 극복하는 방법을 고려하라.

- 새로운 기술의 개발, 목표 달성 또는 직장에서의 도전과 같은 경력 관련 활동에 대해 보상과 인정을 제공하라.

출처 : Brown (2010); London (1998); van der Heijden (2002); van der Rijt et al. (2012).

관리자가 직원의 경력개발을 위해 코치, 상담자 및 컨설턴트의 역할을 수행하는 방법을 반드시 모두 알아야 할 필요는 없다. 따라서 관리자가 직원들에게 더 나은 서비스를 제공할 수 있도록 지원을 제공하는 기회들이 주어져야 한다. 즉, 교육훈련이나 관리자들을 대상으로 한 코칭 및 멘토링 같은 HRD전략들은 효과적 개발자가 되기 위해 필요한 코칭, 상담 및 의사소통기술을 개발하는 데 도움이 될 것이다(Tansky & Cohen, 2001; Wayne et al., 1999). 또한 관리자는 직원을 개발하는 능력에 대해 평가받아야 하고 그러한 노력에 대해 보상받아야 한다(London, 1998). 이러한 지원 메커니즘이 마련되어 있지 않다면, 경력개발에 대한 관리자의 지원은 거의 발생하지 않을 것이며, 발생하더라도 효과적이지 않을 것이다.

- 지속적 학습문화 : 다양한 경력개발 실천전략과 위에 열거된 지원 메커니즘을 제공하는 조직은 지속적 학습을 촉진하는 문화를 가진 것으로 인식될 수 있다. 학자들은 지속적 학습문화를 주장하면서 이러한 유형의 환경이 학습전이에 긍정적 영향을 미치고(Egan, Yang, & Bartlett, 2004; Tracey, Tannenbaum, & Kavanagh, 1995), 직원들 스

스로 자기주도적 경력개발을 촉진하며(Park & Rothwell, 2009), 경력초기 단계에서 직원들에게 중요할 수 있는 무형식적 피드백을 구하려는 행동을 촉진시킨다(van der Rijt et al., 2012)고 지적하였다.

이러한 지원 메커니즘 사이에는 많은 부분이 중복되어있다. 예를 들어, 일과 삶의 이슈를 중심으로 경력개발센터를 지원하는 많은 전략들이 있다. 관리자들은 경력에 영향을 줄 수 있는 일-가정 갈등해소를 돕는 데 중요한 역할을 할 수 있다. 또한 모든 지원 메커니즘은 효과적으로 운영되기 위해 의사소통에 의존하는 경향을 갖는다. 직원과 관리자는 경력개발을 지원하는 조직에서 제공하는 전략, 보상 구조 및 일과 삶의 이슈를 해결하기 위한 계획 등에 대해 이해하고 있어야 한다(Kraimer, Seibert, Wayne, Liden, & Bravo, 2011). 관리자의 지원이라는 요인은 관리자가 지닌 의사소통기술과 직원들과 구축한 관계에 크게 의존한다. 끝으로 의사소통은 지속적 학습문화의 필수 요소라고 할 수 있다. Marsick과 Watkins(1999)의 학습조직 구축요인(첫째, 지속적 학습기회 구축, 둘째, 질의와 대화 촉진, 셋째, 협력 및 팀학습 촉진, 넷째, 학습을 포착하고 공유할 수 있는 시스템 수립, 다섯째, 공동의 비전을 추구하도록 권한을 위임, 여섯째, 조직과 환경의 연계, 일곱째, 학습을 위한 전략적 리더십 제공)은 의사소통이 모든 요인에 대해 중요한 토대를 제공함을 제언하고 있다.

이러한 지원 메커니즘과 관련하여 공정성 문제를 고려하는 것도 중요하다(Guest & Rodrigues, 2012). Wooten과 Cobb(1999)는 다음과 같이 주장하였다.

본질적으로 경력개발은 경력개발과 관련된 자원배분, 자원을 누가 받을 것인지를 결정하는 데 사용되는 전략과 절차, 경력개발을 제공하는 사람과 경력개발과 관련된 보상을 받거나 혹은 그것을 잃어버리는 사람들 사이의 상호작용 등과 관련된 기본적인 공정성의 문제를 포함하고 있다. (p.173)

여성과 소수자 집단에 대한 문헌은 경력개발시스템을 개발할 때 공정성의 이슈를 신중히 다루어야 함을 분명히 밝히고 있다. 예를 들어, 멘토를 만나거나 네트워크기회에 대해 접근성이 부족하다는 것은 유리천장의 원인으로 종종 언급된다(Elacqua, Beehr, Hansen, & Webster, 2009). 많은 조직들은 전문직 및 기술직 직원이나 관리직 직원들에게 경력개발노력을 집중시키는데, 근무한 시간에 따라 임금을 받는 계약직 직원들이나 저숙련 직원들은 스스로가 자신을 지켜내도록 하고 있다(Gutteridge, Leibowitz, & Shore, 1993). 여성과 소수자 집단의 경력개발에 대한 차별적 대우에 대해서는 6장에서 보다 자세히 다룰 것이다.

공정성에 대해 인식한다는 것이 반드시 직원을 똑같이 대우해야 한다는 것을 의미하지는 않는다. Rousseau(2005)는 "개인으로서의 노동자는 항상 같은 것을 원하지 않는다. 또한 고용주가 모든 사람에게 똑같은 것을 제공하는 것은 실용적이지 못한 경우가 많다(p.x)"고 지적했다. 예를 들어 보상은 서로 다른 규칙을 기반으로 분배될 수 있다. 즉, 누구나 동일한 보상을 받는 '평등(equality)'의 원칙이 적용될 수 있고, 성과와 같이 차이에 따라 다른 양의 보상을 제공하는 '형평(equity)'의 원칙이 적용될 수 있으며, 아이의 보육문제 때문에 유연근무시간제를 사용하는 것과 같이 특별한 필요에 따라 결과를 분배하는 '개인적 필요'의 원칙이 사용될 수 있다(Bowen & Ostroff, 2004, p.213). 이러한 모든 실천전략들은 규칙이 명확하게 설명되고 이해되며, 직원들이 의사결정이 어떻게 이루어지는지를 이해한다면 공정한 것으로 인식될 수 있다(Bowen & Ostroff, 2004). 전략, 보상, 일과 삶의 균형과 관련된 계획 등에 대한 의견을 수렴하고 이를 활용하는 것은 조직이 지원하는 경력개발이 공평하고 공정하다고 직원들이 인식하도록 돕는 또 다른 방법이다(Bowen & Ostroff, 2004; Rousseau, 2005). 경력개발 노력에 대한 의견을 제공하는 구체적 방법 중 하나로 아래와 같이 개별적 근무조건을 통해 살펴보고자 한다(추가 정보는 아래의 내용을 참조).

개별적 근무조건 (Idiosyncratic Deals: I-DEALS)[6]

Denise Rousseau에 따르면, 대부분의 공식적 고용협의는 완전하지 않다. 관리자, 직원, HR담당자가 조직이 직원을 보유하고 있는 기간 동안 발생할 수 있는 모든 역할, 책임, 요구, 수요 등을 예상하는 것은 사실상 불가능하다. 결과적으로 직원들은 Rousseau가 "개별적 근무조건"이라고 이름을 붙인 특별한 고용협의를 추구하고 협상할 수 있다. Rousseau는 이것을 "개인으로서의 피고용인이 양측 모두에게 이익이 되는 조건에 관하여 고용주와 협상하는 비표준적 성격의 자발적이고 개인화된 협약(Rousseau, 2005, p.8)"이라고 정의한다.

개별적 근무조건은 범위와 내용 면에서 차이를 나타낼 수 있는데, 가장 일반적인 두 가지 형태는 근무시간에 대한 유연한 일정수립과 기술 그리고(또는) 경력개발을 위한 특별한 기회 등이다(Hornung, Rousseau, & Glaser, 2008).

개별적 근무조건은 직원과 고용주에게 상호 이익이 되는 상황을 만들 수 있지만 논쟁의 여지는 있다. 개별적 근무조건은 종종 성과에 대한 보상과 특정한 필요를 가지고 있는 직원을 도울 수 있는 방법으로 간주된다. 그러나 제3자(대개는 동료)는 그 협의를 부당한 것으로 간주하고 편파적인 대우를 나타내는 것이라고 여길 수 있다. 개별적 근무조건에 대한 협상이 이루어질 때, 이러한 우려는 신중하게 고려되어야 한다. Rousseau(2005)는 이와 관련하여 다음과 같이 주장한다.

---

6 Rousseau는 이 주제와 관련하여 2005년에 『I-Deals: Idiosyncratic deals employees bargain for themselves』라는 제목으로 저서를 출간한 바 있다. 이후 Matthijs Bal과 Denise Rousseau가 공동으로 편집하여 출간한 저서인 『Idiosyncratic deals between employees and organizations: Conceptual issues, applications and the role of co-workers』가 2015년에 발표된 바 있다. 국내에서는 주로 경영학분야의 연구에서 해당 주제를 다루고 있는데, 'idiosyncratic deals'를 정의에 기초하여 '개별적 근무조건'으로 번역하고 있다. 이 책에서는 이러한 국내의 이전 선행연구에서의 번역을 따르고자 한다. 단, 일부 국내의 연구에서는 '개별근무협약'으로도 번역한다는 사실을 추가로 밝힌다.

> 잠재적인 집단 내 마찰에도 불구하고, 명백하게 부당하거나
> 자신의 이익만 챙기는 다른 형태의 협의와 적절하게 차별화
> 하는 조치가 취해진다면, 개별적 근무조건은 각 당사자에게
> 공정한 것으로 간주될 수 있을 것이다. 개별적 근무조건이
> 정확하게 실행되지 않아서 발생할 수 있는 부정적 결과로부
> 터 동료, 고용주, 그리고 개별적 근무조건의 계약당사자를
> 보호하기 위해, 편파적 대우나 불법적 계약과 개별적 근무
> 조건을 차별화시키는 것은 중요하다. (p.12)

3) 개인 특성

이번 장은 조직의 경력개발을 다루고 있다. 그러나 조직지원 프로그램, 실
천전략, 지원 등은 개인이 동기를 부여 받고 프로세스에 적극적으로 참여하지
않는 한 효과를 발휘할 수 없다. 효과적 경력개발은 협업의 과정이기 때문에
이러한 체제 안에 개별 직원의 특성(characteristics)을 포함시키는 것은 중요하다.

성실성, 외향성 및 적극성과 같은 특성은 경력성공의 예측변인으로 꼽히고
있으며(Maurer & Chapman, 2013; Ng, Eby, Sorensen, & Feldman, 2005), 반면 신
경증적 성향 및 낮은 핵심자기평가(core self-evaluation)[7]와 같은 특성은 경력성
공에 부정적 영향을 미치는 것으로 나타났다(Ng et al., 2005; Ng & Feldman,
2014). 경력성공에서 개인의 특성이 갖는 영향을 인식하는 것은 중요하지만,
일부 특성들이 변화에 민감하다는 것을 이해할 필요가 있다. 다시 말해, 조직
의 실천전략이나 지원 메커니즘은 이러한 개인적 특성을 개발하는 데 영향을
미칠 수 있으며, 이는 다시 개인의 경력성공에 영향을 미친다. 이 책에서는 이

---

7 핵심자기평가란 개인이 자신의 가치나 능력, 다른 사람들, 환경으로서의 현실세계에 대하여 평
　가할 때 잠재의식적으로 영향을 미치는 근본적 기제를 의미한다. 국내연구에서는 자아존중감,
　자기효능감, 지각된 통제력, 정서적 안정성 등을 핵심자기평가의 하위요인으로 꼽고 있다.

러한 개인의 특성 중 네 가지에 초점을 맞추고자 한다.

그중 하나는 개인이 자신의 경력을 통제하고 스스로 관리하며, 자신의 경력과 관련된 의사결정 및 계획을 통제하는 경력자기관리이다(De Vos et al., 2009; Sturges, Guest, Conway, & Davey, 2002). King (2004)은 경력자기관리와 관련된 세 가지 중요한 행동을 제안했다.

- 경력목표 달성을 위해 관계를 구축하고, 기술과 경험을 쌓는 포지셔닝(positioning) 행동
- 경력에 영향을 미치는 '주요 게이트키퍼(gatekeeper, 예를 들면 직속 상사, 멘토, 상급 관리자 등)'의 결정에 영향을 미치는 것에 초점을 두는 영향력 행동
- 가정과 직장 사이의 경계를 다루는 것과 관련이 있는 경계관리

자기관리는 경력성공에 대한 인식에 긍정적으로 영향을 미친다고 알려지고 있으나, 선행연구들은 조직 경력개발의 대안으로 고려되어서는 안 된다고 결론을 내리고 있다(De Vos et al., 2009; Sturges et al., 2002). 높은 수준의 경력자기관리를 나타내는 직원들은 조직이 경력개발과 관련된 실천전략을 제공할 것으로 기대한다(De Vos et al., 2009). 또한, 이러한 자기관리 기술은 조직 내 경력지원을 제공하는 출처에 접근하는 능력을 향상시킬 수 있다(Sturges et al., 2002). 경력자기관리 기술과 경력개발에 대한 조직지원 모두 직원과 조직 모두에게 성공적 결과를 가져올 수 있다.

급속도로 변화하는 경력환경 덕분에 개인은 경력과 관련된 탄력성, 적응력 및 고용가능성 기술을 개발해야 한다고 주장하는 연구들도 등장하였다. 경력탄력성은 "상황이 절망적이거나 어려울 때에도 변화에 적응할 수 있는 능력(London, 1997, p.34)"을 말한다. 나이, 가족과 관련된 책임, 낮은 자신감, 조직의 유연성 부족 및 재정적 문제와 같은 어려움이 존재하는 것은 이러한 어려움을 극복하기 위한 탄력성이 필요함을 나타낸다(Bimrose & Hearne, 2012). 탄

력성과 관련된 일련의 특징들이 있는데, 예를 들어 끈기 있고 단호하며 목표
지향적이며 내부통제력을 지닌 개인은 탄력적일 수 있다(Bimrose & Hearne,
2012; Rickwood, Roberts, Batten, Marshall, & Massie, 2004). 그들은 또한 다음과
같이 행동하는 것으로 알려져 있다.

> 탄력성이 높은 사람들은 성취하기를 원하고, 자신의 능력으로 긍정적
> 인 일을 만들어낼 수 있다고 믿으며, 일어나는 일들을 통제할 수 있
> 다고 느끼고, 합리적인 위험을 감수하며, 어떤 일이 일어나는 이유를
> 밝히기 원하며, 자신에 대한 혹은 일어난 일에 대한 해석에서 부정적
> 피드백을 찾으려 한다. (London, 1998, p.xx)

개인은 경력탄력성을 개발할 수 있다. 이번 장의 앞부분에 나열된 많은 경
력개발 실천전략들이 경력탄력성을 촉진할 수 있다. 예를 들어, 경력상담사들
은 상황대처기술을 학습하고, 자기인식을 개발하며, 경력행동계획을 수립하는
데 도움을 줄 수 있다(Rickwood et al., 2004). Waterman, Waterman, 그리고
Collard(1994)는 '경력탄력성이 높은 노동력'을 창출하는 여러 가지 방법을 제
안했는데, 조직은 직원들이 자신의 역량과 관심사를 평가하고, 기술과 관련하
여 지속적으로 벤치마킹하며, 경쟁력을 유지하는데 필요한 기술을 보유하고
있는지 등을 확인할 수 있는 시스템을 구성해야 한다고 주장하였다. 탄력성에
대한 보다 자세한 내용은 이 책의 7장이 설명하고 있다.

경력탄력성과 관련된 개념으로 경력적응력이 있는데, 이는 "향후 수행하게
될 역할에 참여하고 준비할 때 예상되는 과제들을 대처할 수 있도록 준비하
며, 업무 및 업무조건의 변화로 인해 예측할 수 없는 조정에 대처하도록 준비
하는 것(Savickas, 1997, p.254)"을 의미하는 개념이다. 탄력성과 적응력은 모두
변화를 다루는 데 초점을 맞추지만, 적응력은 종종 경력 변화에 대처하는 보
다 '능동적' 방법으로 간주된다(Bimrose & Hearne, 2012). 개인이 "자신의 경력
을 구성할 때, 과제나 전환 그리고 트라우마(Savickas, 2013, p.158)" 등을 처리

할 수 있는 네 가지 자원 및 전략이 있다. 이들은 다음과 같다.

- 미래에 대한 관심(Concern)과 이를 준비하고 계획하는 방법 : 경력 계획에 대한 역량이 확인될 수 있다.
- 미래에 대해 개인이 책임을 지도록 하는 통제력(Control) : 결정력 있는 의사결정을 통해 분명하게 확인될 수 있다.
- 개인이 미래의 역할과 상황을 탐색하도록 자극하는 호기심(Curiosity) : 이것은 자신과 경력선택이 가능한 사항들에 대해 주도면밀하고 현실적인 견해를 보여준다.
- 경력목표 및 열망을 추구하는 자신감(Confidence) : 이는 경력과 관련된 어려움에 직면하였을 때, 문제해결에 관여함으로써 확인될 수 있다.

  (Koen, Klehe, & Van Vianen, 2012; Savickas, 2013; Savickas & Porfeli, 2012)

경력적응능력척도(Career Adapt-Abilities Scale)는 이러한 네 가지 차원을 측정하기 위해 만들어졌다(Porfeli & Savickas, 2012; Savickas & Porfeli, 2012). 이 척도는 국제적으로 통용될 수 있도록 개발되어 있으며, 다양한 국가의 연구자들은 타당화 작업을 진행하였고, 경력적응력과 다양한 다른 변수 사이의 관계를 조사하기 위해 이 척도를 사용하고 있다(Savickas & Porfeli, 2012)[8].

경력적응력이 가변적이고 교육훈련을 통해 적응력을 향상시킬 수 있다는 증거는 존재한다. 앞서 언급한 네 가지 자원 및 전략(4Cs, 즉, 관심[concern], 통제력[control], 호기심[curiosity], 자신감[confidence])을 다룬 교육훈련이 대학졸업자의 경력적응력을 향상시키기도 하였다. 또한 교육훈련 참여자들이 참여하지 않은 사람

---

8 해당 척도는 2012년 Journal of Vocational Behavior 제80권 제3호에 13개 국가에서 타당화 과정을 거친 각 국가별 척도가 동시에 발표되었다. 우리나라에서 수행된 타당화 연구도 다른 12개(프랑스, 이탈리아, 중국, 벨기에, 네덜란드 등) 국가의 척도와 함께 탁진국에 의해 'Career Adapt-Ability Scale – Korea Form: Psychometric properties and construct validity'의 제목으로 발표되었다. 이후 해당 학술지에는 타당화 작업을 거쳐 개발된 각 국가별 척도가 지속적으로 발표된 바 있다.

들보다 고용의 질이 더 높은 것으로 보고되기도 하였다(Koen et al., 2012). 교육훈련이 어떻게 설계되었는지에 대해서는 아래에 보다 자세히 제시되어 있다.

경력적응력 훈련

Koen 등(2012)은 교육훈련이 대학졸업자의 경력적응력을 향상시킬 수 있는지, 그리고 교육훈련이 적절한 취업기회를 찾는 데 도움이 되는지 여부를 확인하는 데 관심이 있었다. 네덜란드의 한 대학에서 최근 학사 또는 석사학위를 취득한 졸업자들이 이 연구에 참여했다. 이 연구에서는 대조군도 활용하였다.

이 훈련에는 다음과 같은 방법으로 구성된 워크숍이 하루의 일정으로(8.5시간) 진행되었다.

- 서론 : 훈련이 현상과 어떤 연관성을 갖고 있는지가 설명되었고, 참가자들은 자신의 경력준비에 대해 성찰해보도록 요청받았다.

- 섹션#1. 자기 자신에 대한 이해 : 참가자의 가치를 이해하는 데 중점을 둔다. 두 가지 활동이 활용되었다. 첫 번째는 카드를 분류하는 활동이다. 참가자들은 경력과 관련된 가치가 적혀있는 카드를 선택하는 활동을 통해 자신에게 중요하다고 생각되는 것을 키울 수 있다. 두 번째 활동은 두 사람이 한 쌍을 이루어서 상대방의 지식, 기술, 능력에 대해 인터뷰를 해 보는 것이다.

- 섹션#2. 환경에 대한 이해 : 참가자에게 "경력 관련 관심사를 탐색하고 경력 관련 선택사항들을 결정하기 위해 이상적인 일터에서의 하루를 구체적으로 그려보는(p.400)" 활동에 초점을 두었다. 또 다른 활동은 경력목표를 달성하기 위해 사용된 정보탐색 전략에 대한 토론을 포함한다.

- 섹션#3. (일반적) 실행 : 참가자는 이전 섹션에서 수행한 활동에서

얻은 정보를 사용하여 개략적인 계획을 작성한다.

• 섹션#4. (구체적) 실행 : 참가자는 자신의 계획을 수행하는 데 도움이 되는 구체적 조치와 목표를 수립한다.

처음 두 섹션은 경력적응전략으로 Savickas(1997)에 의해 확인된 4C 중 하나인 참가자의 호기심을 향상시키는 것에 중점을 두었다. 마지막 두 섹션은 관심(미래를 위한 계획)과 통제력(미래에 대해 책임을 지는)을 촉진하는 데 목표가 있다. 교육훈련에 대한 성찰의 과정을 통해서는 학습을 강화하기 위해 개별화된 피드백, 역할모델링 및 서면 연습문제 풀이 등의 방법이 활용되었다.

• 연구결과 : 교육훈련에 참여한 집단은 훈련종료 시점과 훈련종료 6개월 후에도 높은 경력적응력(특히 경력관련 관심, 호기심 및 통제력)을 나타내었다. 특히 호기심과 통제력에서 6개월이 지난 시점에서 대조군과 훈련에 참여한 집단 사이의 더 큰 차이가 발견되었다. 또한 6개월이 지난 시점에서 직업을 갖게 된 훈련 참여자들은 대조군에 속한 사람들보다 더 질적으로 우수한 고용의 상태(예를 들면, 직무만족, 낮은 이직률, 경력성공)를 보여주고 있었다.

출처 : Koen et al. (2012).

우리가 강조하고자하는 마지막 개인특성은 "피고용인의 능력과 노동시장에서 여전히 매력적으로 남아있고자 하는 의지(Carbery & Garavan, 2005, p.493)"를 지칭하는 고용가능성이다. Fugate, Kinicki, 그리고 Ashforth(2004)에 따르면 그것은 세 가지 차원으로 구성된 '사회심리학적 구인'이다.

• 직업 정체성은 경력목표를 추구하는 방향과 동기를 제공하는 '나

침반'의 역할을 할 수 있다.

- 개인 적응력은 융통성과 변화와 학습에 대한 개방성을 말한다.
- 사회적 그리고 인적자본에 대한 투자는 개인의 경력기회를 향상시
  키는데, 네트워킹(사회적), 일경험, 교육(인적자본) 등이 이에 속한
  다. (Fugate et al., 2004)

Fugate 등(2004)은 각각의 차원이 서로 다르고, 종종 독립적인 구인으로 연구되고 있지만, 이들 세 개념들은 "함께(in concert, p.18)" 고용가능성을 구성한다는 점을 인정하였다.

이번 장에서 논의된 많은 경력개발과 관련된 실천전략들은 직원의 고용가능성을 향상시킬 수 있다. Clarke와 Patrickson(2008)은 직원들의 의사소통기술, 문제해결 및 의사결정능력과 같은 대부분의 직무에 필요한 기술을 개발하도록 조직이 도울 것을 권고했다. 고용가능성을 증진시키는 조직은 자신이 가진 노동력을 잃을 위험을 지닐 수 있다. 그러나 조직이 실험적 활동, 직무변화 및 기술의 증대를 장려하는 '고용가능성 문화'는 이직의도와 부적 연관성을 갖는 것으로 파악되고 있다(Nauta, van Vianen, van der Heijden, van Dam, & Willemsen, 2009). 역설적이게도 Nauta 등은 "조직은 떠날 수 있는 기회를 만들어서 직원을 계속 유지할 수 있다(p.247)"는 결론을 제시하기도 하였다.

6. 경력개발 결과

마지막으로, 전략적 경력개발은 강력한 시스템을 통해 달성할 수 있는 성과를 고려해야 한다. 효과적인 시스템은 직원과 조직의 개입과 몰입이 필요하기 때문에 의도한 결과가 양 당사자 모두에게 이익이 된다는 것은 논리적이라고 할 수 있다. 따라서 개인 수준의 결과에는 객관적이고 주관적인 경력성공이 모두 포함된다. 2장에서는 긍정적 경력결과에 대한 객관적 지표로 연봉, 승진,

직업의 지위 등이 포함될 것이라고 지적한 바 있다. 이러한 객관적 지표들은 대다수의 사람들에게 중요하지만, 일부 직원들은 자신의 역량이나 경력을 통해 다른 사람을 어떻게 도울 것인지에 관심이 있으며, 일과 가족의 책임 사이에서 균형을 유지하거나 융통성 및 자율성을 허용하는 경력을 갖는 것에 더 많은 관심을 갖기도 한다. 이들은 경력성공의 주관적 지표로 간주될 수 있는 것들이다. 많은 개인들은 이러한 두 가지 형태의 긍정적 경력결과에 관심이 있고 또한 이들을 희망하는데, 종종 객관적 경력성공은 주관적 경력성공에 영향을 미치며 반대의 경우도 일어난다.

전략적 경력개발 프레임워크에 포함된 몇 가지 요소들은 경력성공에 영향을 미치는 것으로 확인되었다. 예를 들어, 관리자의 지원은 급여의 인상과 같은 객관적 경력성공의 지표(Wayne et al., 1999)뿐만 아니라 직원의 주관적 경력성공(Ng & Feldman, 2014; Wayne et al., 1999)에도 영향을 주는 것으로 밝혀졌다. 또한 교육훈련 기회의 제공과 같은 전략은 직원의 경력초기에 지원이 이루어지고, 지속적으로 제공될 때 경력성공에 장기적 영향을 미칠 수 있는 것으로 알려져 있다(Maurer & Chapman, 2013). 또한, 경력자기관리와 경력적응력과 같은 개인적 특성은 주관적 경력성공에 긍정적 영향을 미치는 것으로 확인되고 있다(De Vos et al., 2009; Zacher, 2014). 경력성공은 경력개발의 중요한 목표이자 결과이다. 이와 관련하여 경력성공의 예측변수와 그것에 영향을 미치는 변수를 조사하는 많은 연구들이 수행된 바 있다. 경력성공에 대한 자세한 내용은 이 책의 다른 장에도 포함되어 있다.

경력개발이 조직성과에 미친 영향을 조사한 연구는 거의 없다. 이는 많은 경력분야의 연구자와 실무자의 초점이 조직보다는 개인에 맞추어져 있었기 때문으로 보인다(Egan, Upton, & Lynham, 2006). 직업적 관점(예를 들면, 직업상담)은 전통적으로 개인성과에 집중하여 왔으며(Inkson & King, 2011), 현재 자신의 경력을 관리하는 직원에 대해 강조하는 경향은 조직의 이익에 관심을 덜 갖도록 하는 결과를 낳게 되었다.

이 책은 전략적 경력개발시스템으로 인한 조직 결과를 두 가지 범주, 즉 인재의 보유 및 경쟁우위로 제안하고자 한다. 이것은 매우 광범위한 범주화라고 할 수 있는데, 대부분의 조직은 결과 측면에서 달성하려는 목표를 이보다 더 구체적으로 정하고자 할 것이다. 보다 정확한 결과물은 결과를 평가하고 시스템의 효율성을 결정하는 명확한 방법을 설정하도록 촉진한다. 단, 대부분의 구체적 결과들은 앞서 제시한 두 가지 광범위한 범주 안에 포함될 것이라고 예상해 볼 수 있다.

조직은 경력개발 노력이 성공적으로 수행될 경우, 긍정적 결과를 경험하게 될 것이다. 조직이 자신들을 개발시키는 일에 지원을 하고 있다고 직원들이 인식하는 것은 조직에 대한 정서적 몰입(De Vos et al., 2009; Lee & Bruvold, 2003), 업무성과향상(Kraimer et al., 2011), 직무만족(Lee & Bruvold, 2003), 직원참여(Shuck, Twyford, Reio, Jr., & Shuck, 2014) 등과 연관되어 있다는 증거들이 있다. 선행연구들은 또한 경력개발 노력이 인재를 보유하려는 노력(Kraimer et al., 2011; Lee & Bruvold, 2003; Peterson, 2009, Shuck et al., 2014)에 영향을 미칠 수 있다는 아이디어도 지지하고 있다. 많은 기업에서는 인재를 지속적으로 보유하는 것이 주요 관심사로 확인되고 있는데, 잘 통합된 경력개발시스템은 이 문제를 해결하는 데 도움이 될 수 있다는 점이 확인되고 있는 것이다(Kaye & Smith, 2012).

Kraimer 등(2011)에 따르면, 직원은 조직이 수준 높은 성과를 거두고 낮은 이직률을 유지하기 위해 개발과 경력의 기회를 지원하고 있다는 점을 인식할 필요가 있다고 하였다. 또한 Shuck 등(2014)은 조직은 단순히 직원에 대한 개발의 노력을 홍보하는 차원을 넘어서야 한다고 주장한다. 그들은 "(경력개발시스템은) 기업의 학습 및 개발과 관련된 기능 내에서 프로그램이나 다채로운 카탈로그를 제공하는 것을 의미하는 것이 아니라, 직원들이 동등하게 다양한 기회에 접근을 하고 그러한 활동에 참여할 수 있도록 지원하며 실제 동등하게 참여한다고 직원들 스스로가 느끼게 만드는 것이다(p.263)"라고 지적한 바 있다.

환경적 요인에 대해 고려하고, 개인을 개발하며, 주요 인사전략을 강화하고, 경력개발을 촉진하고 지원하기 위한 추가적 메커니즘을 제공하는 경력개발시스템은 조직의 성공을 이끌어낸다. 즉, 많은 직원들은 조직에 남아 있기를 원할 것이며, 그들의 몰입, 생산성 및 참여로 인해 기업은 높은 성과를 얻게 될 것이다. Lee와 Bruvold(2003)는 다음과 같이 결론을 내린다.

> 지속적인 경쟁우위가 대부분의 조직에서 추구하는 것이라면, 이를 달
> 성하기 위한 한 가지 방법은 지속적인 직원개발이라고 할 수 있다.
> 이러한 직원개발 프로그램의 실행은 기술습득이나 경력개발과 같은
> 혜택을 제공함으로써 개별 직원의 복지를 향상시킬 뿐 아니라, 조직
> 의 생산성을 향상시키기도 한다. 실제로 직원개발에 대한 투자는 직
> 무만족도와 조직에 대한 몰입을 향상시켜 직원들이 더 열심히 일할
> 수 있도록 하는 역동적 관계를 형성하게 해 준다. (p.994)

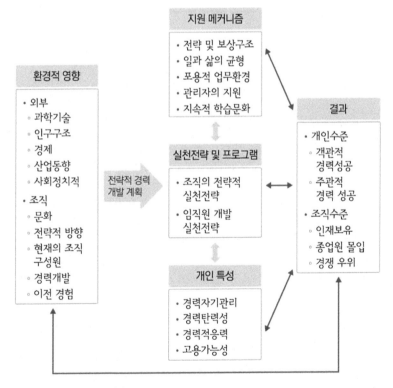

[그림 3.3] 조직 내 경력개발 프레임워크 (확장)

7. 요약

  이번 장에서는 조직 내 경력개발시스템을 구축하고, 변경하며, 구현할 때 적용할 수 있는 프레임워크를 제공하였다. 고려해야 할 다양한 요인들의 목록은 [그림 3.3]에 제시되어 있다. 경력개발은 여러 가지 요인에 의해 영향을 받는 프로세스이므로 안정적이고 선형적인 프로세스는 거의 존재하지 않는다. 오히려 이 프레임워크에 포함된 모든 요소들은 각각 서로에게 영향을 줄 가능성이 있다. 이러한 역동적 프로세스를 위해서는 직원 및 경영진과 협력하여 참여하고 있는 모든 사람의 필요를 채워줄 시스템을 운영할 수 있도록 숙련되고 경험 있는 경력개발 전문가를 필요로 한다.

참고문헌

Baruch, Y. (2003). Career systems in transition: A normative model for organizational career practices. *Personnel Review, 32*(2), 231–251.

Baruch, Y. (2006). Career development in organizations and beyond: Balancing traditional and contemporary viewpoints. *Human Resource Management Review, 16*(2), 125–138.

Baruch, Y., & Peiperl, M. (2000). Career management practices: An empirical survey and implications. *Human Resource Management, 39*(4), 347–366.

Baruch, Y., & Sullivan, S. E. (2008). Career development processes in organizations. In R. J. Burke & C. L. Cooper (Eds.), *Building more effective organizations: HR management and performance in practice* (pp. 183–206). Cambridge: Cambridge University Press.

Bimrose, J., & Hearne, L. (2012). Resilience and career adaptability: Qualitative studies of adult career counseling. *Journal of Vocational Behavior, 81*(3), 338–344.

Bowen, D. E., & Ostroff, C. (2004). Understanding HRM–firm performance linkages: The role of the "strength" of the HRM system. *Academy of Management Review, 29*(2), 203–221.

Brousseau, K. R., Driver, M. J., Eneroth, K., & Larsson, R. (1996). Career pandemonium: Realigning organizations and individuals. *Academy of Management Executive, 10*(4), 52–66.

Brown, P. T. (2010, April). Having their backs: Improving managers' skills in developing others. *T+D, 64*(4), 60–64.

Carbery, R., & Garavan, T. N. (2005). Organisational restructuring and downsizing: Issues related to learning, training and employability of survivors. *Journal of European Industrial Training, 29*(6), 488-508.

Catalyst (2014). *Knowledge center: Women in labor force in Australia, Canada, Israel, South Africa, and United States.* Retrieved from http://www.catalyst.org/knowledge/women-labor-force-australia-canada-israel-southafrica-and-united-states.

Clarke, M., & Patrickson, M. (2008). The new covenant of employability. *Employee Relations, 30*(2), 121-141.

DeFillippi, R. J., Arthur, M. B., & Lindsay, V. J. (2006). *Knowledge at work: Creative collaboration in the global economy.* Malden, MA: Blackwell Publishing.

De Vos, A., Dewettinck, K., & Buyens, D. (2009). The professional career on the right track: A study on the interaction between career self-management and organizational career management in explaining employee outcomes. *European Journal of Work and Organizational Psychology, 18*(1), 55-80.

Doyle, M. (2000). Managing careers in organisations. In A. Collin & R. A. Young (Eds.), *The future of careers* (pp. 228-242). Cambridge: Cambridge University Press.

Eby, L. T., Allen, T. D., & Brinley, A. (2005). A cross-level investigation of the relationship between career management practices and career-related attitudes. *Group & Organization Management, 30*(6), 565-596.

Eby, L. T., Casper, W. J., Lockwood, A., Bordeaux, C., & Brinley, A. (2005). Work and family research in IO/OB: Content analysis and review of the literature (1980–2002). *Journal of Vocational Behavior, 66*(1), 124–187.

Edwards, R. (1979). *Contested terrain.* New York: Basic Books, Inc.

Egan, T. M., Upton, M. G., & Lynham, S. A. (2006). Career development: Load–bearing wall or window dressing? Exploring definitions, theories, and prospects for HRD–related theory building. *Human Resource Development Review, 5*(4), 442–477.

Egan, T. M., Yang, B., & Bartlett, K. R. (2004). The effects of organizational learning culture and job satisfaction on motivation to transfer learning and turnover intention. *Human Resource Development Quarterly, 15*(3), 279–301.

Elacqua, T. C., Beehr, T. A., Hansen, C. P., & Webster, J. (2009). Managers' beliefs about the glass ceiling: Interpersonal and organizational factors. *Psychology of Women Quarterly, 33*(3), 285–294.

Fugate, M., Kinicki, A. J., & Ashforth, B. E. (2004). Employability: A psycho–social construct, its dimensions, and applications. *Journal of Vocational Behavior, 65*(1), 14–38.

Gilley, J. W., Eggland, S. A., & Gilley, A. M. (2002). *Principles of human resource development.* Cambridge: Perseus Books.

Gottfredson, G. D. (2005). Career development in organizations. In W. B. Walsh & M. L. Savickas (Eds.), *Handbook of vocational psychology: Theory, research, and practice* (pp. 297–318). Mahwah, NJ: Lawrence Erlbaum Associates.

Greenhaus, J. H., Callanan, G. A., & Godshalk, V. M. (2010). *Career management.* Los Angeles: Sage.

Guest, D. E., & Rodrigues, R. (2012). Can the organizational career survive? An evaluation within a social exchange perspective. In L. M. Shore, J. A-M. Coyle-Shapiro, & L. E. Tetrick (Eds.), *The employee-organization relationship: Applications for the 21st century* (pp. 193-222). New York: Routledge, Taylor & Francis.

Gutteridge, T. G., Leibowitz, Z. B., & Shore, J. E. (1993). *Organizational career development.* San Francisco: Jossey-Bass.

Higgins, M. (2005). *Career Imprints: Creating leaders across an industry.* San Francisco: Jossey-Bass.

Hite, L. M., & McDonald, K. S. (2003). Career aspirations of non-managerial women: Adjustment and adaptation. *Journal of Career Development, 29*(4), 221-235.

Hornung, S., Rousseau, D. M., & Glaser, J. (2008). Creating flexible work arrangements through idiosyncratic deals. *Journal of Applied Psychology, 93*(3), 655-664.

Inkson, K. (2007). *Understanding careers: The metaphors of working life.* Thousand Oaks, CA: Sage.

Inkson, K., & King, Z. (2011). Contested terrain in careers: A psychological contract model. *Human Relations, 64*(1), 37-57.

Kaye, B., Cohen, J., & Crowell, B. (2011). Career development: Encompassing all employees. In L. A. Berger & D. R. Berger (Eds.), *The talent management handbook* (2nd ed., pp. 159-168). New York: McGraw-Hill Companies.

Kaye, B., & Smith, C. P. (2012, January). Career development: Shifting from nicety to necessity. *T+D,* 52-55.

King, Z. (2004). Career self-management: Its nature, causes and consequences. *Journal of Vocational Behavior, 65*(1), 112-133.

Koen, J., Klehe, U. C., & Van Vianen, A. E. M. (2012). Training career adaptability to facilitate a successful school-to-work transition. *Journal of Vocational Behavior, 81*(3), 395-408.

Kraimer, M. L., Seibert, S. E., Wayne, S. J., Liden, R. C., & Bravo, J. (2011). Antecedents and outcomes of organizational support for development: The critical role of career opportunities. *Journal of Applied Psychology, 96*(3), 485-500.

Lee, C. H., & Bruvold, N. T. (2003). Creating value for employees: Investment in employee development. *The International Journal of Human Resource Management, 14*(6), 981-1000.

Lent, R. W., Brown, S. D., & Hackett, G. (2000). Contextual supports and barriers to career choice: A social cognitive analysis. *Journal of Counseling Psychology, 47*(1), 36-49.

London, M. (1997). Overcoming career barriers: A model of cognitive and emotional processes for realistic appraisal and constructive coping. *Journal of Career Development, 24*(1), 25-38.

London, M. (1998). *Career barriers: How people experience, overcome, and avoid failure.* Mahwah, NJ: Lawrence Erlbaum Associates.

Lyons, S. T., Ng, E. S., & Schweitzer, L. (2014). Changing demographics and shifting nature of careers: Implications for research and human resource development. *Human Resource Development Review, 13*(2), 181-206.

McDonald, K. S., & Hite, L. M. (2005). Reviving the relevance of career development in human resource development. *Human Resource Development Review, 4*(4), 418-439.

McDonald, K. S., & Hite, L. M. (2015). Career development in the context of HRD: Challenges and considerations. In R. F. Poell, T. S. Rocco, & G. L. Roth (Eds.), *The Routledge companion to human resource development* (pp. 67-77). London: Routledge.

Marsick, V. J., & Watkins, K. E. (1999). *Facilitating learning organizations: Making learning count.* Brookfield, VT: Gower.

Martins, L. L., Eddleston, K. A., & Veiga, J. F. (2002). Moderators of the relationship between work-family conflict and career satisfaction. *Academy of Management Journal, 45*(2), 399-409.

Maurer, T. J., & Chapman, E. F. (2013). Ten years of career success in relation to individual and situational variables from the employee development literature. *Journal of Vocational Behavior, 83*(3), 450-465.

Nauta, A., van Vianen, A., van der Heijden, B., van Dam, K., & Willemsen, M. (2009). Understanding the factors that promote employability orientation: The impact of employability culture, career satisfaction, and role breadth self-efficacy. *Journal of Occupational and Organizational Psychology, 82*(2), 233-251.

Niles, S. G., & Harris-Bowlsbey, J. E. (2013). *Career development interventions in the 21st century* (4th ed.). Boston, MA: Pearson.

Ng, T. W. H., Eby, L. T., Sorensen, K. L., & Feldman, D. C. (2005). Predictors of objective and subjective career success: A meta-analysis. *Personnel Psychology, 58*(2), 367-408.

Ng, T. W. H., & Feldman, D. C. (2014). Subjective career success: A metaanalytic review. *Journal of Vocational Behavior, 85*(2), 169-179.

Park, Y., & Rothwell, W. J. (2009). The effects of organizational learning climate, career-enhancing strategy, and work orientation on the protean career. *Human Resource Development International,* *12*(4), 387-405.

Peterson, S. (2009). Career decision-making self-efficacy, integration, and the likelihood of managerial retention in governmental agencies. *Human Resource Development Quarterly,* *20*(4), 451-475.

Porfeli, E. J., & Savickas, M. L. (2012). Career Adapt-Abilities Scale-USA form: Psychometric properties and relation to vocational identity. *Journal of Vocational Behavior,* *80*(3), 748-753.

Rickwood, R. R., Roberts, J., Batten, S., Marshall, A., & Massie, K. (2004). Empowering high-risk clients to attain a better quality of life: A career resiliency framework. *Journal of Employment Counseling,* *41*(3), 98-104.

Rothwell, W. J., Jackson, R. D., Knight, S. C., & Lindholm, J. E. (2005). *Career planning and succession management: Developing your organizations talent for today and tomorrow.* Westport, CT: Greenwood Publishing Group.

Rotman, D. (2013). How technology is destroying jobs. *MIT Technology Review.* Retrieved from http://www.technologyreview.com/feature dstory/515926/how-technology-is-destroying-jobs.

Rousseau, D. M. (2005). *I-DEALS: Idiosyncratic deals employees bargain for themselves.* Armonk, NY: ME Sharpe.

Savickas, M. L. (1997). Career adaptability: An integrative construct for lifespan, life-space theory. *The Career Development Quarterly,* *45*(3), 247-259.

Savickas, M. L. (2013). Career construction theory and practice. In S. D. Brown & R. W. Lent (Eds.), *Career development and counseling: Putting theory and research to work* (2nd ed., pp. 147-183). Hoboken, NJ: John Wiley & Sons.

Savickas, M. L., & Porfeli, E. J. (2012). Career Adapt-Abilities Scale: Construction, reliability, and measurement equivalence across 13 countries. *Journal of Vocational Behavior, 80*(3), 661-673.

Schutt, D. A., Jr. (2012). Establishing a thriving career development program. In D. Capuzzi & M. D. Stauffer (Eds.), *Career counseling: Foundations, perspectives, and applications* (pp. 253-277). New York: Taylor & Francis.

Shuck, B., Twyford, D., Reio, T. G., Jr., & Shuck, A. (2014). Human resource development practices and employee engagement: Examining the connection with employee turnover intentions. *Human Resource Development Quarterly, 25*(2), 239-270.

Singer, A. (2012). *Immigrant workers in the US labor force*. Retrieved from http://www.brookings.edu/research/papers/2012/03/15-immigrant-workers-singer.

Skorikov, V., & F. W. Vonracek. (1993). Career development in the Commonwealth of Independent States. *Career Development Quarterly, 41*(4), 314-330.

Sturges, J., Guest, D., Conway, N., & Davey, K. M. (2002). A longitudinal study of the relationship between career management and organizational commitment among graduates in the first ten years at work. *Journal of Organizational Behavior, 23*(6), 731-748.

Tansky, J. W., & Cohen, D. J. (2001). The relationship between organizational support, employee development, and organizational commitment: An empirical study. *Human Resource Development Quarterly, 12*(3), 285–300.

Toossi, M. (2012). *Labor force projections to 2020: A more slowly growing workforce.* Retrieved from http://www.bls.gov/opub/mlr/2012/01/ art3full.pdf.

Tracey, J. B., Tannenbaum, S. I., & Kavanagh, M. J. (1995). Applying trained skills on the job: The importance of the work environment. *Journal of Applied Psychology, 80*(2), 239–252.

van der Heijden, B. I. J. M. (2002). Individual career initiatives and their influence upon professional expertise development throughout the career. *International Journal of Training and Development, 6*(2), 54–79.

van der Heijden, B. I. J. M. (2003). Organisational influences upon the development of occupational expertise throughout the career. *International Journal of Training and Development, 7*(3), 142–165.

van der Rijt, J., Van den Bossche, P., van de Wiel, M. W. J., Segers, M. S. R., & Gijselaers, W. H. (2012). The role of organizational characteristics in feedback seeking behavior in the initial career stage. *Human Resource Development International, 15*(3), 283–301.

Van der Sluis, L., & Poell, R. (2003). The impact on career development of learning opportunities and learning behavior at work. *Human Resource Development Quarterly, 14*(2), 159–180.

Waterman, R. H., Waterman, J. A., & Collard, B. A. (1994, July–August). Toward a career–resilient workforce. *Harvard Business Review, 72*(4), 87–95.

Wayne, S. J., Liden, R. C., Kraimer, M. L., & Graf, I. K. (1999). The role of human capital, motivation and supervisor sponsorship in predicting career success. *Journal of Organizational Behavior, 20*(5), 577-595.

Wooten, K. C., & Cobb, A. T. (1999). Career development and organizational justice: Practice and research implications. *Human Resource Development Quarterly, 10*(2), 173-179.

Young, R. A., & Valach, L. (1994). Evaluation of career development programs. *Canadian Journal of Counselling, 28*(4), 299-307.

Zacher, H. (2014, February). Career adaptability predicts subjective career success above and beyond personality traits and core self-evaluations. *Journal of Vocational Behavior, 84*(1), 21-30.

CHAPTER 04

경력개발의 방법

우리 사회는 아직 인적자원을 개발하고자 하는 태도가 매우 부족해 보인다. 지금 우리 사회는 사람을 훈련시키는 것보다는 말(horse)을 훈련시키는 일에 더 익숙하다. 무생물인 기계를 완벽하게 만들기 위해 어마어마한 돈을 사용하지만, 생산과정에서 가장 중요한 인간이라는 기계를 완벽하게 만드는 일에는 거의 관심을 기울이지 않고 있다.

－ Parsons, 1909, p.160

이전에 언급했듯이 경력개발은 조직과 직원의 상호작용을 통해 이루어진다. 그럼에도 불구하고, 직원 개인들은 미래의 경력을 계획하기 위해 필요한 기술과 지식을 배우고 개발하는 기회를 찾는 데 점차 더 많은 책임을 지게 되었다. 이것은 실제로 좋은 소식이 될 수 있는데, 왜냐하면 경력을 찾아가는 사람이 그러한 선택을 더 잘 관리할 수 있기 때문이다.

물론 항상 그런 것은 아니다. 한때, 경력개발계획 및 실행은 경력개발시스템을 효율적으로 운영하는 데 필요한 기술을 보유하고 이를 유지할 수 있는 조직에 의해 통제되었다(Forret & Sullivan, 2002). 같은 맥락에서 높은 잠재력을 지닌 것으로 여겨지는 직원은 승진을 준비하기 위한 특정한 학습활동에 참여할 수 있도록 선발되었다. 만약 한 개인이 경력 초기에 조직에서 두드러져 보이지 않거나 잠재적 고성과자의 이미지에 적합하지 않을 때에는 고성과자 그룹에 속할 가능성은 낮았다고 할 수 있다(Forret & Sullivan, 2002). HRD는 종종 이러한 프로그램을 조정하고, 실행에 옮기는 데 중요한 역할을 담당하였다. 그러나 누가 참여할 수 있을 것인지를 결정하는 일에는 큰 권한을 행사하지는 못하였다.

모든 경력개발이 조직의 최고경영층으로의 승진에 초점을 맞추었던 것은 아니다. 일부 경력개발 활동은 직무와 관련된 지식과 기술을 획득하여 사람들이 자신의 업무를 보다 잘 수행하도록 하는 데 초점을 맞추었다. 그러나 조직이 지원하는 대부분의 계획들은 경력개발시스템이 목표로 삼고 있는 특정한 요구를 충족시키는 데 그 목적이 있었다. 직원들을 다른 회사에 갈 수 있도록 훈련시키는 것이 목표는 아니었는데, 직원들은 직장 생활을 하면서 한 회사에서 평생을 일하며 보냈기 때문에 다른 회사로 이동해야 할 필요를 느끼지 못했다. 이 책의 저자 중 한 사람도 이를 경험한 바 있다. 이 저자는 1990년대 초, 제조업분야의 대기업에서 수업료 환급프로그램 등을 담당하고 있었다. 당시 HR담당 부사장은 수업료 환급을 요구하는 직원들은 회사의 미션(mission)에 적합한 전공을 선택해야 한다는 사실을 분명하게 요구했다. 회사를 위해 일하는 것 외에 다른 목적으로 개인을 교육시키고 이에 재정을 투입하는 것이 그에게는 용납되지 않았던 것이다. 그가 그렇게 생각할 수 있었던 것은 그 당시 많은 사람들이 그 기업에 수십 년 동안 머물러 있었기 때문이었다. 하지만 21세기에 이러한 조직은 일반적이지 않다.

조직 주도의 경력개발계획의 시대는 경기 침체기에 그 종말을 맞이하게 되었는데, 이러한 경기 침체기에서 조직은 다운사이징을 경험하였고, 불필요한 프로그램이나 사람들을 축소하였다(Brown, 2012). 일자리를 잃은 경험을 가지고 있거나 비용을 절감하기 위해 해고된 다른 직원들을 보았던 개인들은 자신의 경력을 관리해주는 조직에 대한 신뢰를 잃어버리게 되었다.

현재 조직들은 기술과 지식을 갖춘 개인들을 확보하고 이들을 보유함으로써 효율성을 높이기 위해 노력하고 있는데, 이를 위한 한 가지 방법이 직원 경력개발 관련 서비스를 제공하는 것이다(Brown, 2012). 경력개발계획을 수립하고 실행하는 데 궁극적 책임이 개인에게 있기 때문에 경력개발에 대한 HRD의 역할은 진화하고 있다. 이제는 조직의 요구사항과 개별 직원의 이익을 함께 고려하여 이 두 가지 문제에 모두 대응할 계획이 수립되고 있다. 이번 장에서는 개인개발 및 조직의 전략적 실천 사항들(3장 참고)을 포함하여 다양한 방법들을 탐색하고자 한다. 즉, 선행문헌에서 함께 다루어지고 있는 개인개발전략들을 그룹화하고자 하는데, 이번 장에서는 관계중심의 활동(멘토링, 코칭 및 네트워킹)과 경험축적 전략(교육훈련, 직무할당, 무형식학습) 등으로 이를 구분하고자 한다. 또한, 조직 차원의 실천전략(경력경로, 승계계획, 성과평가)도 살펴보고자 한다. 탐색 과정에서 이번 장은 각각의 장점과 단점에 대해 논의할 것이며, 개인이 어떻게 이러한 기회에 가장 잘 접근할 수 있는지, 그리고 효과적인 전략적 경력개발 프로세스를 구축하기 위해 조직이 어떻게 전략적 실천방안을 개발할 수 있는지를 살펴보고자 한다.

1. 개인개발 전략 : 관계형성 중심 전략

개발적 관계(developmental relationship)에 대해 연구하는 학자들은 일터에서 개인에게 에너지를 제공하는 것으로 묘사되는 '양질의 상호관계(high-quality connections: 이하 HQCs)[9]'라는 용어도 사용하고 있다(Higgins, 2007). 일터에서는 여러 가지 이유에 근거하여 다양한 형태의 HQC를 사용하게 된다(Higgins, 2007). 이번 장에서는 가장 일반적으로 논의가 되는 세 가지 관계형성 중심의 전략인 멘토링, 네트워킹, 코칭 등을 살펴보고자 한다. 코칭과 네트워킹이 최근 대중매체에 자주 등장하고 학술 연구에서도 입지를 확보하고 있는 것으로 보이는 반면, 멘토링을 다룬 문헌들은 HRD와 관련 분야의 학자 및 실무자들 사이에서 이미 많이 다루어진 주제라고 할 수 있다. 이 책에서 멘토링의 모든 측면을 모두 다루는 것은 불가능하지만, 멘토링을 의미 있는 경력개발 활동으

---

9 HQC(양질의 상호관계)는 2003년 Jane Dutton이 『Energize your workplace: How to create and sustain high-quality connections at work』를 발표한 이후 본격적으로 사용된 개념이다. 그러나 이 용어는 국내의 연구에서는 활발히 사용되지 않고 있으며, 따라서 합의된 용어의 번역도 찾기 어렵다. 이는 아마도 개발적 관계(developmental relationship) 혹은 개발지원관계망(developmental network) 등의 용어가 사용되고 있으며, 혹은 멘토링이나 코칭 등 관계형성 중심의 전략이 개별적으로 정의되어 연구 및 실천분야에서 사용되고 있기 때문으로 보인다.

로 만들어주는 핵심사항을 다루면서 이에 대한 설명을 시작하고자 한다.

1) 멘토링

멘토링은 오랜 역사를 지녔지만 경력개발의 방법으로서는 Kathy Kram이 1985년에 발표한 『Mentoring at work: Developmental relationships in organizational life』의 출판으로 주목을 받기 시작하였다. 이 책에서 Kram은 멘토링을 보다 경험이 많은 전문가와 경험이 적은 개인 사이의 개발적 관계로 묘사하였는데, 이러한 관계를 통해 경험이 적은 개인에게 경력 및 심리사회적 지원이 제공된다고 주장하였다(Kram, 1985). 경력기능에는 경력결정 및 전략 (예를 들어, 미래경력에 대한 가시적인 결정의 수립 및 능력개발을 위한 고난도의 과제 수행)과 관련하여 도움을 제공하는 것을 포함하며, 심리사회적 기능에는 경험이 적은 직원들이 자신감을 키우고 전문가로서의 정체성을 수립하도록 돕는 일(예를 들어, 고민을 들어줄 사람이나 롤모델의 제공) 등이 포함된다(Ragins & Kram, 2007). 연구결과에 따르면 어떤 멘토링 관계는 두 기능을 모두 제공하지만, 다른 경우에는 각 기능이 발현되는 정도에 따라 다른 모습을 보여준다는 점이 확인되었다. Higgins(2007)는 이러한 다른 형태의 관계들은 멘토링의 정의에 맞지 않기 때문에 후원자(sponsor, 높은 수준의 경력 지원 기능만 제공), 친구(friend, 높은 수준의 심리사회적 지원 기능만 제공) 또는 협력자(ally, 두 기능 모두에 대해 낮은 경우) 등으로 정의되는 것이 보다 적절하다고 지적하였다. 이러한 차별화는 개발적 관계를 다양하게 하는 사례들을 구축하는 데 도움을 제공하는데, 이와 관련하여서는 이번 장의 후반부에서 설명하고자 한다.

멘토링 연구가 증가함에 따라, 멘토링이 무엇인지에 대한 견해도 다양해지고 있다. 예를 들어, Ragins와 Verbos(2007)는 관계형 멘토링을 주창하였는데, 이는 일방적인 관계나 프로테제의 경력에만 초점을 두는 것이 아니라 멘토와 프로테제의 상호학습과 개발을 지향한다. Haggard, Dougherty, Turban, 그리고 Wilbanks(2011)는 "멘토링을 다른 종류의 일과 관련된 관계"와 구별하는

"세 가지 핵심적 속성(p.292)"을 제안한 바 있다. 이 세 가지는 다음과 같다.

- 상호교류의 당사자로서 모든 구성원이 양방향적 관계에 속한다는 상호주의(reciprocity)
- 프로테제의 경력과 관련된 (특정 조직에 국한되지 않은) 개발적 혜택 (developmental benefits)
- 시간이 지나도 지속되는 일관된 상호작용(consistent interaction)

관계를 설명함에 있어 '멘토'가 관계 속에서 보다 경험이 많은 사람을 묘사하는 용어로 널리 받아들여지는 반면, 경험이 적은 개인을 일컫는 용어는 '멘티(mentee)'와 '프로테제(protégé)'가 모두 사용되어 아직 혼란스러운 것이 사실이다. 특정 조직이나 직업에 대해 더 경험이 많기 때문에 '선배(senior)'로 간주될 수도 있지만 그 상태가 반드시 나이와 관련이 되어있지는 않다는 것에는 유의할 필요가 있다. 따라서 멘토는 멘티보다 더 나이가 어릴 수 있다. 동일하게 멘토는 멘티와 같은 직업이나 회사에 속할 수도 있지만, 그렇지 않을 수도 있으며(Ragins & Kram, 2007), 심지어 지리적 위치도 같을 수도 혹은 그렇지 않을 수도 있다. 이러한 유연성으로 인해 개인이 경력을 쌓아가며 조직을 바꾸거나 산업 간 이동을 할 때에도 멘토링은 유용하게 사용될 수 있다.

다수의 연구결과에 따르면 멘토링은 프로테제의 경력개발에 의미 있는 영향력을 지닌다는 점이 확인되었는데, "멘토의 존재와 경력개발의 결과 사이에는 긍정적 관계가 있다(Ragins & Kram, 2007, p.7)"는 결론이 내려지고 있다. 그러나 일부 연구자들은 발생하는 긍정적 결과가 멘토링 행동에 기인한 것인지, 멘토링을 찾는 직원(또는 영향력 있는 멘토가 찾는 사람)의 유형에 의한 것인지, 혹은 이러한 행동과 유형의 조합에 의한 것인지에 대해 의문을 제기해왔다(Ragins & Kram, 2007). 아직 정확히 확인된 것은 아니지만, 대부분의 멘토링 학자들은 프로테제의 경력성공(예를 들면, Bozionelos et al., 2011), 혹은 멘토의 경력성공(예를 들면, Bozionelos, Bozionelos, Kostopoulos, & Polylchroniou, 2011;

Ghosh & Reio, 2013)에 멘토링이 영향을 미친다는 것에 동의한다. 이러한 결과는 멘토링과 관련한 주요 이슈 중 하나인 접근성(accessibility)의 문제를 야기한다.

일터에서 주목받는 모든 젊은 전문가들이 멘토를 만나는 것은 아니다. 처음에는 멘토가 자신과 공유할 수 있는 "세상에 대한 가치관과 시각(p.615)"을 가진 프로테제를 선택하고, 프로테제는 자신이 존경하는 멘토를 찾아나서는 것이 전형적이라고 할 수 있다(Kram, 1983). 이러한 상호확인 및 선택에 기반한 멘토링은 비공식적 멘토링(informal mentoring)으로 알려져 있다(Lankau & Scandura, 2007). 일반적으로 양측 사이에는 성공적 멘토링이 수행될 가능성이 있지만, 이러한 형태의 선택 과정은 비공식적 멘토를 찾지 못한 일부 개인을 제외시키기도 한다. 연구에 의해 멘토링이 지닌 경력과 관련된 긍정적 측면이 알려지기 시작하고 다양한 배경을 지닌 노동력이 보편화되면서 조직은 점차 공식적 멘토링(formal mentoring)을 탐색하기 시작하였다.

기본적으로 공식적 멘토링은 멘토와 프로테제를 맺어주기 위한 조직주도의 노력을 의미한다(Eby & Lockwood, 2005). 어떤 사람들은 공식적 멘토링이 비공식적 멘토링의 모든 이점을 모두 지니고 있는지에 대해 의문을 품지만, 논리적으로는 멘토링이 전혀 존재하지 않는 것보다 어떤 형태로든 멘토링이 존재하는 것이 더 낫다는 주장이 있다(Allen, Eby, & Lentz, 2006). 연구 결과에 따르면 공식적 멘토링이 경력 관련 기능을 수행하는 데에는 도움이 될 수 있지만 심리사회적 지원요소가 부족하기 때문에 '멘토링'이라는 용어에도 불구하고 스폰서십에 더 유사하다는 주장도 존재한다(Higgins, 2007).

공식적 멘토링 프로그램에 대한 연구는 비공식적 멘토링에 비해 제한적이기는 하지만(Baugh & Fagenson-Eland, 2007; Parise & Forret, 2008), 유용한 통찰을 제공하고 있다. 예를 들어, Baugh와 Fagenson-Eland(2007)는 두 가지 유형의 멘토링은 "관계의 시작이나 지속되는 기간(p.251)"을 둘러싸고 차이점을 나타낸다고 하였다. 비공식적 멘토링 과정의 우연한 상호선택과는 달리 공식적 멘토링은 멘토와 프로테제를 연결시키는 일종의 매칭(matching) 과정을 필요로 하기 때문이다. 이 매칭의 과정에서는 프로그램 참여자가 자원하여 참여하게 할 것인지 혹은 의무적으로 참여하게 할 것인지를 결정해야 하며, 또한 매칭과정에 참여자의 의견을 수렴할 것인지 여부 등도 결정해야 한다. 연구에 따르면 자발적 참여 여부는 영향을 미치지 않으나 매칭활동에 대한 의견 제시는 프로그램의 효과성에 영향을 미치는 것으로 확인되었다(Allen et al., 2006). 또한 비공식적으로 형성된 관계는 자유롭게 진행할 수 있지만, 공식적으로 형성된 멘토링의 관계에는 멘토와 프로테제가 더 이상 관계를 유지할 의무가 없는 종료일이 존재한다. 또 다른 차이점은 참여자들 사이에서 각자의 기대를 명확히 소통하고 조직을 위한 목표를 강화하기 위해 대부분의 공식적 멘토링 프로그램은 참여자들을 대상으로 교육을 실시한다는 점이다(Baugh & Fagenson -Eland, 2007). HRD는 종종 이러한 공식적 멘토링 프로그램을 조정하고 구조화하는 데 주도적 역할을 수행한다.

관련 연구들이 멘토링의 많은 이점을 확인하였지만, 모든 멘토링 관계가 좋은 것은 아니라고 할 수 있다. 때로는 서로 적합하게 매칭이 이루어지지 않아서 적절히 마무리해야 한다는 인식하에 멘토와 프로테제가 원만한 관계만을 유지하는 경우도 있다. 또 다른 경우에는 보다 당혹감을 안겨주는 문제가 발생하기도 한다. 8장에서는 경력개발의 윤리적 문제를 보다 자세하게 다룰 예정인데, 일부 쟁점은 특히 멘토링 관계와 관련이 있는 것으로 멘토가 자신의 프로테제에 대해 행사하는 영향력과 관련이 있다. 모든 우려점을 다룬 것은 아니지만, Hurst와 Eby(2012, pp.84-86)는 American Psychological Association의 윤리강령에 기초하여 멘토링 관련 행동 중에서 가장 일반적인 어려움이 무엇인지를 제시하였다.

- 선행(beneficence) 및 무해성(nonmaleficence) : 멘토링 관계에 많은 노력을 기울이지 않거나, 프로테제의 역량이 낮다는 것을 인식하지 못하는 멘토(이러한 멘토는 프로테제를 제대로 다루지 못하거나 그들의 경력을 방해할 수 있음)
- 성실성(fidelity) 및 책임(responsibility) : 전문적인 관계로 발전시키

지 못하거나 역할모델로서의 기준을 충족시키지 못하는 멘토
- 통합성(integrity) : 프로테제의 신뢰를 저버린 멘토, 또는 프로테제
  의 최우선 관심사를 위해 노력하지 않는 멘토
- 공정성(justice) : 관계 속에서 편파적이고 불공정한 대우를 일삼는 멘토
- 권리(right)와 존엄성(dignity) 존중 : 지위의 힘을 남용하고, 프로테
  제의 기밀보장의 권리를 존중하지 않으며, 관계에 대해 가부장적
  태도를 취하거나, 프로테제와의 관계가 마무리되어야 할 시점에
  이를 허락하지 않는 멘토

이번 장의 후반부에서는 이러한 위험이 발생할 가능성을 최소화하는 방법
에 대해 설명할 것이다.

Kram은 1985년에도 개인이 전문가로서 성장하는 것을 돕기 위해 한 명 이
상의 멘토를 찾는 활동의 가치를 언급한 바 있지만, 전통적으로 멘토링은 한
명의 멘토와 한 명의 프로테제 사이의 일대일의 관계를 의미하는 것으로 해석
되어왔다. 이후 Higgins와 Kram(2001)은 개인이 자신의 경력을 바라보는 관점
(예를 들면, 무경계경력, 프로티언경력)의 변화, 지식노동에 더 크게 의존하는 기
술적 진보, 변화하는 조직의 구조(예를 들면, 글로벌 시장의 확대), 보다 다양해
지는 노동력 등 여러 변화에 적응하기 위해 멘토링 관계를 본질적으로 확장하
여 '개발지원 관계망(developmental network)[10]'이라는 개념을 설명하였다. 이들
은 개발지원 관계망의 초점이 여전히 경력지원 및 사회심리학적 지원에 놓여
있지만, 수직적 관계뿐만 아니라 수평적(예를 들면, 동료) 관계에서도 지원이 비
롯될 수 있다는 점을 지적하였다. 이러한 주장은 네트워크를 또 다른 관계형

---

10 이 용어의 번역과 관련하여 이 책은 국내 HRD 및 관련 분야 다수의 학술지(HRD연구, 기업
교육과 인재연구, 직업교육연구, 지식경영연구 등)에서 해당 주제를 다룬 장지현의 일련의 연
구(예를 들면, 기업교육과 인재연구 제19권 제2호에서 발표한 '개발지원관계망 특성, 개발지
원기능, 경력정체성 및 경력몰입의 구조적 영향 관계 : 성별 효과 분석' 등)를 참고하였음을
밝힌다.

성 중심의 개발전략 중 하나로 인식하도록 하고 있다.

2) 네트워킹

대중문화뿐 아니라 경력개발 문헌에서도 '네트워킹'이라는 용어는 널리 사용되고 있다. 예를 들어 휴대전화의 통신서비스를 제공하는 기업은 광대역 네트워킹이 가능하다고 홍보하며, 대학은 기업과의 유대관계를 장려하기 위해 네트워킹 이벤트를 후원하고, 이제 소셜네트워킹은 글로벌한 현상이 되었다. 네트워킹이라는 단어를 이용하여 Amazon의 홈페이지에서 검색하면 56,000개 이상의 아이템을 찾을 수 있다(물론, 'Networking for Dummies'도 이에 포함된다). 분명히, '네트워킹'은 모두가 그 의미하는 바를 알고 있다는 인상을 줄 정도로 익숙한 단어가 되었다. 그런데, 실제로 그러한가? 한 신용카드 광고의 표현을 다음과 같이 바꾸어 말해보고자 한다.

> "당신의 네트워크 안에 누가 있습니까?"
> 당신이 이에 어떻게 응답할 것인가는 당신이 '네트워크'를 어떻게 규정하고 있는지에 달려있다.

경력개발 학자들은 네트워킹을 경력개발의 전략으로 정의할 때 비슷한 딜레마에 직면한다. Gibson, Hardy, 그리고 Buckley(2014)와 Kim(2013)은 경력 네트워킹이 비슷한 유형의 관계를 기반으로 한 구인들(예를 들면, 멘토링 및 소셜네트워킹)과 비슷하게 인식되지만 종종 이들이 서로 다르다는 점을 지적한다. 예를 들어, Gibson 등(2014)은 멘토링과 네트워킹에 기인한 행동 사이에는 어느 정도의 중복이 있다는 사실을 인정하면서도, 멘토링이 멘토와 프로테제 사이의 관계가 지닌 힘에 초점을 맞추고 있는 반면 네트워킹은 보다 프로테제의 행동수정 및 전문가로서의 능력개발에 초점을 맞추고 있는 것으로 보았다. Gibson 등(2014)은 또한 관련 문헌이 가진 문제점 중 하나로 "합의된 정의가 없다(p.147)"는 점을 지적하였다. 문헌에 나타난 정의를 살펴본 후 그들은 다른 연구자들이 언급한 주요 개념을 통합하여 자신들의 정의를 다음과 같이 제시하였다. 즉, "네트워킹은 조직 내외부에서의 목표 지향적 행동의 한 형태이며, 대인관계의 형성과 이에 대한 개발 및 활용에 초점이 맞추어져 있다(p.150)"고 정의하였다. 이 정의에는 Gibson 등(2014)과 Kim(2013)이 네트워킹을 다른 형태의 관계를 기반으로 한 상호작용으로부터 차별화할 수 있었던 세 가지 요인이 담겨있다. 첫째, 네트워크의 도구적 동기이다. 즉 네트워크의 당사자들은 경력지원을 제공할 수 있는 가능성에 기초하여 선택된다. 네트워크의 구체적인 경력개발목표는 개인에 따라 다르지만 목표와 관련된 측면에서 네트워킹은 다른 유형의 개방적 상호작용(친구집단이나 Twitter의 팔로워들)과 차별점을 보인다. Chandler, Hall, 그리고 Kram(2010)은 경력개발 네트워크를 다른 유형의 네트워크와 구별하여 이러한 차이를 명확하게 나타내고자 형용사인 "개발적(developmental)"이라는 단어를 사용하였다. Ibarra와 Hunter(2007)는 이러한 네트워크가 참여자를 추천할 기회를 제공하기 때문에 독특하며 가치가 있다고 주장하였다. 둘째, 조직 내부 및 외부 구성원을 포함하는 네트워크 경계의 침투성이다. 강력한 네트워크는 특정 시스템에만 국한되지 않으며, 개인이 직무 또는 경력의 방향을 변경할 때 더 유연하게 사용할 수 있다. 셋째, 네트워크 관계는 마치 연속선상에 걸쳐 분산되어있는 것과 같은데, 각 네트워크는 각자 서로 다른 시점에서 다른 네트워크에 비해 보다 유용할 수 있다. 따라서 모든 네트워크는 지속적으로 유동적인 상태이며, 네트워크를 유지하는 것은 지속적인 과정이라고 할 수 있다. 이와 유사하게 지속적인 관계로부터 획득되는 상호이익인 (사회적 교환이론에 근거한) 네트워킹의 호혜성(reciprocity)도 존재한다. 여기서 네트워크를 통해 명시적으로 도움을 주고받는 것은 관계적 멘토링에서의 상호 이익과는 차이가 있다. 관계적 멘토링은 공유하고 도움을 주는 것을 지지한다. 따라서 비슷한 생각처럼 보일지라도 각각은 서로 다른 철학적 관점에 기초하고 있다.

이러한 점을 고려할 때, 실행 가능한 경력개발 네트워크를 수립하는 것은 결코 우연히 발생하지 않는다는 점을 기억해야 한다. 일부의 만남은 업무수행이나 사회적 관계를 통해 자연적으로 발생할 수 있지만 일반적으로 네트워킹에는 계획과 노력이 필요하다. Kim(2013)은 여러 국가의 남녀를 대상으로 연구를 수행하였는데 연구결과는 관계를 구축하는 두 가지 주요한 방법을 밝혀주었다. 당연하겠지만, 첫 번째는 사교적 활동에 참여하는 것인데 이는 의도적으로 가벼운 대화나 공식적 회의 등에 참여하며 이를 통해 초기 상호작용을 이루는 것을 말한다. 그러나 이러한 연구결과는 Forret와 Dougherty(2004)의 초기 연구와는 차이점을 드러내는데, 그들은 사교적 활동에 참여하는 것이 주관적 혹은 객관적 경력성공을 이루는 데 영향력이 크지 않으며 오히려 조직 내에서 개인의 가시성을 높여 두 가지 형태의 경력성공에 영향을 미친다는 점을 밝혀낸 바 있다. 이는 Kim(2013)이 지적한 두 번째 요소인 다른 사람들이 개인의 잠재력을 알 수 있도록 하는 경력관련 활동(예를 들면, 전문가 집단, 회사 내 프로젝트 또는 위원회)에 대한 참여와 연결된다. 지인의 목록을 확장하는 것에 머무르지 않고, 네트워크를 실제로 구축하는 이러한 활동은 개인의 주도권 및 전략적 접근 방식에 성공의 여부가 달려있다(Kim, 2013). 마찬가지로, 관계를 유지하는 것은 의도적인 행동이 필요하다. Kim(2013)의 연구에 따르면 이는 자신의 우선순위(예를 들면, 자신이 할 수 있는 것과 지금까지의 성공을 제시)와 타인의 우선순위(예를 들면, 네트워크 내 다른 사람들의 요구를 성공적으로 해결) 사이의 적절한 타협을 요구한다. 이 단계의 핵심은 네트워크의 참여자와 함께 "양립 가능한 공통의 관심사(Kim, 2013, p.128)"를 찾고 구축된 관계에 투자하는 것이다. 가상의 공간이나 혹은 직접 얼굴을 마주하는 환경 모두에서 이러한 유형의 네트워크 구축을 유지하는 방식은 유사하다. 즉, 기본적인 연결고리가 없다면 관계는 오래 지속되지 못한다는 것이다. 따라서 반복적인 과정이지만 시간이 경과함에 따라 관계의 수립(building), 수정(revising), 그리고 유지(maintaining)가 동시에 이루어지며 결과적으로는 경력 전체에 걸쳐 네트워크를 성장시키고 실행하기를 원하기 때문에 관계의 기간은 중요하다. 이것은 네트워크 개념의 상호성과도 관련된다. 단지 타인의 도움이 필요할 때 받기만 하는 것이 아니라, 지속적으로 다른 사람들과 주고받는 관계를 유지해야 하기 때문이다.

네트워킹 핵심요약

네트워킹을 위한 가장 좋은 방법이 존재하는 것은 아니지만, 몇 가지
도움이 되는 지침은 있다. 다음의 내용은 다른 사람들이 시도한 방법
으로부터 도출된 아이디어들이다. 각자 자신의 아이디어를 이 목록에
추가하는 것도 유용할 것이다.

- 네트워킹의 기회를 찾으라 : 같은 생각을 가진 사람들을 만나는 흥
  미 있는 이벤트를 선택하라.

- 최선을 다하여 준비하고 적극적으로 참여하라 : 구석에 숨어 있을
  것이라면, 참석하지 않는 것이 좋을 수 있다.

- 미리 몇 가지 질문을 생각하라 : 사람들이 자신의 일과 관심사에
  관해 이야기하도록 하는 데 도움이 될 것이다.

- 질문 이후에는 경청하라 : 적극적 경청은 네트워킹에서 중요한 기
  술이다.

- 진실한 마음으로 참여하라 : 좋은 인상을 남겨 자신만의 이미지를
  만들 수 있을 것이다.

- 새로 확보한 연락처를 활용하라 : 쉬운 방법은 명함을 교환하는 것
  이지만, 그냥 쌓아두어서는 소용이 없다.

- 관계의 상호성을 기억하라 : 부탁할 때만 전화하지 마라.

- 네트워킹을 통해 만나고 싶은 사람처럼, 당신 스스로가 그런 사람이
  되어라.

출처 : Dickison (2011, Jan); Navarro (2011, Jan-Feb); Rosato (2009, Apr); Tips for
      Successful Networking (2013, Sept).

경력네트워킹을 위해서는 시간과 에너지 모두를 지속적으로 투자해야 하는데, 그렇다면 이러한 잠재적 비용에 대비하여 경력과 관련된 이익은 무엇인가? 관련 연구는 보상의 증가(Forret & Dougherty, 2004, Wolff & Moser, 2010), 승진 기회의 증대(Forret & Dougherty, 2004, Wolff & Moser, 2010), 인식된 경력성공 (Forret & Dougherty, 2004, Wolff & Moser, 2009) 등이 네트워킹의 가치라는 점을 밝히고 있다. Wolff와 Moser(2010)는 특별할 것은 없지만 한 가지 조금은 다른 측면의 연구를 수행하였다. 그들은 내부 네트워크는 승진에 긍정적 영향을 주는 반면, 외부 네트워크는 일하는 조직을 바꾸고자 할 때 더 큰 영향력을 가지고 있다는 점을 밝혀내었다. 그러나 언제 어디서나 경력개발의 기회가 생길 수 있기 때문에 이에 대비할 수 있도록 외부와 연결된 네트워크를 유지하는 것이 좋다는 점도 지적하였다(Wolff & Moser, 2010). 또한 Forret과 Dougherty(2004)는 자신들의 연구결과에 한 가지 주목할 내용을 포함시켰는데 그들의 연구는 네트워킹이 여성보다 남성에게 더 많은 유용성을 제공한다는 사실을 밝혀내었다. 특히 경력성공의 객관적 측면과 관련하여(예를 들면, 승진이나 급여) 남성은 조직 내에서의 가시성을 높이거나 전문적 활동에 참여하는 등의 네트워킹 활동을 통해 여성보다 더 많은 이익을 얻는 것으로 나타났다. 이는 HRD가 경력개발의 방법들을 활용할 때 중요하게 고려해야 할 점들을 알려준다. 즉, 경력개발과 관련하여 이러한 구성요소들(가시성 혹은 전문적 서비스)이 성별에 따라 어떻게 인식되는지를 살펴봄으로써 조직의 문화 혹은 잠재적인 불평등의 요소를 탐색할 필요가 있다고 할 수 있다.

네트워킹과 관련하여서는 끝으로 다음과 같은 질문들을 제기해 볼 수 있을 것이다. 당신은 어떤 종류의 네트워크를 유지하고 있는가? 가장 빈번하게 당신의 관심과 시간을 사로잡는 것은 무엇인가? 경력을 쌓아가기 위해 네트워킹 관계를 활용하는 것을 당신은 어떻게 생각하는가? 네트워킹은 양방향적 성격을 가지고 있는데, 그렇다면 당신은 네트워킹에 참여한 상대방에게 무엇을 제공할 수 있는가?

3) 코칭

네트워킹과 마찬가지로 '코칭'이라는 용어도 현재의 학문적 논의에서 매우 익숙한 개념이기 때문에 그것이 무엇을 의미하는지를 쉽게 알고 있다고 생각하는 경우가 많다. 운동선수들이나 스포츠를 보는 관중들은 코치가 된다는 것이 무엇인지에 대해 동일한 생각을 가지고 있을 것이다. 즉, 종종 부모와 군사훈련 교관의 중간 정도의 모습으로 코치를 생각하는 경향이 있다. 스포츠 이외의 분야에서는 임원 코치, 업무현장에서의 코치, 라이프 코치 등으로 그 개념이 확장되고 있는데(Ellinger & Kim, 2014), 각각은 서로 다른 초점을 가지고 있다. Segers 등(2011)은 조직 내부 또는 외부의 전문 코치, 코칭의 책임을 지닌 관리자, 셀프 코칭 등이 서로 그 근원에서부터 차이가 있다는 점을 밝히고 있다.

코칭에 대한 모호한 이해 때문에 코칭이 무엇인지에 대해서는 부분적으로는 이해하고 있으나 멘토링 혹은 상담 등과 같은 관계중심의 행동들과 어떻게 다른지를 이해하는 것은 때로 쉽지 않으며 혼란을 야기할 수 있다는 점이 지적되고 있다(Ellinger & Kim, 2014). Ellinger와 Kim(2014)은 코칭과 상담의 차이는 상호작용의 초점(즉각적인 경력관련 목표와 광범위한 계획 및 탐색 사이에서의 차이)이나 해당 전문가의 자격여부(자격이나 특정학위가 상담에서는 필요하지만 코칭은 그렇지 않은 점)의 차이점에 기초하고 있다고 주장하였다. Hazen과 Steckler(2014)가 설명한 계약에서부터 종료까지의 경력코칭에 대한 설명은 코칭의 정의가 의도하는 바를 명확히 보여준다.

Garvey, Stokes, 그리고 Megginson(2009)은 코칭과 멘토링이 고대 그리스에서 기원되었다고 주장하였는데, (반드시 그런 것은 아니지만) 두 사람으로 이루어진 일대일의 관계로 실행되며, 몇 가지 역량(예를 들면, 의사소통이나 퍼실리테이션)을 공유하고 있다는 점을 공통점으로 지적하였다. 그러나 그들은 연구와 관련한 전통이 서로 다르다는 점도 지적하였다. 예를 들어, 멘토링 연구는 이론적 연구방법이나 모델에 근거하여 데이터를 해석하는 데 중점을 두고 있다는 경향을 발견하였는데, 종종 멘토링이 경력개발과 경력기회에 어떻게 영향을 미치는지 측정하는 데 연구들은 초점을 두고 있다고 하였다. 이와는 대조적으로, 코칭 연구는 일상적인 데이터를 기반으로 실용적이고 주관적인 접근방식을 취한다는 점이 차이점이라는 사실을 분석을 통해 제시하였다. 코칭의 성공척도는 성과향상과 투자수익률에 중점을 둔 '업무 관련성'이라고 할 수 있다 (Garvey et al., 2009). 이러한 코칭 연구들에 대한 설명은 Ellinger와 Kim(2014)의 견해와 일치하는데, 이들은 코칭이 종종 이론적 근거가 미약하고, 견고한 연구결과에 기초하지 않고 있다는 사실을 지적한 바 있다. 그러나 Bachkirova, Cox, 그리고 Clutterbuck(2014)은 코칭이 지닌 다학문적 성격으로 인해 다양한 이론적 배경을 활용할 수 있다고 반박하였다. 즉, 이론적으로 표류하는 것이 아니라 여러 분야의 풍부한 이론을 기반으로 논의가 진행될 수 있다는 것이다. 전반적으로, 이러한 담론은 경력개발에 대한 접근방식을 구분하는 경계가 점차 희미해지고 있으며, 뚜렷해지기보다는 시간이 지남에 따라 더 모호해지고 있다는 점을 시사하고 있다.

　이러한 정체성의 혼란을 감안할 때 코칭은 어떻게 정의 될 수 있을까? Segers, Vloeberghs, Henderickx, 그리고 Inceoglu(2011)는 다음과 같은 코칭의 정의를 제시하였다.

　　개인의 전문적 성과와 삶의 질을 향상하여 결과적으로 조직의 효과
　　성을 높이고자 다양한 행동기법과 방법을 통해 개인이나 집단을 대
　　상으로 자신의 목표를 달성하고 변화와 개발을 인식할 수 있도록 돕
　　는 집중적이고 체계적인 퍼실리테이션. (p.204)

　이미 논의한 바와 같이, 이러한 포괄적 정의는 코칭을 멘토링이나 상담과 구분하기보다 이들이 어떻게 서로 유사한지를 보여준다고 할 수 있다. 그러나 코칭의 세부 전문 분야들은 각각의 고유한 정의를 지니고 있으므로 아래에서 이를 살펴보고자 한다.

Stokes와 Jolly(2014)는 임원코칭은 정의가 매우 광범위하여 코치와 함께하는 거의 모든 유형의 개발적 관계가 이에 해당될 것이라고 주장하였다. 그들은 이 전문 분야를 설명하기 위해 보다 명확하게 "경영진이 자신의 리더십 역할을 보다 효과적으로 수행하도록 자신을 인식하는 데 초점을 둔 고위 임원진과의 협력관계(p.244)"라고 정의하였다. 임원코칭의 유용성을 증명하는 실증적 연구는 제한적이지만(Maltbia, Marsick, & Ghosh, 2014), 리더가 새롭게 승진하여 외롭고 눈에 띄는 위치에서 역할을 감당할 때 어려움을 겪는 경우 이러한 유형의 코칭을 종종 모색하게 된다(Stokes & Jolly, 2014). 코칭은 오랜 역사를 지니고 있지만, 임원코칭의 경우 비교적 최근에 들어서야 전문가들의 가장 큰 관심을 받고 있다는 점에서 보다 그 매력이 확실하게 드러나야 할 것이다.

코치에 대한 관심의 증대를 촉발시킨 것이 코칭의 대한 수요의 증가인지 혹은 코치로서의 서비스를 제공하는 전문가의 수의 증가인지는 명확하지 않다. 어쨌거나, 전문가로서 코치의 증가는 관련 협회의 확산을 이루었고, 그중 규모가 가장 큰 것은 International Coach Federation(ICF)이다. 그 이름에서 알 수 있듯이 이 협회는 여러 유형의 코칭을 포괄하여 다루고 있다(Maltbia et al., 2014). 상대적으로 급속한 성장으로 인해 특히 자격인증, 코치들에게 요구되는 주요역량의 도출, 그리고 윤리적 기준의 제정과 같은 문제를 결정하는 과정에서 일종의 성장통을 겪어왔다. Maltbia 등(2014)은 현재 존재하는 어려운 문제 중 하나로 자격심사 기준을 설정하는 협회가 인증을 받기 위해 개인들이 참여하는 교육 및 훈련 프로그램을 인증하는 기관과 동일한 주체라는 점을 지적한 바 있다.

HRD의 주요활동과 관련하여 코칭의 다른 측면은 관리자코칭, 동료코칭, 팀코칭 등인데 이들은 경영진 이하 직원들의 "기술, 역량, 성과(p.186)"를 향상시키는데 초점이 맞추어져 있다(Beattie et al., 2014). 일부 연구자들은 이들 각각을 별도의 코칭 실천전략으로 바라보지만, Beattie 등(2014)은 이 세 가지를 네 번째 유형인 조직간 코칭(cross-organizational coaching)과 함께 '관리자코칭'이라는 명칭 아래 하나로 통합하였다. 그들은 누가 코치로 행동하는지 그리고 관계가 어떻게 구성되는지에 따라 이들을 차별화하였다. 예를 들어, 계층적 위계구조 속에서 코칭을 수행하기 위해서는 코치로서 역할을 수행할 현장관리자를 발굴하여야 하는데, 이는 전통적 관리자코칭의 초점이 되어왔다. 관련 연구들은 함께 학습하고 발전을 도모하기 위해 코치로서의 역할을 수행할 적합한 관리자를 임명하는 것의 중요성을 지적하고 있지만, 모든 관리자들이 이러한 책임을 맡기 위한 퍼실리테이션 관련 기술이나 지식을 가지고 있는 것은 아니라는 점을 밝히고 있다(Beattie et al. 2014). 이와는 대조적으로, 동료코칭은 공유된 코칭행동을 위해 동료들에게 의지한다는 점이 차이점이라고 할 수 있다. Ladyshewsky(2014)는 코칭을 수행하는 동료들은 일반적으로 "상호지원(mutual support, p.285)"이라는 공감대를 증대시키고자 하는 공동의 목표를 지니고 있다고 지적하였다. Parker, Hall, 그리고 Kram(2008)은 "효과적 동료코치는 지원(support)과 도전(challenge)을 균형적으로 제공하는 '비판적인 친구'의 역할을 수행한다(p.499)"고 하였다. 또한, Beattie 등(2014)은 팀코칭이 앞에서 언급한 스포츠 모델에 가장 가깝다고 설명하면서 한 명의 관리자 혹은 코치가 목표를 가진 직원으로 구성된 팀을 이끌며 정기적으로 피드백을 제공하는 형태라고 하였다. 팀코칭의 유형과 관련하여 Clutterbuck(2014)은 코치가 취하는 역할에 따라 네 가지 유형을 제시하였다(행동에 관여하는 유형, 단순히 관찰하고 피드백을 제공하는 유형, 팀과 함께 전략적 사고에 국한하여 관찰하는 유형, 팀으로부터 데이터를 얻지만 관여하지는 않는 유형 등). 마지막으로 조직간 코칭은 그 용어에서도 알 수 있듯이, 코칭이 여러 유형의 조직에 걸쳐 이루어진다는 점이 가장 중요한 차이점이라고 할 수 있다. 특히, 국가 사이의 경계를 뛰어넘는 것(예를 들면, 해외파견 업무수행, 다문화적 배경을 가진 팀, 이문화 기업 사이의 합병 등)이 포함될 경우에는 문화적 차이의 복잡성도 코칭관계를 수립하고 유지하는데 고려되어야 한다(Abbott, 2014). 개인들이 점차 조직과 국가 사이를 이동하면서 경력을 축적한다는 점을 고려할 때, 이러한 유형의 코칭은 점차 그 중요성이 커질 것이다.

4) 온라인을 통한 관계형성

점차 하나의 조직이라는 국한된 범위를 뛰어넘어 지원을 확대하는 방법으로 온라인 멘토링과 온라인 코칭이 고려되고 있다. 돈과 시간을 절약하고, 지리적 제약을 극복하며, 참여하는 시간과 매칭의 기회에서 최대한의 유연성을 확보해 줄 수 있다는 점을 고려할 때(Hunt & Fielden, 2013), 온라인으로 진행되는 멘토링 및 코칭이 유용한 것으로 나타났다. 일부에서는 가상공간에서의 커뮤니케이션이 지닌 상대적 익명성이 지위나 신체적 차이(즉, 인종이나 성별)를 덜 눈에 띄게 만들기 때문에, 이러한 방식이 보다 평등한 상호작용을 증진시킨다고 주장한다(Hunt & Fielden, 2013). 그러나 모든 사람이 가상공간에서 이루어지는 관계를 긍정적으로 평가하는 것은 아니다. 이와 관련하여 온라인 코칭 및 멘토링의 이점에 관한 실증적 증거는 아직 제한적이라는 점에 주목할 필요가 있다. 또한 가상공간에서의 의사소통에 대한 세대차이로 인해, 일부 숙련된 전문가가 멘토 혹은 코치가 될 수 없다는 점도 잠재적 우려사항이라고 할 수 있다(Beattie et al., 2014).

5) 관계중심 개인개발 전략을 촉진하는 행동

앞서 언급한 바와 같이 멘토링, 네트워킹, 코칭은 초점과 그 실천의 측면에서 차이를 나타내고 있지만, 이러한 HQC를 촉진하기 위한 개인 및 조직의 전략에 대해서는 함께 이들을 다룰 수 있을 정도로 충분한 유사점을 공유하고 있다. 이와 관련된 개인의 행동은 다음과 같다.

- "자신을 개발하는 일에 능동적(developmentally proactive)"으로 행동하라. (Blickle, Witzki, & Schneider, 2009; Chandler et al., 2010, p.49)
  - 적극적으로 다른 사람들에게 도움을 구하라.
  - 새로운 만남의 기회를 찾으라.

- 지속적으로 이러한 관계를 유지하라.
- 피드백을 구하고 이를 수용하라. (Higgins & Kram, 2001)
  - 다른 사람들로부터 학습할 기회를 찾으라.
- 당신의 기술과 신뢰감을 보여주라. (Chandler et al., 2010)
  - 철저히 준비하라.
  - 과업에 대해 책임을 지고 이를 완수하라.
  - 현재 학습하고 있는 것과 보유한 기술과 지식을 어떻게 사용하는지를 보여주는 포트폴리오를 구성하라. (Forret & Sullivan, 2002)
- 효과적인 상호작용 기술을 습득하라. (Chandler et al., 2010)
  - 적극적으로 경청하고, 열정적으로 말하라.
- 관계를 맺을 수 있는 여러 가지 수단을 확보하라. (Singh, Ragins, & Tharenou, 2009)
  - 능력을 향상시키기 위해, 관계의 유형을 확장하라.
  - 동료나 전문가 조직 등과 같은 추가적 지원시스템을 고려하라. (Allen & Finkelstein, 2003)

이러한 행동들은 HQC를 구성하는 데 책임을 지는 것과 관련되어 있을 뿐 아니라, 이를 유지하는 것과도 관련되어 있다. 물론 어떤 사람들에게는 이러한 행동이 다른 사람들에 비해 자연스러울 수 있다. 그러나 이러한 행동들은 급속도로 사람들이 학습해야 하는 경력개발의 기술이 되어가고 있다. HQC를 촉진하기 위해 조직은 다음과 같은 것들을 추구하고 있다.

- 공평한 참여를 극대화하는 공식적 멘토링 프로그램의 운영을 고려하라.
  - 조직의 목표에 부합하는 프로그램을 설계하라. (Baugh & Fagenson-Eland, 2007)
  - 참여자가 매칭 과정에 의견을 개진할 수 있도록 하라.

- 윤리적 행동, 각 역할의 책임, 만남의 빈도 등 기대치를 명확하게 밝혀라.
- 대인관계 기술, 성 및 인종 문제 등과 관련된 지침을 제공하라.
- 동료멘토링, 멘토링서클 또는 온라인 멘토링 등 전통적 멘토링에 대한 대안을 제공하라.
- 기회를 공평하게 제공하라.
- HQC 기회를 확대하라.
  - 네트워킹 및 코칭을 위한 조직의 지원을 제공하라.
  - 온라인 멘토링 및 온라인 코칭을 권장하여 조직 외부의 기회를 증대하라.
- 네트워킹, 멘토링, 코칭 관련 기술에 대한 교육을 제공하라.
  - 각각의 이점과 한계에 관해 설명하라.
  - 실습의 기회도 제공하라. (de Janasz & Forret, 2008)
  - 관리자가 퍼실리테이션 및 코칭기술과 관련된 교육훈련을 받도록 하라.
- HQC 개발에 대한 조직문화의 역할을 인식하라.
  - 종업원들이 서로 교제를 할 수 있도록 권장하는 정책 및 보상 시스템을 구성하라. (Gibson et al., 2014)

HRD는 HQC를 구축할 수 있는 기술을 갖춘 개인을 개발하기 위한 조직의 역할을 주도한다. HRD업무는 관련된 전략을 수립하는 과정에서 시스템의 요구사항과 직원의 요구사항 사이의 균형을 맞추는 것이다. 개인에게만 이익이 돌아가는 것으로 보일 수 있으나, 조직은 직접적으로 직무성과의 개선이나 (Gibson et al., 2014), 승계계획의 후보자를 효과적으로 준비하는 것으로부터 이익을 얻게 되며 학습과 개발을 중시하는 문화를 촉진함으로써 비가시적 이익도 얻게 된다. 또한 이러한 관계형성에 기초한 개발활동은 개인이 다른 곳에서의 기회를 준비하는 데 도움이 될 수 있으나, 일부 직원에게는 전문가로서 성장을 촉진하는 환경에 머무르도록 하는 요인이 되기도 한다.

2. 개인개발 전략 : 경험축적 중심 전략

이미 언급했듯이 경험축적 전략에 대한 탐색은 교육훈련, 직무할당, 무형식 학습 등에 초점을 맞추고자 한다. 이들 각각은 우리가 논의한 관계수립 중심의 활동과 비교할 때 업무환경 내에서 오랜 역사를 지니고 있다. 그러나 이러한 전략이 장기적으로 경력개발에 어떻게 기여하고 있는지에 대해서는 상대적으로 연구가 거의 수행되지 않았다.

1) 교육훈련

전통적으로 교육훈련이 HRD의 주요 기능이라는 점에 기초하여 이를 먼저 논의하고자 한다. 선행연구들에 대한 이전의 설명과 비교한다면 모순되는 것처럼 보일 수 있으나, 훈련 및 개발과 관련된 문헌은 그리 부족하지 않다고 할 수 있다. 그러나 선행연구들은 경력개발의 활동으로서 교육훈련을 다루는 것이 아니라 교육훈련의 전이나 평가 등과 같은 주제를 중심으로 다루고 있다는 점에 주목할 필요가 있다. 전통적으로 HRD분야의 문헌들은 '교육훈련'이 현재의 직무에 대한 지식 및 기술 구축과 관련이 있는 반면, '개발'은 미래의 경력 기회뿐만 아니라 현재의 업무를 잘 수행할 수 있는 능력을 증대시키는 일에 연관되어 있음을 밝히고 있다(Werner & DeSimone, 2012). 전자는 조직지향, 기술습득(예를 들면, 데이터 입력), 관리능력의 향상(예를 들면, 위임), 혹은 법적 요구사항 준수를 위한 행동의 변화(예를 들면, 성희롱 예방; Werner & DeSimone, 2012) 등을 포함한다. 개발측면에는 보다 넓은 영역에서의 과제 수행이나 숙련된 직원과 협력하여 프로세스를 학습하는 등의 내용이 포함된다. 따라서 교육훈련은 개발을 위한 토대의 구축으로 간주될 수 있다. 그러나 사실 왼쪽의 교육훈련, 오른쪽의 개발 그리고 그 사이의 다양한 활동 등으로 시각화하는 것이 더 정확하다고 보여진다. 이는 한쪽 또는 다른 쪽에 가깝거나 그 중간에 존재하는 다양한 활동 등을 기초로 연속체를 시각화할 수 있다는 장점을 갖는

다. 경력개발의 관점에서 보면 교육훈련과 개발 사이를 구분하는 것은 종종 명확하지 않으며 따라서 이들 사이를 구별하는 것은 중요하지 않을 수 있다. 단, 이번 장에서는 논의의 명확성을 제고하기 위해 몇 가지 교육훈련과 관련된 이슈를 아래와 같이 다루고자 한다.

경력개발이라는 렌즈를 사용하면, 교육훈련이 효과적으로 수행될 경우 개인이 직업에 대한 자신감과 역량을 갖추게 된다는 점을 확인할 수 있다. 예를 들어, Laud와 Johnson(2012)의 연구에 따르면 교육훈련은 경력 향상을 추구하는 사람들이 사용하는 주요 전략 중 하나이다. 이는 강한 고용가능성의 인식 혹은 미래의 기회에 대한 기대감을 촉진하는 긍정적 업무성과를 야기한다. 교육훈련을 제공하는 조직은 기술을 갖춘 직원이 자신의 직무를 잘 수행하는 것으로 즉각적 보상을 얻는다. 그뿐만 아니라 직원들이 학습에 투자하는 현 조직에 남아있기로 결정을 하거나, 학습에 노력을 기울이는 조직의 모습을 통해 직원들이 깊은 인상을 받는 등 잠재적 보상도 얻게 된다. 그러나 교육훈련의 이점을 누리는 것은 개인 및 조직의 다양한 요인들로부터 영향을 받게 된다. 이를 간단히 살펴보면 다음과 같다.

연구 결과에 따르면 업무와 관련된 훈련에 참여하고 적용하려는 동기는 개인의 경력개발과 관련된 초기 지표로 활용될 수 있는데, 이는 이들이 미래를 위한 기반을 구축하기 때문이다. Feldman과 Ng(2008)은 훈련에 대한 개인의 동기부여 선행 요인으로 새로운 지식에 접근하고 습득할 수 있는 인지적 능력과 육체적 능력의 보유, 훈련을 통한 경력이동 가능성의 확인, 학습노력을 극대화할 수 있는 개인의 성격특성(예를 들면, 자기효능감) 등을 언급하였다. 다른 연구자들도 특정한 성격이나 인구통계학적 특성을 교육훈련과 관련된 동기에 영향을 미치는 것으로 확인하였다. 예를 들어, Major, Turner, 그리고 Fletcher(2006)는 적극적 성격과 변화를 창출하기 위해 주도권을 지니고 지속적으로 노력하는 것이 교육훈련에 참여하는 동기에 긍정적 영향을 준다고 밝힌 바 있다. 그러나 Bertolino, Truxillo, 그리고 Fraccaroli(2011)는 연령이 능동적 성격의 조절변인이라고 지적하였는데, 이들은 시간이 지나서 연령이 증가함에 따라 능동적 성향의 개인도 교육훈련과 관련된 동기를 잃어버릴 수 있다고 주장하였다. 그들은 그 이유를 설명하기 위해서는 아직 더 많은 연구가 필요하다는 점을 지적하였다. 또한 새로운 경험에 대한 개방성 등과 같은 Big Five 성격특성 또한 교육훈련과 관련된 동기부여에 영향을 미친다는 연구 결과도 발표된 바 있다 (Feldman & Ng, 2008; Major et al., 2006).

　조직수준의 요인은 성공적 교육훈련 전략을 촉진하는 데 중요하다. Feldman 과 Ng(2008)은 교육훈련 동기를 강화하거나 억제할 수 있는 몇 가지 요인을 제시하였다. 이들은 동기부여에 영향을 미치는 요소로 권한위임, 스트레스 수준 및 직급(즉, 보다 많은 권한위임, 덜 부정적인 스트레스, 높은 직책으로 인한 향상된 동기부여)을 고려하였다. 마찬가지로, 교육훈련을 지원하고자 하는 조직의 문화(예를 들면, 교육에 참석하고 학습한 것을 현장에 적용하도록 독려하는 관리자)가 시간과 에너지를 교육에 투입하려는 동기를 결정하는 데 도움을 제공한다는 점도 밝혀내었다(Feldman & Ng, 2008). Gorman, Thibodeaux, Eisinger, 그리고 Overstreet(2012)는 교육훈련 참여자 선정과 이것이 경력선택에 미치는 영향을 또 다른 핵심요소로 추가하였다. 이들의 구체적 진술은 다음과 같다.

　　특정 교육훈련 프로그램을 이수한 직원이 지식, 기술을 향상시켜 승
　　진의 기회, 기술에 기초한 임금 인상, 보너스, 기타 경력향상 등을 이
　　룰 수 있기 때문에 교육훈련에 참여할 인원을 선발하는 것은 중요한
　　고용과 관련된 결정사항이 된다. (p.97)

　이러한 객관적 평가는 경력성공의 한 가지 유형에 불과하지만, HRD가 교육훈련과 관련하여 의사결정을 하고 학습문화를 구축하는 전략 및 실천사항을 검토하고 개정하는 데 도움을 줄 수 있다는 것은 명백하다. 교육훈련 및 기타 성장의 기회에 대한 윤리적이고 평등한 접근은 성공적 경력개발 프로세스를 수립하고 유지하는 데 중요하며 또한 학습문화의 필수 요인인 직원의 신뢰를 획득하는 데 중요하다고 할 수 있다.

현재의 급변하는 경력환경은 교육훈련의 또 다른 역할인 경력탄력성을 향상시키는 것에 대한 논의를 촉발시켰다. 일련의 전략 가운데, 경력탄력성은 전통적 교육훈련 및 보다 개방적인 경력개발전략 사이에 위치하는 것으로 여겨진다. 이는 경력탄력성이 학습이 가능한 주제이지만 동시에 사고방식 혹은 실천사항이 될 수도 있기 때문이다. 탄력성은 "역경으로부터 회복하고 적응하기 위한 개인의 결단력과 인내심을 포함하는 다각적인 구인(Taormina & Taormina, 2014, p.347)"으로 묘사되고 있다. 지금까지 경력과 탄력성을 함께 다룬 많은 연구가 소진에 쉽게 노출될 수 있는 직업(예를 들면, 간호 및 응급 서비스)을 대상으로 수행된 바 있으나, 변화하는 직업 환경에서 고용가능성을 유지하려면 점점 더 인내하고 적응하는 능력이 요구되고 있는 것으로 확인된다. 탄력성과 관련이 있는 요인들은 다음과 같다(Borgen, Amundson, Reuter, 2004, p.52; Taormina & Taormina, 2014, p.347).

- 내적 통제소재
- 적응력
- 목적의식
- 낙관론
- 결정력
- 문제해결능력
- 지구력
- 회복력

이러한 요인들 중 일부는 학습하여 익힐 수 있는 기술이라기보다는 성격에 기초한 것으로 보인다. 그러나 연구에 따르면 교육훈련은 낙관주의와 자기효능감에 영향을 미치는 기술을 향상시킬 수 있으며, 목적의식이나 미래에 대한 통제력을 증진시키는 사고방식도 향상될 수 있다는 점이 확인되었다(Borgen et al., 2004; Taormina & Taormina, 2014). 여전히 탄력성을 구축하는 방법에 대

한 실증적 연구는 부족하지만, 이는 경력개발의 미래를 조망하는 개념이라고
할 수 있다.

2) 직무할당

 직무할당과 무형식학습에 대한 탐색을 통해 개발과 관련된 논의를 지속하
고자 한다. 이들에 대한 논의를 시작하면서 도전적 과제와 경력향상 사이에
긍정적 연계가 선행연구에서 논의가 되고 있다는 점을 인식하는 것은 도움이
될 수 있다(De Pater, Van Vianen, Fisher, & Van Ginkel, 2009). 도전적 과제를 수
행하는 기회는 개인이 새로운 기술과 지식을 습득하고, 상호작용을 다양화하
며, 능력의 한계를 인식하면서 익숙하지 않은 상황을 처리해야 하기 때문에
과제확장(stretch assignment)이라고도 불린다(Dragoni, Tesluk, Russell, & Oh,
2009; McCall, 2004). 이러한 임무수행은 경력개발에서 양날의 칼이 될 수 있다.
업무를 잘 수행하면 빛을 발할 수 있는 기회를 얻지만, 저조한 성과를 나타낸
다면 경력관리 측면에서 퇴보를 경험하게 될 것이기 때문이다. 후자는 적절한
준비, 지식, 혹은 기술이 부재한 상태에서 너무 높은 자리에 빨리 승진한 사람
들에게서 그 예를 찾아볼 수 있다.

 Dragoni 등(2009)은 경력개발에 기여하는 과제확장의 성공에 영향을 미치는
세 가지 핵심요인을 지적하였다. 하나는 수행하는 직무가 단지 유사한 일들을
묶어놓은 것이 아니라 진정으로 개발의 기회를 제공해 줄 수 있는 과제들을
포함하고 있어야 한다는 것이다. 다른 하나는 이러한 과제에 대한 접근가능성
과 활용가능성이다. 과제확장을 경험할 기회가 거의 존재하지 않고 고르게 분
배되지 않는다면 조직과 개인 모두 충분한 이익을 얻지 못할 것이라는 점이
다. 세 번째는 개인의 학습지향성이다. 연구자들은 "학습목표 지향적인 성향의
개인은 도전적 과제를 학습의 기회로 인식하고, …(중략)… 보다 어려운 과제
를 적극적으로 선택하는 적응형(adaptive) 반응패턴을 나타낸다(p.734)"고 하였
다. 이러한 생각은 McCall(2004)이 아래와 같이 선행연구에서 밝혔던 사실을

뒷받침하고 있다.

> 사람들을 개발하기 위해 경험을 사용하는 것이 지닌 한 가지 어려운
> 점은 해당 경험으로부터 가장 많은 것들을 배우게 될 적합한 사람들
> 에게 올바른 경험을 제공해 주는 것이며(이는 종종 "학습에 대한 개방
> [open to learning]" 혹은 "학습 민첩성[learning agile]"으로 묘사된다) 또
> 한 경험으로부터 학습할 수 있도록 지원하는 것이다. (p.128)

McCall(2004)은 접근성에 대해서도 언급한 바 있다. McCall은 조직이 과제
수행에 대해 장기적 관점을 취하거나 해당 직무 경험이 없어서 새로운 경험을
통해 가장 많은 것을 학습할 수 있는 인재에게 기회를 주기보다는 "단기성과
(p.128)"의 관점을 취하여 이미 비슷한 일을 하고 있는 사람들에게 기회를 제
공하는 경향이 있음을 지적하기도 하였다.

과제확장을 사용하는 것과 관련하여 흥미로운 경고가 있다. 종종 과제확장
은 자신의 능력을 증명하고 전문가로서의 성장을 촉진시킬 수 있는 방법으로
초기 경력자들에게 가장 적합하다고 여겨진다. 벨기에의 연구자인 Careete,
Anseel, 그리고 Lievens(2013)의 실증적 연구는 그러한 생각을 지지하고 있다.
그들은 같은 조직의 초기 및 중기 경력자들을 대상으로 연구를 수행하였다.
연구결과는 도전적 과제수행에 따른 성과향상이 초기 경력자들에게는 효과적
이었지만 도전이 증가함에 따라 성과가 하락하는 중기 경력자들에게는 효과적
이지 않다는 점을 확인시켜 주었다. 이러한 결과를 통해 연구자들은 조직이
중기 경력자들에게 이러한 유형의 과제를 부여할 때에는 적절한 평가의 과정
을 거쳐야 한다고 제언하였다. 즉, 과제가 요구하는 사항을 보다 신중하게 현
재 능력에 맞도록 조정할 필요가 있다는 점을 지적한 것이다. 그러나 이들의
연구는 새로운 조직으로 이동하거나 다른 유형의 직업으로 경력을 전환하고자
하는 중기경력자들에 대해서는 언급하지 않았다. 과연 경력의 방향에 대한 중
대한 변화는 새로운 환경에서 보다 큰 도전에 직면하고자 하는 '초기 경력자

들의' 관점을 재현할 수 있을까?

　개인이 과제확장에서 성공을 경험하기 위해 할 수 있는 일은 무엇일까? 이와 관련하여 개인은 개발의 기회를 요구해야 한다는 사실을 지적할 수 있다. 조직은 앞서 McCall(2004)에 의해 언급된 위험회피 관점을 취할 수 있으며, 이미 검증된 업무수행자에게 어려운 과제를 부여하기로 결정할 수 있다. HRD는 그러한 견해를 완화하는 데 역할을 할 수 있지만, 개인 또한 기술, 지식, 그리고 자신의 능력에 대한 믿음에서 비롯되는 자기효능감을 개발하여 기회를 포착할 수 있도록 스스로를 준비할 필요가 있다. 또한, 현재 이동성이 강조되고 있는 경력환경에서 스스로가 주기적으로 전문가로서의 모습을 다시 새롭게 하고 민첩한 학습자로서의 마음가짐을 유지할 수 있는 기회를 갖는 것은 도전적 과제를 수행하는 것뿐만 아니라 고용가능성을 유지하도록 하는 데에 귀중한 기술로 작용할 것이다.

　조직은 멘토링이나 코칭을 제공하고(McCall, 2004), 실수와 실책을 발전의 일부로 인정하는 학습문화를 구축함으로써 개인들이 도전적 과제에서 성공할 가능성을 높일 수 있다. Dragoni 등(2009)은 HRD가 "보다 더 개발적인 영역에 대한 노출을 체계적으로 증가시키고 그에 따라 관리자의 전반적인 역량강화 기회를 강화하기 위해(p.741)" 직무할당과 직무순환을 사용하여 경력개발계획을 수립하는 데 도움을 제공할 수 있다고 하였다. 이들은 또한 조직은 개인이 한 번의 큰 변화가 아니라 점진적으로 자신감과 기술을 쌓아가도록 함으로써 학습문화 구축을 도울 수 있다고 하였다. 이러한 접근방식은 경험이 적은 직원에게 큰 업무를 인계하는 위험을 최소화하여 조직이 자신의 인적자원에 대한 개발전략을 유지할 수 있도록 해준다. 이러한 과제확장에는 무형식학습의 기회뿐만 아니라 다른 형태의 학습기회도 포함된다.

3) 무형식학습

　'무형식 일터학습'이라는 용어는 그것이 의미하는 바가 아닌 것을 설명함으

로써 보다 쉽게 그 의미를 파악하여 그 정의를 내릴 수 있다. 전형적으로 형식
학습이 체계적이고, 교실 중심이며, 조직에 의해 준비되고 통제되는 학습사건
(예를 들면, 조직 전반에 걸쳐 운영되는 교육훈련)을 의미한다면, 무형식학습은 개
인에 의해 시작되고 관리되는 것이라고 대비하여 설명할 수 있다. "형식학습
과 달리 무형식학습은 사전에 계획될 수도 있고 계획되지 않을 수도 있으며,
구조화될 수도 있고 그렇지 않을 수도 있다(Lohman, 2005, p.501)." 이는 "책이
나 기사를 읽고, 서로 도움과 피드백을 요청하며, 지식을 공유하기(van Rijn,
Yang, & Sanders, 2013, p.611)" 등, 일터에서의 지혜를 향상시키는 다양한 수단
을 포괄한다. 또한 온라인 검색, 시행착오를 통하여 학습할 수 있도록 새로운
기술을 시도하는 것, 다른 사람들을 관찰하는 것 등도 무형식학습에 포함된다
(Lohman, 2005).

본질적으로 무형식학습은 유연하고 학습자의 요구에 기초하며 개인이 쉽게
활용할 수 있다는 특징을 지닌다. 이는 개인뿐 아니라 조직을 위한 가치 있는
경력개발 도구인데, 비용 대비 효과가 뛰어나고 개인의 자기주도적 학습방식
을 활용한다는 장점이 있다. "지식습득과 연습의 과정을 포함하는 무형식학습
에 개인이 자발적으로 참여함으로써 개인성과를 향상시키고 궁극적으로는 조
직의 성과도 개선할 수 있다(Bednall et al., 2014, p.56)".

4) 경험축적 개인개발 전략을 촉진하는 행동

개인들은 이러한 경험축적 개인개발 전략을 자신의 학습 및 개발을 통제할
수 있는 기회로 인식할 필요가 있다.

- 능동적 학습 마인드를 함양하라.
- 창의적이고 지속적으로 학습 기회를 찾아라.
- 강한 자기효능감을 개발하라.
- 탁월함을 추구하기 위해 노력하라.

• 다른 사람들에게 도움을 제공하라. (Lohman, 2005)

조직의 경우에는 구조화된 교육훈련이나 워크샵보다는 덜 명확하고 구체적인 방법을 사용할 수 있는데 이러한 방법도 여전히 중요하다는 것을 인식해야 한다.

• 지식 공유 및 협업을 장려하는 지원 환경을 조성하라.
  - 학습 문화를 촉진하라.
  - 경쟁상황에서도 서로 협력하는 행동에 대해서는 보상을 제공하라.
  - 서로 대화할 수 있는 공간을 마련하라.
  - 아이디어를 모으고 토론할 수 있는 시간을 제공하라. (Lohman, 2005)

예를 들어, 이 책의 저자들이 생활하고 있는 지역의 한 기업은 소규모의 사람들이 모여 대화를 나눌 수 있는 책상과 편안한 의자를 건물 전체에 배치하고 조직 내의 서로 다른 부서 직원들이 비공식적인 대화를 할 수 있는 공간을 마련하고 있다. 이러한 공간은 대화를 위한 장소를 제공할 뿐만 아니라 협력하여 혁신을 이루려는 기업의 노력을 보여준다.

3. 조직 기반의 개발전략

이 책은 경력개발이 조직이 전적으로 통제하고 책임을 지던 것에서 개인에 의해 통제되기 시작하였다고 이미 언급한 바 있다. 그러나 일부 경력개발 전략은 여전히 체계적으로 조직에 기반을 두고 있으며 조직 주도로 이루어지고 있다는 점도 기억해야 한다. 이러한 조직기반의 전략 중에서 이번 절에서는 경력경로, 성과평가, 승계계획 등 세 가지를 탐색하고자 한다.

1) 경력경로

Carter, Cook, 그리고 Dorsey(2009)는 경력경로를 개인이 시간이 지남에 따라 자신의 경력을 발전시키면서 보유하게 될 일련의 직무로 정의한다. 경력경로는 각 직위에서의 다양한 요인들을 포함하는데 해당 직무에서 요구하는 자격(예를 들면, 자격증 및 교육수준 등), 해당 직무에서 다음 직무로 이동하는 것과 관련된 경험(예를 들면, 도전적 프로젝트에 대한 관리경험), 각 단계에서 학습되거나 향상된 역량(예를 들면, 복잡한 예산 관리역량), 조직 내에서 원활하게 승진 등을 보장해주는 주요 경력성공 요인(예를 들면, 해외파견 경력 등; Carter et al., 2009) 등이 이러한 요인에 포함된다. 얼핏 보면, 경력경로는 단순히 조직에 의해 통제되는 경력을 일컫는 새로운 용어처럼 보일 수도 있다. 그러나 이것이 적절히 활용된다면 지속적으로 개발하기 위해 필요한 것이 무엇인지를 투명하게 알려주고 그 개발 과정에 대한 전략적인 부분이 무엇인지를 알려주는 것이라고 할 수 있다. 개인에게 조직생활의 시작부터 마무리까지 명확하게 보여주는 것은 성과를 판단하는 데 어떤 기준이 사용되는지 그리고 미래는 어떠할 것인지 등에 대한 걱정을 덜어줌으로써 도움을 제공한다. 조직에게는 인재 관리와 관련하여 더 정확한 전망을 할 수 있고, 보다 현명한 고용과 승진에 대한 결정을 내리는 데 경력경로 전략이 사용될 수 있을 것이다. 또한 재능 있는 인력들이 분명한 성장의 경로를 확인하도록 하고, 조직이 그들의 미래에 대해 투자해왔다는 것을 인식하도록 함으로써 조직에 남아있도록 하는 데 경력경로는 도움을 제공할 수 있다.

Carter 등(2009)이 설명한 바와 같이, 무경계경력과 프로티언경력이 주목받는 시대에 경력경로는 제한적이고 조직에 갇힌 개념으로 보일 수 있다. 그러나 어떤 사람들은 여전히 특정 시스템 내에서 경력을 쌓는 것이 제공하는 안정감을 선호하고 있으며, 일부 조직은 신입 사원들에게 그들이 자신의 직원들을 위해 투자하며 그들이 조직에 남아있기를 원한다고 알려주는 방법으로 경력경로를 활용하고 있다. 후자의 예로 Chipotle의 사례를 살펴보기를 권한다.

Chipotle 경력경로

Chipotle Mexican Grill사는 조직 내부에서 승진시킬 인재를 찾는 것으로 널리 알려져 있다. 경력경로는 회사 웹사이트에 명확히 제시되어 있으며, 각 단계별로 예상 급여와 혜택이 기재되어 있다. 경력경로에는 수습기간을 거친 매장직원부터 매장관리자, 그리고 그 이후의 직책을 포함한다. 이와 관련하여 Paul Petrone은 LinkedIn(http://www.linkedin.com/pulse/20140922174927-283620963-chipotle-s-brilliant-hiring-process)에서 해당 기업이 비가시적인 방법뿐만 아니라 가시적인 방법의 경력개발도 강조하고 있다고 언급한 바 있다. 예를 들어, 승진하고자 하는 직원은 다른 사람의 승진에 도움을 주어야 한다는 점을 강조하고 있다는 것인데, 이는 다시 말해 자신의 후임자를 훈련시켜야 함을 의미한다. 직원들은 또한 자신이 추천한 사람이 고용되면 금전적 보상을 받게 되는데, 그렇게 함으로써 최고의 신입사원을 찾고자 노력한다고 한다. 이 회사의 웹사이트는 입사단계부터 시작하여 최고경영자까지 자신의 경력경로를 밟아온 사례들을 제공하고 있는데, 이는 신입사원 채용에 대한 시사점을 제공해 주고 있다.

이동을 희망하는 사람들도 경력경로모델을 활용하여 한 조직에서 다른 조직으로 이동하기 위한 고용가능성을 구축할 수 있다. 이와 관련된 제한점은 일반적으로 경력경로가 특정 산업 내의 한 조직에 기반하고 있기 때문에, 지속적으로 경력경로를 따르는 것은 완전히 다른 유형의 직무로 전환하는 것을 오히려 더 복잡하게 만들 수 있다는 점이라고 할 수 있다. 조직은 유연하면서도 직원들이 적응력을 개발할 수 있도록 도움을 주는 경력경로를 구축함으로써 이러한 어려움을 완화할 수 있다(Clutterbuck, 2012). 변화하는 업무환경에서 경력에 대해 유연한 태도와 적응력을 유지할 수 있는 개인은 자신의 고용가능성을 높이고 역동적 인력을 필요로 하는 조직에게 기여할 수 있는 잠재력을 갖추게 된다.

2) 성과평가

조직 내에서의 경력과 관련된 성장은 경력개발에 영향을 미치는 또 하나의 조직 중심적 전략인 성과평가를 떠올리도록 한다. 성과평가라는 용어를 들으면 어떤 생각이 드는가? 불안이나 우려, 열망 혹은 기대감, 아니면 학습의 기회 등이 떠오르는가? 가장 먼저 떠오르는 생각이 있다면 그것은 아마도 성과평가에 대한 당신의 개인적 경험에서 비롯된 것일 가능성이 높다. 만약 당신이 개인적 경험이 부족하다면, 다른 사람들로부터 들은 것에 기인한 것일 수도 있다. 흥미롭게도 성과평가를 고려할 때 경력개발에 대한 생각은 첫 번째 떠오르는 것이 아닐 수 있다. 그러나 적절히 활용된다면 성과평가는 경력개발의 가치 있는 영역이 될 수 있다. 성과평가는 피드백을 위한 기회인데, 피드백은 좋은 피드백이든 혹은 나쁜 피드백이든 경력에서의 진보를 위해 중요하기 때문이다(이러한 피드백은 앞에서 언급한 바와 같이 무형식학습의 한 유형으로 간주될 수도 있다).

Grote(2011)는 성과평가를 "직원의 성과에 대한 관리자의 의견을 공식적으로 기록한 것(p.45)"으로 정의하였다. 여기서 '의견'이라는 측면이 좀 주관적으로 보일 수는 있지만, 올바른 성과평가는 행동(조직에서 요구하는 역량을 보여줌)과 결과(직무의 목표와 책임을 달성함)를 평가해야 한다(Grote, 2011). 불행하게도, 일부 조직에서는, 확립된 성과평가 시스템이 "이상적인 프로파일에 맞지 않는 사람들에 대한 편견(Clutterbuck, 2012, p.13)"으로 인식되는데, 현실과는 너무나 괴리된 개인이 지녀야 할 잠재적 재능이 기준이 되어 평가가 이루어지기 때문이다. 이는 시스템에 대한 불신을 초래하고 글로벌 경제시대에서 조직이 필요로 하는 다양한 배경의 인적자원을 개발하는 것을 제한하기도 한다.

조직의 관점에서 잘 설계되고 적절하게 구현되는 성과평가 프로세스는 직원들이 조직의 전략적 우선순위에 기여하고 있는지를 확인하고, 승진기회에 대한 의사결정을 위해 재능 있는 개인들을 확인시켜주며, 급여나 다른 보상과 관련된 결정사항을 통보하고, 숙련되고 헌신적인 인적자원을 개발하는 데 도움을 줄 수 있다(Insler & Becom, 2011). 아마도 여기서 중요한 부분이 있다면 '잘 설계되고 적절하게 구현되는'이라는 문구일 것이다. 연구 결과에 따르면 직원들이 신뢰하고 믿는 효과적 성과평가 시스템은 조직에 대한 헌신과 잔류 의도에 긍정적 영향을 미칠 수 있다고 한다(Abdulkadir, Isiaka, & Adedoyin, 2012; Mustapha & Daud, 2012). 또한 "성공적으로 운영되는 성과평가(즉, 명료성, 규칙성, 개방성이 높은 성과평가)는 시간이 지남에 따라 성찰, 지식공유 및 혁신적 행동의 증가를 촉진하는 것으로 나타났다(Bednall et al., 2014, p.54)". 여기에서 성공적으로 운영되는 평가형식과 프로세스를 구축하는 것이 HRD가 강력하게 기여할 수 있는 점이다. 성과평가는 감독자가 '해야 할 일'에 대한 목록을 확인하는 것일 뿐 아니라 개인과 조직 모두에게 양질의 데이터를 제공하도록 설계되어야 한다. 설계가 잘못되거나 성과평가 시스템이 부주의하게 실행된다면 관련된 모든 사람의 시간과 에너지를 낭비하는 부정확한 데이터를 산출하고 이로 인해 성과평가의 과정과 나아가 조직 전체에 대한 불신을 초래할 수 있다.

그러나 성과평가가 잘 이루어질 때 개인에게 돌아가는 잠재적 편익은 단순히 좋은 피드백을 얻는 것 이상이 될 것이다. Bednall 등(2014)은 "업무수행에 대한 정확한 정보를 제공받음으로써 직원들은 이에 기초하여 적합한 무형식학습 활동을 선택할 때 보다 자신감을 가지며, 따라서 이에 보다 적극적으로 참여할 수 있게 된다(p.54)"고 주장하였다. 또한 이 과정은 더 나은 목표개발과 경력을 향상시킬 수 있는 다른 활동으로 연결될 수 있다고 하였다(Bednall et al., 2014). 그래서 개인은 통찰력, 미래 계획에 대한 지침, 그리고 추가적인 경력개발 기회에 대한 아이디어를 얻을 수 있게 된다. 또한 조직은 필요한 인적자원을 개발하고 다음에 다룰 승계계획을 위한 토대를 구축함으로써 혜택을 누리게 된다.

3) 승계계획

조직의 관점에서 승계계획은 종종 현재와 미래의 전략적 필요를 충족시키기 위해 자격을 갖춘 개인들을 파악하고, 개발하며, 이들을 주요 직위에 적절히 배치하는 방법으로 간주되어 왔다(Rothwell, Jackson, Knight, & Lindholm, 2005). 승계계획은 때로 주기적으로 후보자를 선택하여 경영진으로 이동시키기 위해 관련된 능력이 있는지를 확인하는 리스트를 통해 구현되는 경우가 있는데, 이러한 승계계획은 최고경영진에 속한 사람을 제외하고는 미지의 영역으로 인식되는 경우가 많았다. 그러나 효과적으로 운영될 경우, 승계계획은 최고경영진의 빈자리를 채우는 것 이상의 영향력을 가지고 있는 것으로 여겨진다. Clutterbuck(2012)은 개인뿐 아니라 조직까지 논의의 초점으로 삼고 이 과정을 개념화해야 한다고 제언하였다. 그는 승계계획을 다음과 같이 정의한다.

> 직원의 열망 및 재능과 끊임없이 변화하는 조직의 요구를 일치시키
> 며, 직원이 새로운 역할에서 성장하기 위해 필요한 자원과 지원을 제
> 공하는 역동적 프로세스. (p.11)

이러한 관점은 이동이나 결과를 통제하는 것이 아니라, HRD의 기능에 훨씬 더 유사한 적합한 인재를 개발하는 일과도 밀접한 관련성을 지닌다(Clutterbuck, 2012).

조직은 승계계획으로부터 이익을 얻는데 이는 특정한 책임을 맡는 데 필요한 역량을 정함으로써 리더들의 이직을 전략적으로 계획할 수 있기 때문이다(McCall, 2004). 급변하는 글로벌 업무환경으로 인해 미래의 리더들에게 필요한 지식과 기술이 무엇인지를 정기적으로 검토해야 하는 이유가 충분해졌다. 역량을 명확하게 확인하는 것은 후임자를 선택할 때 단순히 현재의 재직자와 비슷한 사람을 선택하는 것과 같은 실수를 최소화하도록 도와준다. 역량 프로파일은 또한 관리자들이 조직 내 개인들을 확인하고 개발하여 그러한 역량을 구

축하게 하는 데 도움을 제공하며 계획된 것이든 예상치 못한 것이든 공석이 발생했을 때 자격을 갖춘 인재로 업무를 수행하도록 하는 파이프라인을 준비하는 것에도 도움을 제공한다(McCall, 2004). 개인의 관점에서 본다면, 경력경로 및 성과평가와 연계될 경우 승계계획은 경력개발 과정의 일부가 될 수 있으며 이를 통해 잠재적 기회에 대한 보다 명확한 정보를 확보하게 된다.

HRD는 승계계획과 경력개발을 통합하고, 또한 직원들에게 조직이 전문가로서의 성장에 관심을 가지고 있음을 보여주는 데 역할을 담당할 수 있다. HRD는 개발전략으로서 승계계획을 활용하기 위해 포괄적으로 역량에 대한 검토를 할 수 있는데, 이를 통해 리더십의 자질에 대한 조직의 정의가 확장되고 리더로 선발되지 못했던 집단의 인재들에게 기회가 제공되게 된다.

4. 조직 기반 전략의 효과 극대화

조직 차원의 전략의 실행에 대해서는 개인은 제한적인 영향력을 가질 수밖에 없지만, 다음과 같은 방법으로 기회를 충분히 활용할 수 있는 준비를 할 수 있다.

- 경력경로와 이를 활용하여 얻게 되는 이점에 대한 학습
- 성과평가 과정에 대한 능동적 참여 및 이를 활용한 도전적 목표설정 및 피드백 수용
- 조직의 승계계획에 대한 정보탐색

조직은 전략을 수립하고 유지할 책임이 있는데, 이러한 책임에는 다음의 내용이 포함된다.

- 새로운 인재를 유치하는 데 쏟는 노력만큼 직원을 개발하는 데 충

분한 노력을 기울이는 것(Clutterbuck, 2012)
- 시스템에서 서로 다른 유형의 업무 간 경력경로를 수용하고(예를 들면, 기술직 경력과 행정직 경력), 고용 가능성을 촉진하기 위한 경력경로 수립
- 편견이 없고 조직의 목표 및 전략에 명확하게 연계된 성과평가 시스템의 구축
- 목표달성 및 경력개발을 위한 성과평가의 목적과 활용에 대한 직원 교육
- 고위직 역량 프로파일에 대한 정기적 검토와 수정
- 경력경로, 성과평가 및 승계계획을 경력개발 프로세스에 통합 (Clutterbuck, 2012)
- 경력경로, 성과평가 및 승계계획의 성공을 검토하기 위한 평가절차와 지표의 설정(Clutterbuck, 2012)

5. 요약

이번 장에서 설명된 개발전략들은 HRD나 경력개발분야에서는 새로운 것이 아니다. 그러나 개인과 조직 모두에게 혜택을 제공할 수 있도록 하기 위해서는 보다 통합적이고 포괄적 방법이 고려되어야 할 것이다. 각 전략은 강점과 단점을 지니고 있어 개별적으로 활용된다면 실행에 옮겨도 경력개발에 대한 결과는 장담할 수 없게 된다. 통합적 접근을 통해 효과적인 경력개발 프로그램을 만들어낼 수 있는데, HRD는 조직의 요구를 충족시키면서 동시에 개인이 스스로 가장 적합한 선택을 하도록 만들 수 있다.

참고문헌

Abbott, G. (2014). Cross-cultural coaching: A paradoxical perspective. In E. Cox, T. Bachkirova, & D. Clutterbuck (Eds.), *The complete handbook of coaching* (2nd ed., pp. 342–360). London, CA: Sage.

Abdulkadir, D. S., Isiaka, S. B., & Adedoyin, S. I. (2012). Effects of strategic performance appraisal, career planning and employee participation on organizational commitment: An empirical study. *International Business Research, 5*(4), 124–133.

Allen, T. D., Eby, L. T., & Lentz, E. (2006). Mentorship behaviors and mentorship quality associated with formal mentoring programs: Closing the gap between research and practice. *Journal of Applied Psychology, 91*(3), 567–578.

Allen, T. D., & Finkelstein, L. M. (2003). Beyond mentoring: Alternative sources and functions of developmental support. *The Career Development Quarterly, 51*(4), 346–355.

Bachkirova, T., Cox, E., & Clutterbuck, D. (2014). Introduction. In E. Cox, T. Bachkirova, & D. Clutterbuck (Eds.), *The complete handbook of coaching* (2nd ed., pp. 1–18). London, CA: Sage.

Baugh, S. G., & Fagenson-Eland, E. A. (2007). Formal mentoring programs: A "poor cousin" to informal relationships. In B. R. Ragins & K. E. Kram (Eds.), *The handbook of mentoring at work: Theory, research and practice* (pp. 249–272). Thousand Oaks, CA: Sage.

Beattie, R. S., Kim, S., Hagen, M. S., Egan, T. M., Ellinger, A. D., & Hamlin, R. G. (2014). Managerial coaching: A review of the empirical literature and development of a model to guide future practice. *Advances in Human Resource Development, 16*(2), 184–201.

Bednall, T. C., Sanders, K., & Runhaar, P. (2014). Stimulating informal learning activities through perceptions of performance appraisal quality and human resource management system strength: A two-wave study. *Academy of Management Learning & Education, 13*(1), 45–61.

Bertolino, M., Truxillo, D. M., & Fraccaroli, F. (2011). Age as moderator of the relationship of proactive personality with training motivation, perceived career development from training, and training behavioral intentions. *Journal of Organizational Behavior, 32*(2), 248–263.

Blickle, G., Witzki, A., & Schneider, P. B. (2009). Self-initiated mentoring and career success: A predictive study. *Journal of Vocational Behavior, 74*(1), 94–101.

Borgen, W. A., Amundson, N. E., & Reuter, J. (2004). Using portfolios to enhance career resilience. *Journal of Employment Counseling, 41*(2), 50–57.

Bozionelos, N., Bozionelos, G., Kostopoulos, K., & Polylchroniou, P. (2011). How providing mentoring relates to career success and organizational commitment: A study in the general managerial population. *Career Development International, 16*(5), 446–468.

Brown, D. (2012). *Career information, career counseling, and career development* (3rd ed.). Upper Saddle River, NJ: Pearson.

Careete, B., Anseel, F., & Lievens, F. (2013). Does career timing of challenging job assignments influence the relationship with in-role job performance? *Journal of Vocational Behavior, 83*(1), 61-67.

Carter, G. W., Cook, K. W., & Dorsey, D. W. (2009). *Career paths: Charting courses to success for organizations and their employees.* Malden, MA: Wiley-Blackwell.

Chandler, D. E., Hall, D. T., & Kram, K. E. (2010). A developmental network and relational savvy approach to talent development: A low-cost alternative. *Organizational Dynamics, 39*(1), 48-56.

Clutterbuck, D. (2012). *The talent wave: Why succession planning fails and what to do about it.* London: Kogan Page.

Clutterbuck, D. (2014). Team coaching. In E. Cox, T. Bachkirova, & D. Clutterbuck (Eds.), *The complete handbook of coaching* (2nd ed., pp. 271-284). London, CA: Sage.

de Janasz, S. C., & Forret, M. L. (2008). Learning the art of networking: A critical skill for enhancing social capital and career success. *Journal of Management Education, 32*(5), 629-650.

De Pater, I. E., Van Vianen, A., Fisher, A., & Van Ginkel, W. P. (2009). Challenging experiences: Gender differences in task choice. *Journal of Managerial Psychology, 24*(1), 4-28.

Dickison, S. (2011, January). Networking: A how-to guide for both introverts and extroverts. *Writer 124*(1), 10. Retrieved from http://web.b.ebs cohost.com

Dragoni, L., Tesluk, P. E., Russell, J. E. A., & Oh, I. S. (2009). Understanding managerial development: Integrating developmental assignments, learning orientation, and access to developmental opportunities in predicting managerial competence. *Academy of Management Journal, 52*(4), 731-743.

Eby, L. T., & Lockwood, A. (2005). Proteges' and mentors' reactions to participating in formal mentoring programs: A qualitative investigation. *Journal of Vocational Behavior, 67*(3), 441-458.

Ellinger, A. D., & Kim, S. (2014). Coaching and human resource development: Examining relevant theories, coaching genres, and scales to advance research and practice. *Advances in Human Resource Development, 16*(2), 127-138.

Feldman, D. C., & Ng, T. W. H. (2008). Motivation to engage in training and career development. In R. Kanfer, G. Chen, & R. D. Pritchard (Eds.), *Work motivation: Past, present, future* (pp. 401-431). New York: Routledge.

Forret, M. L., & Dougherty, T. W. (2004). Networking behaviors and career outcomes: Difference for men and women? *Journal of Organizational Behavior, 25*(3), 419-437.

Forret, M. L., & Sullivan, S. E. (2002). A balanced scorecard approach to networking: A guide to successfully navigating career changes. *Organizational Dynamics, 31*(3), 245-258.

Garvey, R., Stokes, P., & Megginson, D. (2009). *Coaching and mentoring: Theory and practice.* London: Sage.

Ghosh, R., & Reio, T. G., Jr. (2013). Career benefits associated with mentoring for mentors: A meta-analysis. *Journal of Vocational Behavior, 83*(1), 106-116.

Gibson, C., Hardy, J. H., III, & Buckley, M. R. (2014). Understanding the role of networking in organizations. *Career Development International, 19*(2), 146-161.

Gorman, C. A., Thibodeaux, C. N., Eisinger, S. E., & Overstreet, B. L. (2012). Selection for training: The forgotten employment decision? In N. P. Reilly, M. J. Sirgy, & C. A. Gorman (Eds.), *Work motivation: Past, present, future* (pp. 95–105). New York: Routledge.

Grote, D. (2011). Designing a performance appraisal for driving organization success. In L. Berger & D. Berger (Eds.), *The talent management handbook: Creating a sustainable competitive advantage by selecting, developing, and promoting the best people* (2nd ed., pp. 45–54). New York: McGraw Hill.

Haggard, D. L., Dougherty, T. W., Turban, D. G., & Wilbanks, J. E. (2011). Who is a mentor? A review of evolving definitions and implications for research. *Journal of Management, 37*(1), 280–304.

Hazen, B., & Steckler, N. (2014). Career coaching. In E. Cox, T. Bachkirova, & D. Clutterbuck (Eds.), *The complete handbook of coaching* (2nd ed., pp. 329–341). London: Sage.

Higgins, M. C. (2007). A contingency perspective on developmental networks. In J. E. Dutton & B. R. Ragins (Eds.), *Exploring positive relationships at work* (pp. 207–224). Mahwah, NJ: Erlbaum.

Higgins, M. C., & Kram, K. (2001). Reconceptualizing mentoring at work: A developmental network perspective. *Academy of Management Review, 26*(2), 264–288.

Hunt, C. M., & Fielden, S. L. (2013). E-coaching as a technique for developing the workforce and entrepreneurs. In S. Vinnicombe, R. Burke, S. BlakeBeard, & L. Moore (Eds.), *Handbook of research on promoting women's careers* (pp. 471–486). Cheltenham: Edward Elgar.

Hurst, C. S., & Eby, L. T. (2012). Mentoring in organizations: Mentor or tormentor? In N. P. Reilly, M. J. Sirgy, & C. A. Gorman (Eds.), *Work and quality of life: Ethical practices in organizations* (pp. 81–94). New York: Springer.

Ibarra, H., & Hunter, M. L. (2007, January). How leaders create and use networks. *Harvard Business Review.* Retrieved from http://HBR.org/2007/01/how-leaders-create-and-use-networks.

Insler, D., & Becom, A. (2011). Conducting performance reviews that improve the quality of your talent base. In L. Berger & D. Berger (Eds.), *The talent management handbook: Creating a sustainable competitive advantage by selecting, developing, and promoting the best people* (2nd ed., pp. 65–75). New York: McGraw Hill.

Kim, S. (2013). Networking enablers, constraints and dynamics: A qualitative analysis. *Career Development International, 18*(2), 120–138.

Kram, K. (1983). Phases of the mentor relationship. *Academy of Management Journal, 26*(4), 608–625.

Kram, K. (1985). *Mentoring at work: Developmental relationships in organizational life.* Glenview, IL: Scott, Foresman & Company.

Ladyshewsky, R. (2014). Peer coaching. In E. Cox, T. Bachkirova, & D. Clutterbuck (Eds.), *The complete handbook of coaching* (2nd ed., pp. 285–297). London: Sage.

Lankau, M. J., & Scandura, T. A. (2007). Mentoring as a forum for personal learning in organizations. In B. R. Ragins & K. E. Kram (Eds.), *The handbook of mentoring at work: Theory, research and practice* (pp. 95–122). Thousand Oaks, CA: Sage.

Laud, R. L., & Johnson, M. (2012). Upward mobility: A typology of tactics and strategies for career advancement. *Career Development International, 17*(3), 231–254.

Lohman, M. C. (2005). A survey of factors influencing the engagement of two professional groups in informal workplace learning activities. *Human Resource Development Quarterly, 16*(4), 501–527.

McCall, M. W. (2004). Leadership development through experience. *The Academy of Management Executive, 18*(3), 127–130.

Major, D. A., Turner, J. E., & Fletcher, T. D. (2006). Linking proactive personality and the big five to motivation to learn and development activity. *Journal of Applied Psychology, 91*(4), 927–935.

Maltbia, T. E., Marsick, V. J., & Ghosh, R. (2014). Executive and organizational coaching: A review of insights drawn from literature to inform HRD practice. *Advances in Human Resource Development, 16*(2), 161–183.

Mustapha, M., & Daud, N. (2012). Perceived performance appraisal effectiveness, career commitment and turnover intention of knowledge workers. *International Journal of Business and Social Sciences, 3*(19), 157–165.

Navarro, A. (2011, January–February). Good networking/bad networking. *PEJ, 37*(1), 58–60.

Parise, M. R., & Forret, M. L. (2008). Formal mentoring programs: The relationship of program design and support to mentors' perceptions of benefits and costs. *Journal of Vocational Behavior, 72*(2), 225–240.

Parker, P., Hall, D. T., & Kram, K. (2008). Peer coaching: A relational process for accelerating career learning. *Academy of Management Learning & Education, 7*(4), 487-503.

Parsons, F. (1909). *Choosing a vocation.* Boston: Houghton Mifflin.

Ragins, B. R., & Kram, K. (2007). The roots and meaning of mentoring. In B. R. Ragins & K. E. Kram (Eds.), *The handbook of mentoring at work: Theory, research and practice* (pp. 3-16). Thousand Oaks, CA: Sage.

Ragins, B. R., & Verbos, A. K. (2007). Positive relationships in action: Relational mentoring and mentoring schemas in the workplace. In J. E. Dutton & B. R. Ragins (Eds.), *Exploring positive relationships at work* (pp. 3-28). Mahwah, NJ: Erlbaum.

Rosato, D. (2009, April). Networking for people who hate to network. *Money, 38*(4), 25-26.

Rothwell, W. J., Jackson, R. D., Knight, S. C., & Lindholm, J. E. (2005). *Career planning and succession management: Developing your organization's talent for today and tomorrow.* Westport, CT: Praeger.

Segers, J., Vloeberghs, D., Henderickx, E., & Inceoglu, I. (2011). Structuring and understanding the coaching industry: The coaching cube. *Academy of Management Learning and Education, 10*(2), 204-221.

Singh, R., Ragins, B. R., & Tharenou, P. (2009). What matters most? The relative role of mentoring and career capital in career success. *Journal of Vocational Behavior, 75*(1), 56-67.

Stokes, J., & Jolly, R. (2014). Executive and leadership coaching. In E. Cox, T. Bachkirova, & D. Clutterbuck (Eds.), *The complete handbook of coaching* (2nd ed., pp. 244-255). London, CA: Sage.

Taormina, W. W., & Taormina, R. J. (2014). A new multidimensional measure of personal resilience and its use: Chinese nurse resilience, organizational socialization and career success. *Nursing Inquiry, 21*(4), 346-357.

Tips for successful networking (2013, September). *Sound & Video Contractor, 31*(9), 12.

van Rijn, M. B., Yang, H., & Sanders, K. (2013). Understanding employees' informal workplace learning: The joint influence of career motivation and self-construal. *Career Development International, 18*(6), 610-628.

Werner, J. M., & DeSimone, R. L. (2012). *Human resource development* (6th ed.). Mason, OH: South-Western.

Wolff, H.-G., & Moser, K. (2009). Effects of networking on career success: A longitudinal study. *Journal of Applied Psychology, 94*(1), 196-206.

Wolff, H.-G., & Moser, K. (2010). Do specific types of networking predict specific mobility outcomes? A two-year prospective study. *Journal of Vocational Behavior, 77*(2), 238-245.

CHAPTER 05

경력개발과 경력심리학

신뢰할 만한 유일한 예측은 우리는 지속적으로 학습해야 하고, 보다 더 스스로를 의지해야 한다는 것이며, 보다 더 능력을 갖추어야 한다는 것이다. 이는 우리가 다른 어떤 일보다도 경각심을 가지고 대처해야 하는 일이다.

- Schein, 1996, p.88

경력개발은 다양한 기원을 지니고 있고, 현재에도 다학문적 성격을 가진 학문 분야로 남아있다. 연구와 실천의 다양한 학문적 배경으로부터 비롯된 강점을 인식한 연구자들은 각기 다양한 이론을 접목시키고자 하지만(예를 들면, Cameron, 2009; Egan, Upton, & Lynham, 2006; McDonald & Hite, 2014), 협업이 일반적 접근은 아니라고 할 수 있다. 1장에서도 언급한 바와 같이, 조직과 개인 사이의 경력에 대한 요구와 관심사에 대해 여전히 HR과 심리학 사이에서는 인식의 차이가 존재한다(따라서 해당 주제는 HR분야에서 논쟁의 여지가 있는 영역으로 간주되고 있다, Inkson & King, 2011). 두 학문 분야 모두 그러한 논쟁으로부터 느끼는 압박 때문에 새로운 아이디어와 통찰력을 얻고자 다른 분야로 눈을 돌리는 것이 어려웠을 수 있고, 혹은 두 학문 모두 자신만의 길을 모색하려 하다 보니 이전의 논의를 단순히 답습해왔을 수 있다. 그 이유가 무엇이든 이제는 도전적 경력환경이라는 현실로 인해 더욱 절박하게 새로운 시각을 모색해야 하는 시점이다.

이와 관련하여, 이제는 경력개발의 미래에 기초하여 HR이 개별 행위자의 중요성을 인식하고 개인과 조직 모두에게 적합한 전략을 제공해야 할 시점에 이르렀다. 이러한 사실은 지속적으로 지적되어왔는데, 여러 연구자들은 현재 경력과 관련된 이슈를 해결하기 위해 HRD에서 경력개발의 부활이 필요하다고 지적한 바 있다(Egan et al., 2006; McDonald & Hite, 2005). 그러나 이를 실천에 옮기는 것은 교착상태에 빠진 듯하다. 이번 장에서는 의미있는 일(meaningful work)을 추구하는 개인에게 초점을 두고 있는 경력심리학에서 비롯된 이론들을 소개하고자 한다. 해당 분야의 이론적 발전은 경력을 추구하는 개인을 전체적으로 바라보는(holistic view) 방향으로 나아가고 있는데, 이는 HR에 중요한 시사점을 제공하고 있다.

기본적인 이해를 위해 이번 장은 몇몇 주요 경력개발 및 상담 이론에 대한 소개로부터 시작하고자 한다. 그리고 조직 내 HR에서 경력개발이 보다 더 큰 영향력을 지닐 수 있도록 그 이론들이 활용될 수 있는 방안에 대해 탐색하고자 한다. 끝으로 경력의 본질 및 경력을 추구하는 개인의 요구가 변화함에 따라 이에 대처할 수 있는 몇 가지 방안도 제언하고자 한다.

1. 경력심리학 이론

수많은 경력개발 이론과 이를 분류하는 다양한 방법들이 존재한다. 중요한 분류법 중 하나는 시대에 따라서 모던시대와 포스트모던시대의 이론으로 구분하는 것인데 각각은 서로 다른 인식론적 관점을 나타내고 있다. 모던시대의 이론적 전통은 "실재(reality)는 '바깥 어딘가'에 있으며, 이론은 그 실재를 발견하고 나타내려는 시도(Richardson, Constantine, & Washburn, 2005, p.55)"라는 관점을 기반으로 한다. 포스트모던 접근방식은 실재는 인정하지만, 이 실재는 훨씬 더 유동적이며 그것을 인식하는 방법은 개인의 문화적 배경이나 삶의 경험에 따라 달라질 수 있다는 사실을 인정한다(Richardson et al., 2005). 포스트모던 이론들이 개인에 의해 주도되는 경력을 설명하는 데 더 잘 부합하는 것처럼 보이지만 이전의 접근법 중 일부는 현재의 경력개발에도 여전히 영향을 미치고 있는 것으로 보인다. 따라서 이번 절에서는 이 두 가지 모두를 탐색하고자 한다. 이론이 어떻게 구성되어 있는지를 탐색함에 따라 이러한 이론을 적용하는 방법에서의 차이가 확인될 것이다.

일부 경력개발 이론은 다른 이론들보다 더 지속적인 영향을 미치고 있으며 특히 HR분야에 더 많은 영향력을 지니고 있는데, 이러한 점이 이번 장의 초점이 될 것이다. 먼저 모던시대의 이론으로 분류된 것들을 탐색하고자 한다. 이와 관련하여 연구자들(Juntunen & Even, 2012; Shoffner Creager & Deacon, 2012)이 제시하는 이론은 주로 개인-환경 적합성(person-environment fit)이론과 발달이론, 사회인지이론 등으로 범주화 할 수 있다. 이번 장에서는 각 이론이 시간의 경과에 따라 얼마나 잘 유지되어 왔는지를 살펴보기 위해, 성찰적 탐색을 제공하고 있는 연구결과들을 활용할 것이다. 이번 장은 아래와 같이 개인-환경 적합성 이론부터 순차적으로 살펴보고자 한다.

1) 개인-환경 적합성 이론

경력 및 경력개발의 역사를 논한 1장에서는 이미 이 분야의 초기 주창자이자 실천가로 Frank Parsons(1909)를 언급한 바 있다. 그는 적합한 직업을 선택하는 것은 개인의 특성과 "특정한 업무환경에서 성공에 필요한 요소(Juntunen & Even, 2012, p.239)"를 일치시키는 것에 기초한다고 하였는데, 이는 개인-환경 적합성 이론과 관련된 접근법의 기원이라고 할 수 있다. Parsons가 이러한 주장을 하고 수십 년이 지난 후, John Holland(1962)는 사람들의 관심사와 직업에서 요구하는 직무요건을 연결시키려는 아이디어를 이론으로 발전시켰다. 그는 개인의 성격특성을 6가지 유형으로 분류하였으며 각 성격특성을 특정한 업무 유형과 연결하였다. 이 이론은 'RIASEC 육각형(아래의 내용 참고)'으로 구체화 되었는데, 서로 유사한 범주의 유형을 육각형의 각 꼭짓점 옆에 위치시켰고 상반되는 유형을 반대편 꼭짓점 위치시키는 방식으로 해당 모델을 시각화 하였다. 아래에서 간략히 설명된 내용을 살펴보고 RIASEC 유형 중 자신과 가장 유사한 하나 혹은 복수의 특성을 선택해 보라. RIASEC 모델이 여전히 대부분의 경력 관련 선택사항을 포괄하는 것처럼 보이기 때문에 해당 이론은 아직까지는 유효한 것으로 여겨지고 있다. 혹시 당신은 이 모델에 포함되어야 할 다른 유형이 있다고 생각하는가?

RIASEC 유형의 개요

- 현실형(Realistic) : "무언가를 실제로 하는 유형(p.46)"으로 도구 또는 사물을 다루는 일을 포함하여 실제적인 업무를 선호함. (예를 들면, 기술자, 경찰 혹은 소방관 같은 사회안전 관련 직업 등)

- 탐구형(Investigative) : "현상을 탐구하는 유형(p.46)"으로 탐구를 통한 과학적이고 문제해결적인 접근을 선호함. (의사, 생물학자, 화학자 등)

- 예술형(Artistic) : "새로운 것을 창조하는 유형(p.46)"으로, 예술적 감수성과 표현을 중시함. (배우, 인테리어 디자이너, 음악가 등)

- 사회형(Social) : "다른 사람을 돕는 일에 관심을 갖는 유형(p.47)"으로 사회복지 또는 교육을 포함한 사람들 사이의 상호작용에 주된 관심이 있음. (교육훈련 전문가, 상담가, 교육자 등)

- 진취형(Enterprising) : "타인을 설득하는 유형(p.47)"으로 설득 및 판매와 관련된 활동을 선호하고, 높은 포부를 지닌 자아상을 지니고 있음. (사업가, 컨설턴트 등)

- 관습형(Conventional) : "조직화하고 체계화하는 일에 관심을 갖는 유형(p.47)"으로, 체계적 프로세스, 숫자, 기록, 회계, 사무직 등에서 필요한 기술을 선호함. (회계사, 행정 보조원 등)

출처 : Shoffner Creager & Deacon (2012).

    RIASEC 이론의 이면에는 특정인에게 가장 적합한 유형을 결정하는 것이 명확한 경력의 방향을 제공하여 개인의 흥미에 가장 부합하는 직업으로 선택의 범위를 좁혀줄 수 있다는 가정이 존재한다. RIASEC 이론은 연구와 실천분야에서 가장 널리 사용되는 접근 방법 중 하나로(Sampson et al., 2014), 이는 해당 이론의 영향력을 보여주는 것이라고 할 수 있다. 그러나 단지 흥미에 초점을 맞추었기 때문에 경제적 또는 문화적 한계(Juntunen & Even, 2012)와 같은 외부 요인을 배제하였다는 점이나, 경력개발과 관련하여 규범적 관점을 촉진시켰다는 점 때문에 비판이 제기되기도 한다.

경력개발과 관련한 규범적 관점을 촉진시켰다는 우려는 경력상담분야에서 "가장 빈번하게 사용되는(Dik & Rottinghaus, 2013, p.331)" 흥미 측정도구인 Strong Interest Inventory와 SDS(Self Directed Search, Holland에 의해 개발됨)를 포함한 전통적 경력 검사도구에서 RIASEC 유형을 활발히 사용하면서 촉발되었다. 자주 사용되는 다른 측정도구들(예를 들면, Campbell Interest and Skill Inventory)도 Holland의 육각형 모델과 유사한 구조를 사용하고 있다. 이미 타당화 검증을 마친 도구이지만, 이러한 도구의 사용과 관련된 우려는 경력개발에서 '검사하여 결론을 내리는(test and tell)' 접근방식을 촉진할 수 있다는 사실에 놓여있다. 즉, 광범위하고 다양한 가능성 중에서 검사결과가 전체 정보의 일부로서 인식되는 것이 아니라 그것이 경력과 관련하여 최종결정사항으로 받아들여질 수 있다는 우려가 존재하는 것이다. 또한, 검사결과가 지닌 힘을 통해서도 다른 형태의 우려가 제기되는데, 본인이 스스로를 이해하는 것보다 검사결과가 더 정확하다고 가정하여 개인들이 검사결과에서 일종의 정답을 찾으려 한다는 점이 지적되기도 한다. 온라인상에서 SDS(혹은 아직 타당화 작업이 정확하게 이루어지지 않은 도구들)를 사용자들이 쉽게 이용하게 됨으로써 특히 당황스러운 상황이 발생하기도 한다. 이는 검사결과가 종종 맥락이 배제된 정보만을 제공하고 있기 때문이다. 이론들을 더 탐구함에 따라 경력개발에서 맥락의 중요성은 더 부각될 수 있는데, 개인에 따라 추진되며 포괄적 접근이 요구되는 경력개발의 과정을 무시하고 검사결과에만 의존하는 것은 이번 장의 후반부에서 다룰 포스트모던 경력상담을 촉발시킨 일련의 논쟁과 관련되어 있다.

Holland의 모델과 이를 바탕으로 한 검사 등에 대한 추가적 비판은 RIASEC 유형이 지닌 성별에 따른 편견 및 문화적 편견에 의해서도 촉발되었다. 이들 유형은 원래 성역할이 더 고정적이고 노동력이 훨씬 더 동질적이던 1950년대에 개발되었다(Einarsdottir & Rounds, 2009). 일반적으로 흥미도 검사도구들은 최근 이에 대한 수정이 이루어지고 더 많은 여성들을 준거집단으로 포함시켰음에도 불구하고 성 편향적 경향을 지니고 있다는 비판을 받고 있다. 검사도구와 관련된 우려는 지속적 성 편향성(Einarsdottir & Rounds, 2009; Hansen, 2005)뿐만 아니라, 삶의 다른 측면에 비해 일이 더 중요한 위치를 차지하고 있다고 가정하는 것 등과 같은 보다 더 큰 이슈도 포함하고 있다(Fitzgerald & Harmon, 2001). 또한, 흥미도 검사도구(및 RIASEC)는 서구, 특히 그중에서도 미국의 경력과 관련된 개념에 기초하고 있기 때문에 다른 국가의 노동력에 보편적으로 적용하는 것이 매우 제한적이라는 점도 문제로 제기되고 있다(Fouad, 2002; Watson, 2006; Watson, Duarte, & Glavin, 2005). 검사결과의 해석이 다른 문화에 대한 충분한 이해가 부족한 경력 관련 전문가들에게 맡겨진다면 이 한계는 더욱 두드러질 것이다(Watson, 2006).

Parsons와 RIASEC 이후 수십 년 동안 이론적 발전이 이루어졌지만, 개인과 일터를 매칭하려는 일차적 목표는 직업적응이론(Theory of Work Adjustment: TWA)에도 반영되었다. 직업적응이론은 그 명칭에서 알 수 있듯이, "업무환경에 대한 개인의 적응과정에 초점을 맞추고 있는데 업무환경에 대한 만족도를 예측할 수 있는 변인인 개인의 특성 등도 이에 포함되며(p.30)" 이와 아울러 조직이 그 개인들에 대해 얼마나 만족하고 있는지 등에 대해서도 초점을 맞추고 있다(Swanson & Schneider, 2013). 이 이론의 예측과 관련된 측면은 전형적인 개인-환경 적합성의 접근방식을 따른다. 직업적응이론을 차별화시키고 주목하게 만드는 것은 개인과 일터가 모두 시간이 지남에 따라 변화하지만, 서로의 관계를 유지하기 위해 조정하는 프로세스가 이론에 포함되어 있다는 점이다(Shoffner Creager & Deacon, 2012; Swanson & Schneider, 2013). 각 참여 주체는 이상적 매칭 상태에서 변화를 얼마만큼 용인할 것인지 그리고 얼마나 오랫동안 허용할 것인지를 결정한다. 예를 들어, 조직은 특정한 분야의 기술이 부족하더라도 다른 요건들이 충족되는 경우 그 특정 인력을 지속적으로 보유하려고 할 것이다. 또한, 개인은 임금인상이 되지 않는 것을 일시적으로 받아들일 수 있으며, 관련된 합의를 이루기 위해 월급에 대한 기대치를 조정하는 것 등도 관련된 예시로서 살펴볼 수 있는 것들이다.

직업적응이론을 위해 설계된 측정도구의 부족(Swanson & Schneider, 2013)은 다른 도구를 대신 사용함으로써 해결할 수 있지만, 위에서 언급한 바와 같이 각 도구 또한 나름의 문제점을 지니고 있다는 점에서 여러 가지 우려가 제기되고 있다. 그러나 지금까지의 연구에 따르면 직업적응이론은 다양한 배경을 지닌 집단을 대상으로 할 경우 적절하게 활용될 수 있다고 알려지고 있다. 이는 업무환경 내에서 적합성에 대한 개인적 인식이 직업적응이론의 실행에 따라 결정되기 때문인데, 전통적인 특성요인(trait and factor) 접근법[11]보다 개인이 적응행동을 더 적극적으로 수행할 수 있도록 만든다는 점 때문이라고 할 수 있다.

2) 발달이론

이 범주에 속하는 이론들은 발달과 관련된 생각을 넓혀서 "어린 시절의 경험까지 포함하여 직업과 관련된 일련의 삶의 경험(Juntunen & Even, 2012, p.244)"이 지닌 영향력을 포함하는 방향으로 경력의 범위를 확대하였다. 이는 삶과 경력이 교차할 수 있다는 점을 인식하기 시작하였다는 것으로, 경력에 대한 중대한 관점의 변화를 의미한다고 할 수 있다. 이러한 논의가 있기 전까지는 어린 시절 혹은 현재의 삶의 경험이나 역할이 경력선택이나 기회에 얼마나 영향을 미칠 수 있는지는 다루어지지 않았다. 현재는 경력과 관련하여 환경의 영향력도 인정하고 있지만, 발달이론 모델들이 처음 제시되었을 때에는 이 또한 새로운 아이디어로 받아들여졌다. 발달이론에는 대표적인 두 가지 접근법이 존재한다. 이 둘은 모두 해당 이론의 주창자들을 명시하고 있는데, 특히 그

---

11 특성요인이론(Trait and Factor Theory)에서는 개인을 각자 다양한 심리적 특성을 지닌 존재로 가정하는데, 이러한 특성은 개인의 감정이나 사고 혹은 행동에서 일관되게 나타나는 특징을 의미한다. 이러한 특성은 행동을 요약하고 설명하며 미래의 행동을 예측하는데 유용한 틀을 제공한다.

중 하나는 해당 분야의 기초를 놓은 이론이라고 할 수 있다. 여기서는 Donald Super의 전생애주기-생애공간이론(the life span, life space theory)부터 살펴보고자 한다. 이 이론의 초기 아이디어는 1950년대에 제시되었지만 이후 수십 년에 걸쳐 수정된 바 있다.

Hartung(2013a)은 전생애주기-생애공간이론에 대한 설명에서 이론의 이름에 등장하는 두 개념은 경력을 상징적으로 나타내는 요인들이라고 주장하였다. 즉, 서로 다른 삶의 단계나 역할을 통해 경력이 축적된다고 하였는데, 이러한 삶의 단계나 역할은 시간이 흐름에 따라 삶의 다른 측면과 자아개념이 어떻게 연결되어 있는지를 반영한다고 하였다. 그는 다음과 같이 주장하였다.

> 전생애주기-생애공간이론은 개인이 단지 하나의 자아개념을 발전시키는 것이 아니라, 다양한 생각들이나 광범위한 삶의 영역에서의 경험에 기초하여 자아개념을 발전시킨다는 점을 강조한다. 전생애주기-생애공간이론의 일차적 관심사는 물론 직업과 관련된 영역에 놓여있는데, 이 영역에서 개인은 경력의 선택, 개발, 의사결정 등의 중심에 위치한다. (p.89)

생애주기 측면에서 개인은 시간이 경과함에 따라 다섯 개의 일련의 단계를 거치게 되는데, 각 단계는 특정한 연령대와 연계되어 있으며 또한 다음 단계로 이어지는 일련의 경험 또는 과제와 관련을 맺는다. 각 단계와 관련된 설명은 아래와 같다.

Super의 경력개발의 다섯 단계

- 성장(growth) : 출생-14세
  - 처음으로 일과 관련된 지식을 획득
  - 자기개념 개발의 시작

- 탐색(exploration) : 15-24세
  - 첫 번째 직업을 수행하려고 노력함
  - 자기개념 및 일에 대한 탐색
- 확립(establishment) : 25-44세
  - 본인이 일하는 분야에서 자리를 잡아가기 시작함
  - 승진이나 인정을 추구함
- 유지(maintenance) : 45-64세
  - 경력에서의 현 위치를 고수함
  - 적합성을 유지하기 위해 변화에 적응함
- 쇠퇴(disengagement) : 65세-사망
  - 업무의 책임을 줄여가거나 은퇴함
  - 업무 외 다른 역할을 수행함

출처 : Shoffner Creager & Deacon (2012).

  Super의 모델에서 단계별 이행은 이 이론이 지닌 특징이기도 하고 비판의 초점이 되기도 한다. Super가 제안한 경력의 단계를 살펴보면 경직된 경력단계의 이행이 수십 년 전의 전통적 경력경로가 일반적일 때에는 적합할 수도 있지만, 현재의 상황에는 적합하지 않기 때문이다. 또한, 해당 모델은 삶의 역할에서 성별과 문화적 차이 그리고 삶과 사회의 다른 측면들이 미리 정해진 각 단계에 영향을 미칠 수 있다는 가능성을 무시하고 있는 것처럼 보인다. Super는 이후 여성 샘플을 추가하여 연구를 진행하였지만(Hartung, 2013a; Juntunen & Even, 2012), 여전히 성 편향성은 남아있는 것으로 평가되고 있다. 이 이론은 원래의 주장을 유지하고는 있으나, Super는 경력변화나 전환을 추구함에 따라 개인들이 선형적인 경력단계의 이행에서 벗어나 일부 초기 단계를 다시 밟을 수도 있다고 인정하기도 하였다(Hartung, 2013a; Juntunen & Even, 2012). Super가 제시한 단계들은 현재까지 당신의 경력경로에 얼마나 부합하는가? 이 단계

모델을 현재의 경력에 적용하기 위해서는 어떤 것이 수정되어야 하는가?

비록 시간이 지남에 따라 이 이론의 영향력은 줄어들었지만, 전생애주기-생애공간이론은 현재도 논의되고 있는 경력개발 담론에 두 가지 핵심 아이디어를 제공한 것으로 주목받고 있다(Hartung, 2013a; Juntunen & Even, 2012).

- 경력 관련 의사결정 준비도(즉, 경력계획에 대한 투자, 자신과 일에 대한 이해)를 의미하는 경력 성숙도(career maturity)
- 예상치 못한 상황에 효과적으로 대응하거나, 한 단계에서 다음 단계로 전환하는 데 필요한 유연성을 의미하는 경력 적응성(career adaptability)

또 다른 발달론적 접근인 Gottfredson의 제한타협이론(Theory of Circumscription and Compromise)은 1981년에 등장하였다. 생애경력의 영향과 단계지향적 관점을 활용하였다는 점에서 발달이론으로 분류되지만, 다른 점에서는 Super의 이론과 연관성이 없으며 상대적으로 훨씬 적은 관심을 받아왔다. 해당 이론은 유아기부터 14세 이상까지 모두 네 단계를 제안하고 있다. 이 이론에 의하면 개인은 각 단계별로 본인에게 부적합하게 보이는 직업을 제거하여 선택권을 제한하고, 각 단계가 마무리되면 적은 수의 '수용가능한 대안(acceptable alternatives)'을 남기게 된다고 한다(Gottfredson, 1981; Juntunen & Even, 2012; Shoffner Creager & Deacon, 2012). 일련의 제한의 과정은 3-5세의 시기부터 시작되는데, 환상과 현실의 차이와 성인이 되는 힘에 대한 인식으로부터 시작된다(즉, 아동과 성인의 차이를 인식하고 일은 성인들이 해야 할 것으로 보는 것). 이후 6-8세의 성역할(즉, 성별에 따라 적절하다고 여겨지는 직업 확인), 9-13세의 직업적 지위와 어려움(즉, 특정 직업에서의 상황과 그곳에 도달하는 데 필요한 노력), 끝으로 14세 이상의 개인적 관심사와 능력의 일치(즉, 현재까지 결정된 수용가능한 선택사항 안에서 개인적 선호와 기술이 부합하는 경력을 찾는 것; Gottfredson, 1981; Hutchinson & Niles, 2009; Juntunen & Even, 2012) 등을 인식하는 일련의 단계로 제한의 과정이 수행된다. 타협은 제한의 과정을 통해 도출된 수용 가능한 대안에 접근할 수 없을 때 작동하기 시작한다. 즉, 그러한 상황에 처할 때 개인은 실행이 가능한 것을 선택하고자 처음에 생각해 두었던 것으로부터 물러난다. 이 과정은 전형적으로 한계를 설정하는 절차의 역순으로 진행되는데, 먼저 흥미를 포기하고, 필요하다면 직업적 지위를 포기하며, 끝으로 성역할을 포기하여 실행 가능한 선택을 하게 된다(Gottfredson, 1981; Juntunen & Even, 2012; Shoffner Creager & Deacon, 2012).

다음 이론을 다루기에 앞서, Super와 Gottfredson의 또 다른 차이점을 살펴보면 다음과 같다. 전생애주기-생애공간 접근법은 지나치게 규범적이거나 시대에 뒤떨어진 것처럼 보일 수 있지만, 이 접근법은 경력기회를 계획하면 그 계획은 달성될 수 있을 것이라고 믿는 낙관적 입장을 취하고 있다고 할 수 있다. 이와는 대조적으로 Gottfredson의 이론은 기대에 대해 논의를 하는 것인데, 사회나 삶의 환경이 선택을 좌우하기 때문에 실현 가능한 범위 내에 있는 것을 실행에 옮기는 접근을 취한다. 따라서 이 이론을 통해서는 가난한 환경에서 자라거나 부모 세대와는 다른 새로운 경력을 탐색하도록 독려하는 역할 모델이 없는 아동들을 위한 시사점이 도출될 수 있다. 이 이론에 기초하여 본다면 아마도 우리 모두는 특정하게 정해진 환경 속에서 살고 있다고 생각하는 것이 더 현실적이라고 할 수 있다. 다음에 다룰 이론은 경력에 대한 환경의 영향을 보다 상위의 수준에서 논의하고 있다.

3) 사회인지이론

사회인지경력이론(Social Cognitive Career Theory: SCCT)은 1990년대 중반 Lent, Brown, 그리고 Hackett에 의해 창안되어 처음 등장하였는데, 그 후 지속적으로 수정 및 보완되어 "현대 상담심리학에서는 가장 포괄적이며 가장 인기 있는 이론 중 하나(Juntunen & Even, 2012, p. 251)"가 되었다. 사회인지경력이론은 개인-환경 적합성이론과 발달심리학 이론의 요소를 모두 포함하고 있지만, 개인의 생각과 행동 그리고 경력계획과 개발을 지원 혹은 방해할 수 있는 삶의 경험 사이의 상호작용을 다루기 위해 기존의 이론을 보완하였다. 그 결과 변화하는 경력환경에서 다양한 배경을 지닌 노동력에 적용하기에 적합한 이론이 등장하기에 이르렀다. 이 이론의 명칭은 Bandura의 사회학습이론(social learning theory)에서 비롯된 인식(cognition)과 결과적으로 초래된 행동(resulting behavior)에 초점을 맞추고 있는데, 이들은 다시 세 가지 "인지-개인 변인(cognitive-person variables; Lent, 2013, p.118)"을 통해 맥락화 되었다. 세 가지 변인은 다음과 같다.

- 자기효능감(self-efficacy) : 개인이 특정 과업과 관련하여 자신의 능력을 인식하는 방식
- 결과기대(outcome expectation) : 경력경로의 잠재적 결과에 대해 개인이 지니고 있는 믿음
- 개인목표(personal goal) : 수행하는 과업과 과업을 잘 완수하기 위한 몰입 등 두 가지 측면에서 끝까지 최선을 다하겠다는 의도

이러한 구성 요소들은 사회인지경력이론을 구성하는 네 모델12에 걸쳐 상호작용하는데, 각 모델은 다음과 같은 초점을 지니고 있다. 즉, 경력흥미가 개발되는 방법, 경력선택에 영향을 주는 요인, 업무성과와 장애물에 직면하는 태도를 결정하는 영향요인을 포함한 과업성과, 업무 만족도 혹은 웰빙의 달성 등이 각 모델의 초점이 된다(Lent, 2013; Lent & Brown, 2006). 네 가지 모델 전체에 걸쳐 여러 요인들이 다루어지는데 이들은 각 모델 안에서 잠재적으로 전체 구조를 지지하거나 혹은 복잡하게 만드는 측면을 인식하게 하고, 경력이 일생에 걸친 여행이라는 관점을 유지하게 한다. 예를 들어, 경력선택 모델에 포함된 두 가지 유형의 환경적 영향요인은 장기적 진보의 과정을 나타내고 있다고

---

12 각각의 모델은 다음에서 설명하는 핵심내용의 순서대로 흥미개발 모델(interest development model), 선택 모델(choice model), 수행 모델(performance model), 만족 모델(satisfaction model) 등으로 불린다.

할 수 있다. 먼 환경적 요인(distal factor)은 교육활동에 참여하도록 하거나 경력 역할모델을 통해 제공되는 지원과 같이 자기효능감과 결과기대를 개발하면서 경험하게 되는 요인들을 의미한다. 이와는 대조적으로 가까운 환경적 요인 (proximal factor)은 전형적으로 경력개발의 과정에서 후반부에 등장하는데, 네트워크의 질이나 고용에서의 차별 등과 같이 경력기회의 장벽에 대한 문제를 제기한다(Lent, Brown, & Hackett, 2000).

HR 전문가들은 주로 수행모델이나 만족모델에 큰 관심을 보일 가능성이 높은데, 이는 이미 노동시장에 진입한 개인의 경험에 더 초점을 맞추고 있기 때문이다. 예를 들어, 만족모델은 개인으로부터 비롯되었거나 혹은 조직에 기반을 둔 다섯 가지 변인을 포함한다. 이들은 "직무조건과 결과, 목표지향적 행동, 자기효능감, 지원이나 장애요인과 관련된 효능감 및 목표, 성격 및 정서적 특성(Juntunen & Even, 2012, p.253; Lent & Brown, 2006)" 등이다. 일부 변인은 개인이 변화를 만들어낼 수 있는 범위 안에 있지만, 그 외의 것들은 명백하게 HR을 통해서만 변화가 이루어지게 되어있다. 목표에 대한 코칭, "직무재설계 및 직무변경, 관계를 통한 지원, 멘토링, 또는 기타 환경적 요인을 통한 방법 등이 불만족의 감소 혹은 만족의 촉진을 위한 유용한 도구(Lent & Brown, 2006, p.244)"로 사용될 수 있다. 다음에 살펴볼 이론들은 경력상담 분야에서 비롯된 것으로 보다 개인 중심적 접근법을 취하고 있지만, 사회인지경력이론은 경력개발과정에 대해서 HR에 대한 통찰력을 제공하는 매우 적절한 이론으로 평가되고 있다.

4) 구성주의 접근법에 대한 개요

경력개발에 대한 모던적 접근법과 포스트모던적 접근법은 다양한 방법으로 구분될 수 있지만, 본질적으로는 경력의 특성을 정의하기 위해 외부의 객관적 자원(예를 들면, 측정결과 혹은 역사적 패턴)에 의존하는 이론과 자신에 대한 발견을 통해 자신의 경력 실체를 스스로 만들어가도록 독려하는 이론 등으로 이

둘을 구분할 수 있다.

전자는 논리의 역할, 선례, 순차적 경력진보 등에 크게 의존하는 '논리적 실증주의'로 불린다. 이러한 접근법에 대해 변화와 예측불가능성이 특징인 현대 경력환경에서 의문이 제기되고 있다. 경력개발이 개별 행위자에 의해 주도되는 현 시점에서는 이전보다는 사전 예측의 측면이 덜 강조되는 접근법의 필요성이 대두되고 있다. 이와 관련하여 포스트모던적 혹은 구성주의적 세계관은 다음과 같은 접근법을 유지하고 있다.

> 인간은 일종의 개방적 시스템으로, 끊임없이 환경과 상호작용하며 지속적 변화를 통해 안정을 추구한다. 중요한 것은 결과가 아니라 과정이다. 한 단계의 완성 및 다음 단계로의 도착이라는 것은 존재하지 않는다. (Patton & McMahon, 2006a, p.4)

그러나 보다 객관적인 접근법에 기반한 이전 이론과는 달리 구성주의는 정해진 틀이나 일련의 단계가 아니라 "사고방식이나 가치체계(p.10)"로 묘사되며, 그 적용은 사고방식과 원칙을 실행에 옮기는 개인이 어떻게 수용하고, 이해하며, 구현해 내는지에 달려있다(Patton & McMahon, 2006a). 다시 말해, "구성주의자들은 절대적 진리란 없으며, 개인이 환경 및 타인과의 경험으로부터 의미를 도출하는 곳에 진리가 놓여 있다고 믿는다(Watson, 2006, p.46)".

개방된 구조는 구성주의의 복잡성과 유연성을 실행 가능하도록 만들어 준다. 개방구조의 장점 중 하나는 개인의 경력계획과 실행에 환경(예를 들면, 사회적, 문화적, 경제적 환경 등)이 미치는 영향을 인식하고 포착하여 궁극적으로 문화 전반에 걸쳐 적용할 수 있도록 만드는 것이라고 할 수 있다. 하지만 다문화적 환경에서 구성주의의 성공적인 적용을 이루어내는 것은 그 과정을 진행하면서 잠재적인 문화적 편견을 인지하는 전문가에 달려있다(Watson, 2006).

5) 구성주의 경력이론

이 책에서는 구성주의자들의 견해에 해당하는 잘 알려진 몇 개의 이론적 프레임워크를 탐색하고자 한다. 이번 절에서는 구성주의라는 이론 자체에서 그 명칭이 비롯된 구성주의 경력이론으로부터 논의를 시작할 것인데, 이는 구성주의 접근방식을 논의한 주요 학자들 중 하나인 Savickas에 의해 소개되었다. Savickas에 의해 논의되고 발전한 구성주의 경력이론은 다음과 같다.

> 구성주의 경력이론은 개개인이 직업과 관련된 행동과 직업에서의 경험에 의미를 부여함으로써 자신의 경력을 구성한다고 주장한다. 경력에 대한 객관적 정의는 학교생활부터 정년에 이르기까지 개인이 차지하는 일련의 직책을 말하는 반면, 구성주의 이론에 입각한 경력에 대한 주관적 정의는 쌓여진 업무경험이 아닌 하나로 응축되어 의미 있는 이야기를 만들어내는 경험의 유형화(patterning)라고 할 수 있다.
> (Savickas, 2005, p.43)

이 이론은 구성주의 관점의 원칙을 분명히 고수하면서도, 논리적 실증주의 이론의 요소들의 가치를 절하하는 것이 아니라 오히려 이들을 더 크고 전체적이며 지속적 발전의 과정이라는 맥락 안에서 하나의 부분으로 사용하고 있다(Savickas, 2005). 이것은 다른 형태의 경력개발 방법으로 표현된다. 개인-환경 적합성과 관련된 경력개발 방법은 개인이 직업적 선택을 재검토하거나 추가로 교육을 받을 것인지를 결정해야 할 상황에서 자신과 일에 대한 정보를 제공할 때 도움을 준다. 발달의 관점은 지금까지 쌓아둔 자신의 경력을 살펴보고 전환을 준비하며 역량을 구축하고자 할 때 유용할 수 있다. 이에 비해 구성주의 접근법은 "인생에서 우리의 정체성, 목적, 방향을 명확히 하고 어떻게 우리가 일을 통해 더 완전해질 수 있는지"를 목표로 할 때 활용하게 된다(Hartung, 2013b, p.47; Savickas, 2013).

생애설계 프레임워크는 구성주의 이론의 목표를 실행에 옮기는 역할을 한다. "유연성, 고용가능성, 몰입, 정서지능, 그리고 평생학습(Savickas, 2012, p.14)"을 강조하기 위해 설계된 생애설계 프레임워크는 서사(narrative)의 과정에 개인을 참여시키는 경력상담의 방법을 제시한다. 이러한 서사의 과정에는 개인적 이야기를 담아내어 경력에 대한 자신만의 시각을 구성하고(constructing), "스스로를 제한하는 생각, 일정한 틀에 갇힌 역할, 그리고 문화적 장벽(p.16)"을 드러내기 위해 그 이야기들을 해체하며(deconstructing), 그 후 자아와 경력에 대해 새로운 비전을 구축하고, 끝으로 앞으로 나아가기 위하여 다음의 경력전환을 수용할 행동 계획을 수립하는 것 등이 포함된다(Savickas, 2012). 이 프레임워크의 구성 요소들은 현재의 경력환경과 잘 부합하기 때문에 HRD에 특히 유용할 수 있다. 이 방법을 실행에 옮길 때 가장 핵심적 요소들은 모두 구성주의 접근방식의 주요한 가정들과 관련되어 있다.

6) 서사

서사는 구성주의에서 흔히 볼 수 있는 구성요소이다. 구성주의에 속한 모든 이론의 논리 전개과정에서 이 서사는 필수적 요소인데, 이는 개인의 삶과 일에 대한 독특한 이야기를 포착하는 데 중요한 역할을 수행하기 때문이다. 경력에 대한 단순한 인터뷰나 대화보다, 서사는 개인에게 삶의 이야기에 접근할 수 있는 기회를 제공하는데, 이 이야기는 한 사람의 과거, 현재, 미래의 목표에 대해 영향을 주는 모든 맥락적 요인(예를 들면, 과거의 일, 교육, 가족, 문화, 가치관)을 완벽하게 포함한다. 이전의 몇몇 이론들이 경력과 관련된 사람과 환경 사이의 상호작용을 언급하였지만, 서사의 과정은 다음에 등장할 수 있는 배경을 제공하며 동시에 개인 삶의 본질적인 복잡성을 보여준다.

경력개발 과정에서의 중요 역할을 감안하여, 일부 연구자들은 서사를 다른 이론의 구성요소가 아니라 구성주의적 접근법 자체라고 표현하기도 하였다(예를 들면, McIlveen & Patton, 2007; Sharf, 2013). 이론이건 혹은 방법이건 상관없이, 서사에는 자신의 경험에 대한 표현과 성찰을 통해 자기이해를 촉진하고자 하는 근본적 의도는 그대로 남아 있는데 이는 경력적응력을 향상시키는 데 도움을 제공한다. 서사의 다양한 종류와 관련하여, McIlveen과 Patton(2007)은 서사적 접근의 일부로 분류될 수 있는 몇 가지 기술을 설명하였다. 그들은 스토리텔링이나 자서전과 같은 예측 가능한 방법들도 언급하였지만, 또한 인도된 공상[13](guided fantasy; 미래의 경력 및 인생에 관해), 인생곡선[14](일생 중 중요한 시점을 포착하게 함), 또는 카드분류(50-100개의 카드를 "직업, 기술 또는 가치"에 따라서 각 범주에 맞게 이동시키는 방법; Chope, 2015, p.74)와 같이 다소 생소한 방법들도 포함하였다. 평생학습의 맥락에서 볼 때, 이들 모두는 현재와 미래에 적용될 수 있는 자기이해와 통찰력을 키우도록 설계되어 있다.

7) 혼돈과 우연(Chaos and Happenstance)

대부분의 경력모델들은 (자신과 일에 대한) 지식, 통찰력, 계획 등이 경력의 방향을 설정하는 요인이라는 입장을 취하지만, 혼돈과 우연이라는 두 구성주의 이론은 예측 불가능한 일과 기대하지 않았던 일의 영향을 강조하면서 또 다른 관점을 추가한다. 이러한 설명은 너무나 간단하기에 이들 이론을 정당화시켜주지는 못하지만, 이론에 대한 개략적 소개는 제공하고 있다고 할 수 있다. 혼돈이론은 개인의 경력경로에 내재된 복잡성을 다루는 이론이다. Pryor와 Bright(2006)는 경력과 관련하여 몇 가지 일반적인 패턴은 존재할 수는 있지만, 예측 가능하다고 보는 것은 허상이라고 주장한다. 왜냐하면, 한 사람의 독특한 특성은 무수한 환경적 요인과 사회적, 경제적, 문화적 요인 사이의 조합 등을 만나 매우 다른 결과를 낳을 수 있기 때문이다. 또한, "경력 의사결정권

---

13 사이코드라마 기법 중 하나로 연기자가 연출자의 지시에 따라 감정적으로 이완된 상태에서 상상을 통해 탐험이나 여행 등의 경험을 하는 것을 말한다.
14 그래프나 굽은 선 등으로 자신의 과거와 현재 그리고 미래의 모습을 표현하도록 함으로써, 자신을 이해하고 자신의 삶을 돌아보게 하는 상담기법이다.

자들은 스스로가 변화하기도 하고 지속적인 상호작용의 방식으로 외부 영향요
인에 의해 변화되기도 한다(Pryor & Bright, 2006, p.4)"고 선행연구는 지적한다.
이 이론은 전반적으로 노력, 지식, 성찰 또는 계획과는 상관없이 경력의 결과
는 상당한 불확실성을 지니고 있다고 지적한다. 어딘지 모르게 불편한 이러한
생각은 개인들이 유연하고 적응력을 유지하는 것이 중요하다는 것을 깨닫도록
하며, 또한 경력의 여정에서 필요한 기술과 사고방식을 지속적으로 개발하도
록 독려한다. 비슷한 접근은 우연학습이론(Happenstance Learning Theory)15에
서도 이루어지고 있는데, 이 이론은 경력은 예기치 못한 상황과 기회에 따라 결
정되며, 이와 달리 생각하는 것은 비현실적이라고 바라본다(Krumboltz, 2009).
이 두 이론은 경력에 대한 포스트모던적 관점의 핵심 사항을 잘 나타내는데,
경력과 관련된 의사결정은 하나의 사건이 아닌 고도로 개인화 되어있고 지속
되는 과정이라고 바라본다. 두 이론 모두 조직에서 경력개발을 지원하는 방법
을 탐색할 때 HR전문가들이 참고할 시사점을 제공하고 있다.

8) 시스템 이론 프레임워크

구성주의 이론의 몇 가지 핵심 측면을 요약하기 위해, 이러한 접근방식들에 대한
탐색을 중요한 하나의 관점을 통해 마무리하고자 한다. Patton과 McMahon(2006b)
의 시스템 이론 프레임워크(System Theory Framework: STF)는 구성주의적 사고
방식을 고수하는 다양한 경력개발 이론의 범위와 깊이를 포착하기 위한 방법
으로 제안되었다. 시스템 이론 프레임워크는 다른 이론에서 제시되고 있는 개
인의 경력개발에 대한 "개인 간 혹은 맥락적" 영향요인을 설명하고자 하는

---

15 Krumboltz의 우연학습이론(Happenstance Learning Theory)은 예측이 어려운 경력환경을 강
조하면서 경력개발에서의 우연의 역할과 우연히 찾아오는 기회를 활용하기 위해 필요한 능력
을 갖추는 것의 중요성을 강조한다. 이 우연학습이론에 근거하여 발전한 이론이 계획된 우연
이론(Planned Happenstance Theory)이다. 예측 불가능하고 계획하지 않은 사건인 우연은
긍정적 혹은 부정적으로 개인의 인생에 영향을 미치는데, 개인의 기술에 따라 이러한 우연을
활용하여 최대한 긍정적인 경력의 기회로 만들 수 있다는 맥락에서 논의가 된 개념이 '계획된
우연'이다.

"포괄적 틀"로 설계되었다(p.196). 경력개발에 영향을 미치는 요인들의 주요 특징은 다음과 같다.

- 개인(예를 들면, 성별, 나이, 능력, 적성 등) : 모든 구성주의 이론의 일차적 초점
- 환경 :
  - 시간이 지남에 따라 변화할 수 사회적 시스템(예를 들면, 지역사회, 학교, 가족, 동료 등)
  - 직접적 영향은 적지만 여전한 영향력을 지닌 사회환경적 시스템(예를 들면, 사회경제적 지위, 세계화, 고용시장 등)

Patton과 McMahon(2006b, p.197)은 이러한 요소들이 세 가지 프로세스의 영향을 받는다는 사실을 추가적으로 제시하였다.

- 개방 시스템에서 나타나는 개인과 환경적 영향 사이의 지속적인 다방향적 상호작용을 언급하는 순환성(recursiveness)
- 시스템 전체에서 시간에 따라 발생할 수 있는 변화(일생의 관점으로 경력개발을 바라보는 시각이 지닌 가치를 인식함)
- 경력개발에 예측 불가능하지만 피할 수 없는 영향을 미치는 우연한 기회

이러한 개략적인 설명은 구성주의적 접근방법의 기본적인 구성요인들이 무엇인지를 포착하는 방법을 간략하게 제시하고 있다.

2. HR과 경력심리학

앞 절에서는 경력심리학의 이론적 구조를 소개하였다. 21세기 경력개발은 독창성과 통찰력을 필요로 하는데, HR학자들과 실무자들은 정보와 아이디어에 대한 다양한 출처를 활용할 필요가 있다. 예를 들어, 현재 알려진 바에 의하면 개인-환경 적합성 이론 및 발달이론에서 사용되는 모델 등과 같은 일부 논리 실증주의적 접근방식에서는 여러 약점이 등장하고 있지만, 이러한 접근방식은 검사도구의 적절한 사용법이나 초기 인생 경험이 개인이 경력의 주체로서 행동하도록 하는 데 미치는 영향에 대해 이해의 폭을 넓히기도 한다. 또한, 일련의 사회인지경력이론과 관련된 프레임워크는 개인의 경력개발에 영향을 미치는 환경요인들 사이의 복합적인 상호작용을 설명해주고 있다. 경력 동기부여와 한계에 대해 이해를 높이는 것 외에도, 일터에서의 영향요인들을 인식하는 것은 경력개발 과정을 개선하기 위해 조직이 노력하는 것과 마찬가지로 변화를 창출해낼 수 있다.

HR 내의 경력개발 역사에서 포스트모던적 구성주의 관점으로의 변화는 HR이 현재 경력환경에서 직면하고 있는 어려움을 설명하고 있다. 다양한 배경을 지닌 인적자원의 등장은 경력개발에 대한 좀 더 개별화된 접근법을 요구하지만, 이러한 개별적인 요구를 수용할 수 있는 체계적 구조를 개발하는 것은 어려운 과제라고 할 수 있다. 경력심리학과 HR 모두 이러한 변화의 과정에서 어려움에 직면해 있다(이와 관련된 몇 가지 예는 아래를 참고하라). 먼저 구성주의 경력심리학 및 HR 내의 경력개발에 걸쳐 중요하게 다루어지는 두 가지 개념을 설명하고 이러한 우려를 해결하기 위한 조직 및 개인 전략을 탐색하고자 한다.

HR 및 경력심리학 전문가들의 공통적인 우려사항

이 두 분야는 함께 협력하여 업무를 수행하는 경우가 드물지만, 현 21세기 경력개발과 관련하여 몇 가지 공통적인 우려를 갖고 있다.

- 이론과 실천의 통합 : 이를 통해 전문가들이 보다 확고한 토대 위에 업무를 수행할 수 있다.

- 논쟁의 여지가 있는 영역 : HR과 심리학은 모두 경력에 대한 조직 대(對) 개인이라는 이분법에 직면해 있다. 둘 다 타협안이 무엇인지를 알고는 있으나 그것에 도달하는 데 어려움을 겪고 있다.

- 경력 행위자로서 개인에 초점이 맞추어지면서 새롭게 등장한 경력 전문가의 역할 : '전문가'라기 보다는 '퍼실리테이터'로서의 역할수행이 필요하다.

- 21세기 경력개발 업무에 필요한 역량을 갖춘 전문가 교육 및 훈련이 요구된다.

- 객관적 목표보다 주관적인 목표를 중시하는 환경에서의 경력개발의 결과 측정은 용이하지 않다.

출처 : Patton & McMahon (2006b); Tang (2003); Watson (2006).

첫째는 평생학습이다. Patton과 McMahon(2006b)은 '전생애 경력개발 학습' 이라는 제목의 글에서 새로운 직업적 안정성은 어디에서든 시장성으로 전환될 수 있는 고용가능성의 기술을 개발하는 데 있다고 거듭 강조했다. 이들은 "대부분의 개인은 한 번은 일자리를 찾고 그 일을 지속적으로 수행할 뿐만 아니라 이 과정을 일생 동안 반복한다(p.229)"라고 주장하였다. Rottinghaus와 Van Esbroeck(2011)은 "이제 개인은 자신의 경력을 예측할 수 없는 평생에 걸친 진화의 과정으로 이해해야 한다(p.45)"고 하였는데, 평생학습의 필요성과 혼돈 이론 뒤에 숨겨진 아이디어들을 강조하였다. 전통적으로, 경력과 관련된 의사 결정은 주로 경력을 시작하는 사람들에게만 해당하는 사안이었지만 이제는 정기적으로 연마해야 할 기술이 되었는데, 이에 따라 경력정보에 대한 접근과 직업을 찾는 기술에 대한 훈련이 요구되고 있다(Feller & Peila-Shuster, 2012; Patton & McMahon, 2006b). 평생에 걸친 경력탐색과 의사결정과정이라는 현실은 HR에서 경력개발의 역할이 확장됨을 의미한다.

경력주체로서의 개인을 강조하는 구성주의자들은 업무현장에서 숙련을 달성하게 해주는 또 다른 기술로서 경력에 대한 자기관리를 강조한다. HRD분야의 연구는 현재의 경력환경이 조직이 통제하는 경력개발에서 개인의 주도적 개발을 포함하는 방향으로 전환하고 있지만(예를 들면, Doyle, 2000; McDonald & Hite, 2005), 그러한 이행의 속도가 느리다는 점은 인정하고 있다. 개인들이 자신의 경력을 스스로 관리하도록 준비하는 것이 아마도 하나의 출발점일 것이다(Patton & McMahon, 2006b). 자신의 경력을 통제하려면 지식, 적응적 사고방식, 조직의 지원 등이 필요하다.

주로 개인의 배경, 교육 그리고 지금까지의 업무 경험에 따라 필요한 지식은 달라질 수 있다. 젊은 직원들은 자신과 경력계획에 대해 학습하기 위해 더 많은 도움을 필요로 할 것이다(예를 들면, 자신의 강점을 활용하고, 직업 정보를 수집하며, 적절한 교육훈련을 선택하고, 네트워크를 개발하는 일 등에서; King, 2004). 이러한 젊은 직원들의 고용가능성을 증가시키고 새로운 기회와 도전을 찾기 위해 이들의 선배들도 도움이 필요하다. 개인이 지닌 이러한 학습요구를 확인하고 이를 충족하도록 돕는 것은 HR 내에서 경력개발 프로세스의 일부가 된다.

Savickas(2005)는 경력적응력을 "현재 혹은 머지않은 미래에 직업세계에서의 개발과제, 직업 전환, 개인적인 트라우마 등에 대처하는데 필요한 개인의 준비도와 자원을 나타내는 심리사회적 구인(p.51)"이라고 정의하였다. 이러한 정의는 이번 장의 앞부분에서 언급한, 경력성숙도와 적응력에 대한 Super의 구인들의 통합을 통해 도출된 것이다. 적응력은 경력과 관련된 관심, 통제력, 호기심, 자신감을 나타내는 것으로 개념화되고 있다(적응력에 대한 자세한 내용은 3장 참조)[16].

---

16 3장에서도 언급한 바와 같이 Savickas는 이들 '4Cs(즉, 관심[concern], 통제력[control], 호기심[curiosity], 자신감[confidence])'를 적응력을 향상하기 위한 네 가지 자원 및 전략으로 꼽았다.

자기효능감과 계획수립과 관련된 동기요인들에 대한 종합적 판단, 주도적 태도, 경력과 관련된 가능성을 탐색하는 것 등은 경력관리에서는 필수적이지만, 이들 각각을 능숙하게 실행에 옮기기 위해서는 경력개발 실천전략이 요구된다. 예를 들어, 효능감은 도전적인 과제에 대한 성공적 경험(Savickas, 2005)을 통해 비롯되지만, 그러한 과제를 현명하게 선택하기 위해 학습하고 그 과제에 접근하게 되는 것은 일련의 경력개발과 관련된 행동을 수반한다. 마찬가지로, 동기는 개인의 관심과 상호작용하는 환경요인에 따라서 달라질 수 있다(앞서 언급된 사회인지경력이론 또는 6장 참조). 적응적 사고방식을 육성하는 HR의 역할은 각 인적자원에 대한 지지를 표명하고(예를 들면, 동등한 접근을 보장하는 정책)과 전통적인 실천전략(예를 들면, 교육훈련, 멘토링 프로그램 등)의 결합을 통해 이루어질 가능성이 높다.

지지를 표명하거나 실천전략을 수행하는 것은 최종적으로는 조직의 지원으로 연결된다. King(2004)은 경력에 대한 자기관리에서조차, "사람들은 희망하는 경력 결과물에 대해서 완전한 의사 결정권을 가지고 있지 않다(p.118)"라고 하였다. 왜냐하면, 급여나 고용 유지 또는 다양한 기회에 대한 접근 등과 같은 문제에 대한 의사결정은 일반적으로 조직 내 다른 사람에 의해 이루어지기 때문이다. 그러나 개인이 자신의 경력개발에 조직이 투자하고 있다고 인식할 때에는, 조직에 보다 적극적으로 참여하려고 하거나, 머무르고, 혹은 업무에 더 많은 투자를 하는 것으로 밝혀져 있다(Arnold & Cohen, 2013). 예를 들어, 2006년 네덜란드에서 수행된 한 연구는 다음과 같이 밝히고 있다.

> 인적자원관리 및 개발분야의 중요한 결론은 일터에서의 경력역량과 경력지원 사이의 관계에 관한 것이다. 직장에서 경력지원을 경험하는 직원은 이를 덜 경험하는 직원에 비해 더 높은 수준의 경력역량을 발휘하는 것으로 나타났다. (Kuijpers & Scheerens, 2006, p.317)

경력개발 전반에 미치는 영향과 특히 경력 자기관리에 대해 조직의 정책 및 실천에 관한 책임은 조직의 지원 요인들에 있다. 또한, 조직의 지원 요인들은 HR 내의 포괄적인 경력개발시스템이 지닌 전략적 영향력을 나타낸다(구체적인 경력개발의 실천전략은 4장을 참고하라).

3. 조직수준의 실천사항

이 책의 다른 장에서는 조직 내 포괄적 경력개발 지원기능 중 하나인 체계적 경력개발전략을 강조하였다. 예를 들어, 4장에서는 멘토링, 코칭, 과제확장, 승계계획 및 경력경로에 대해 설명한 바 있다. 이번 장은 주로 경력개발에서 행위의 주체로서 역할을 하는 개인과 가장 직접적으로 관계되어 있는 추가적인 실천전략에 초점을 맞추고자 한다.

흥미롭게도, 경력관리는 마치 HR에서 논쟁의 여지가 있는 영역을 가로지르는 다리와 같다고 할 수 있다. Arnold와 Cohen(2013)은 다음과 같이 주장하였다.

> 경력에 대한 조직의 관점과 개인의 관점이 충돌하는 것으로 간주하는 경향이 있지만, …(중략)… 경력관리와 관련된 실천전략과 관련하여 개인과 조직이 조화롭게, 혹은 적어도 협력적으로 이를 운영할 수 있다는 증거들이 축적되고 있다. (p.294)

그들의 이러한 주장은 앞서 언급한 Kuijpers와 Scheerens(2006)의 연구와 유사하여 조직의 경력지원과 경력에 대한 자기관리 사이에서 서로 이익을 주고받아 시너지효과를 나타낸다는 연구결과에 기초하고 있다. 다른 연구에서는 상호 이익의 가능성을 강조하였는데, 조직의 경력지원은 내부 고용가능성에 대해 더 큰 효과를 지니고 있지만, "직원들이 조직 내부의 고용가능성뿐만 아니라, 조직 외부의 고용가능성도 키울 것을 장려한다"는 사실을 확인하였다 (Verbruggen, Sels, & Forrier, 2007, p.79). 물론 주의해야 할 일들도 있다. 예를 들어, 조직이 특정 기회에 대해 접근을 제한하거나 개인에게 피드백을 제공하기 위해 수집한 데이터를 활용하여 경력개발을 가장한 개인의 행동을 감시하는 경우 조직과 개인 사이의 신뢰는 손상될 것이다(Arnold & Cohen, 2013). 따라서 다음에서 제시되고 있는 첫 번째 권고사항은 포괄적이며 다른 나머지 권고사항의 토대를 마련해 주고 있다.

- 경력기회와 이에 대한 접근을 지원하는 전략과 절차를 통해 투명하고 개방적인 인적자원개발의 문화를 조성하라.

평생학습과 반복적 경력의사결정의 필요성에 대한 논의는 자신 스스로와 조직 내외부의 경력기회에 대한 정보를 제공하는 실천전략의 토대를 제공한다. 이들 중 일부에는 개인에 대한 평가뿐 아니라 기술습득까지를 포함하는 경력계획워크샵 등과 같이 목적을 지닌 교육훈련 등이 포함된다. 이러한 워크샵은 경력센터(career resource center)와 연계하여 상황에 따라 면대면의 방법이나 인터넷을 통해 개인 탐색을 촉진하는 정보를 제공함으로써 효과적으로 운영될 수 있다(Arnold & Cohen, 2013). 온라인 경력개발에 대해서는 주의할 점과 동시에 가능성에 대한 논의가 확장되고 있는데 이를 간단히 다루어 보면 다음과 같다.

경력개발에 사용될 수 있는 인터넷 자료들은 최근 몇십 년 동안 증대되었고 또한 질적인 측면에서도 진보를 나타내고 있다. 이제 온라인을 통해 평가 및 평가결과의 해석, 다양한 경력정보(예를 들면, 광범위한 데이터베이스인 O*NET 및 경력데이터의 핵심자료인 Occupational Outlook Handbook의 온라인 버전)의 활용17, 컴퓨터 기반의 경력지원시스템 등을 활용할 수 있게 되었다(Sampson & Osborn, 2015). 예상할 수 있듯이, 이들의 가장 큰 장점은 정보와 학습기회에

---

17 우리나라의 경우 구직 및 구인정보와 직업, 진로정보 등 종합적인 경력정보는 워크넷(http://www.work.go.kr)을 통해 제공되고 있다.

대한 접근 용이, 비용 절감, 익명성 등이다. 그러나 정보나 평가의 결과가 서로 동일하지 않고, 개인의 정보가 누설될 수 있으며, 필요할 때 전문적 지원이 부족할 수 있다는 점 등은 큰 한계점으로 인식되고 있다(Sampson & Osborn, 2015).

그 밖의 경력개발을 지원하는 자원에는 개인의 장점을 키우고 성과를 개선하며 목표에 부합한 각 개인의 개발계획을 수립하도록 독려하는 개발센터(development center)18 등이 포함될 수 있다(Arnold & Cohen, 2013). 따라서 두 번째의 권고사항은 다음과 같다.

• 시스템 내 모든 사용자가 사용할 수 있는 일반적인 자원과 개별화된 피드백 및 계획을 제공하는 지원 전략을 개발하라.

위에서 언급된 전문적 지원에 대한 우려는 지금 이 시대 경력개발의 더 큰 이슈인 경력개발 전문가들의 역량으로 그 논의가 이어질 수 있다. 우리는 이미 1장에서 일반적 역량에 대해 언급한 바 있지만, 경력심리학의 이론과 이와 관련된 실천전략에 대한 논의를 통해서도 새로운 문제들이 제기되고 있음을 알 수 있게 된다. 현 시대의 경력이 지닌 복잡성으로 인해 HR 전문가들이 제공할 수 있는 것보다 더 많은 것들이 요구되고 있는 것이다. 앞에서 다루었던 구성주의 이론의 실행에 대해 한번 생각해 보자. 예를 들어, 광범위한 서사적 접근법은 인적자원개발이나 인적자원관리분야의 커리큘럼에서는 잘 다루지 않는 지식과 전문성을 요구한다. 이는 다른 경력개발 실천전략과는 다른 측면

---

18 개발센터(development center: DC)는 역량향상이나 효과적 업무수행을 위해 평가센터에서 사용하는 평가의 방법론을 이용하여 개인의 강점과 약점을 파악하고 이를 보완하기 위한 계획을 수립하는 절차로 이루어지는 일종의 교육훈련 방법이다. 즉, 개발센터는 개인의 역량을 확인하고 이러한 역량을 개발하기 위해 필요한 것이 무엇인지를 확인하도록 돕는 교육훈련의 목적이 우선시 된다. 반면 평가센터(assessment center: AC)는 다수의 평가방법을 통해 개인의 역량을 평가하는 것으로 주로 선발의 과정에서 활용한다. 평가센터는 조직의 경력개발 실천전략으로 이미 3장에서 언급된 바 있다.

을 지니고 있으며, 따라서 보완적 정보를 제공한다. 직원들이 자신에 대한 이해와 경력 자기효능감을 높이기 위해 일생의 여정을 밟아감에 따라, 이러한 서사적 접근법을 사용하는 경력개발 실천전략을 필요로 할 수도 있는 것이다. 이와 관련하여 일부 조직은 경력개발의 프로세스에 경력상담을 통합하기도 한다(이와 관련하여서는 아래의 내용을 참고하라).

경력상담의 활용

Wall Street Journal에 따르면, 몇몇 대기업들은 경력상담가를 고용하고 있는 것으로 알려지고 있다. 기업들은 경력개발전략을 통해 직원들의 이직을 줄이고자 노력하는데, Aflac, Genentech, American Express 등이 이 같은 조치를 취한 것으로 나타났다. 상담서비스는 종종 경력센터와 특정한 대상을 중심으로 운영되는 교육훈련 전략의 일부분으로 활용되고 있다.

출처 : Silverman (2015).

　조직은 필요에 따라서 경력상담전문가를 HR부서에 배치하거나 조직 외부에서 아웃소싱할 수 있을 것이다. Verbruggen 등(2007)은 외부 경력상담 전문가의 활용에 대해 연구하였는데(조직에 소속되지 않은 상담자들이 더 공정할 수 있다고 가정함), 직원들은 이러한 지원제도를 활용함으로써 이익을 얻게 되었다는 점을 발견하였다. Arnold와 Cohen(2013)은 내부의 전문가이든 외부의 전문가이든 모두 유효하다는 사실을 밝혀내었다. 조직이 고려할 수 있는 대안은 HR부서의 직원을 대상으로 경력개발 퍼실리테이터 교육을 이수하게 하는 것이다. 이와 관련하여 NCDA의 120시간 교육훈련 프로그램은 측정, 경력개발 모형 이해, 윤리적 및 법률적 문제 이해 등 12개 역량을 다루고 있다[19]. 선행연

---

19 NCDA(National Career Development Association)는 Certified Career Services Provider(CCSP)와 Global Career Development Facilitator(GCDF) 자격증 보유자들에게 요구되는 역량을 다

구들은 또한 개인들이 경력과 관련된 안내를 받기 위해 먼저 접근할 수 있기 때문에 현장의 관리자들을 대상으로 경력개발에 대한 이해도를 높이는 훈련을 시행할 것을 제안하고 있다. 이러한 내용에 기초하여 조직에 대한 다음과 같은 마지막 권고사항을 제시하고자 한다.

• 경력상담 전문가의 활용을 경력개발시스템에 추가하라.

4. 개인수준의 실천사항

이 절에서 제시되고 있는 권고사항은 연구결과에서 일관되게 언급하고 있는 내용과 경력개발을 추구하는 사람들에게서 명확히 드러나는 내용을 기초로 하고 있는데, 이 책 전체에 걸쳐 언급된 제언 사항들과 유사하여 반복이 될 수도 있음을 밝힌다. Lips-Wiersma와 Hall(2007)은 조직이라는 맥락 안에서 경력에 대한 새로운 접근이 필요함을 인식하였는데, 개인이 취할 수 있는 태도에 대해 몇 가지 사항을 제언한 바 있다. 이번 절에서는 Lips-Wiersma와 Hall의 제언을 제시하였으며, 추가로 자기 자신에 대한 경력관리에 적합하다고 판단되는 두 가지 권고사항을 추가하였다.

• 능동적으로 행동하라 : 앞서 언급한 바와 같이, 21세기에 경력을

음과 같이 제시하였다. NCDA에서 제시한 12개 역량은 ① 조력기술(helping skills), ② 노동시장의 정보와 자료 활용(labor market information and resources), ③ 측정(assessment), ④ 다양한 배경의 노동력 이해(diverse populations), ⑤ 윤리적 및 법률적 문제 이해(ethical and legal issues), ⑥ 경력개발 모형이해(career development models), ⑦ 고용가능성 향상 기술 이해(employability skills), ⑧ 고객 및 동료 교육(training clients and peers), ⑨ 경력개발 프로그램 관리 및 실행(program management/implementation), ⑩ 홍보 및 외부기관과의 관계 형성(promotion and public relations), ⑪ 테크놀로지 활용(technology), ⑫ 상담(consultation) 등이다. 이와 관련된 세부사항은 NCDA의 관련 홈페이지(http://www.ncda.org/aws/NCDA/pt/sp/facilitator_overview_competencies)에 제시되어 있다.

추구하는데 이것이 얼마나 근본적 태도인지는 이미 지속적으로 논
의한 바 있다.

- 당신의 기술을 향상하기 위한 기회를 추구하라 : 4장에서는 고용가
  능성과 가시성을 구축하기 위한 핵심요소로 과제확장에 대해 논의
  하였다. 새로운 일에 성공하는 것은 또한 당신의 경력 자기효능감
  을 향상할 것이다.
- 당신의 경력목표를 알려라 : 일단 다른 사람들이 당신의 포부를 알
  게 되면, 그들은 당신이 그 목표에 도달하도록 도울 수 있을 것이
  다.
- 솔직한 피드백을 받아보라 : 배우고자 하는 열린 마음이 있다는 것
  을 보여주어라. 성과평가를 넘어 잠재적 경력기회 혹은 변화에 대
  한 추가적 의견을 수집하라.
- 경력탄력성을 향상하라 : 경력은 하나의 목적지가 있는 것이 아닌
  여행임을 기억하라. 평생학습의 관점을 채택해야 하고, 변화에 유
  연하고 개방적 자세를 유지할 수 있도록 준비하여야 한다(Casio,
  2007; 경력탄력성에 대한 자세한 내용은 3장 및 7장 참조).
- 다양한 업무 경험을 축적하라 : 다양한 맥락에서 일할 기회를 모색
  함으로써 경력 포트폴리오의 깊이뿐만 아니라 넓이를 확대하라.
  (Arnold & Cohen, 2013; Karaevli & Hall, 2006)

5. 요약

이 장은 조직의 경력개발과 관련하여 더 나은 정보를 제공하고자 HR 이외
의 지식을 탐구하는 것의 가치를 강조하며 시작하였다. 이번 장에서는 경력심
리학 이론들이 21세기 경력에서 경력의 행위자로서의 개인의 측면을 강조하
였고, 평생학습과 개인의 경력관리에 적용할 수 있는 시사점을 제시하고 있다

는 점이 확인되었다. 이러한 시사점에 기초하여 조직과 개인에 대한 제언이
제시되었다. 이 책의 저자들은 조직이 경력개발과 관련된 광범위한 지식을 반
영하여 조직과 개인 모두에게 이익을 제공할 수 있는 경력개발시스템을 구축
하기를 희망한다.

참고문헌

Arnold, J., & Cohen, L. (2013). Careers in organizations. In W. B. Walsh, M. L. Savickas, & P. J. Hartung (Eds.), *Handbook of vocational psychology: Theory, research, and practice* (4th ed., pp. 273–304). New York: Routledge.

Cameron, R. (2009). Theoretical bridge building: The career development project for the 21st century meets the new era of human resource development. *Australian Journal of Career Development, 18*(3), 9–17.

Casio, W. F. (2007). Trends, paradoxes, and some directions for research in career studies. In H. Gunz & M. Peiperl (Eds.), *Handbook of career studies* (pp. 549–557). Los Angeles: Sage.

Chope, R. C. (2015). Card sorts, sentence completions, and other qualitative assessments. In P. Hartung, M. Savickas, & W. B. Walsh (Eds.), *APA handbooks in psychology: Vol. II. Applications. APA handbook of career interventions* (pp. 71–84). Washington, DC: American Psychological Association.

Dik, B. J., & Rottinghaus, P. J. (2013). Assessments of interests. In K. F. Geisinger (Ed.), *APA handbook of testing and assessment in psychology: Vol. II. Testing and assessment in clinical and counseling psychology* (pp. 325–348). Washington, DC: American Psychological Association.

Doyle, M. (2000). Managing careers in organisations. In A. Collins & R. A. Young (Eds.), *The future of careers* (pp. 228–242). Cambridge: Cambridge University Press.

Egan, T. M., Upton, M. G., & Lynham, S. A. (2006). Career development: Load-bearing wall or window dressing? Exploring definitions, theories, and prospects for HRD-related theory building. *Human Resource Development Review, 5*(4), 442-477.

Einarsdottir, S., & Rounds, J. (2009). Gender bias and construct validity in vocational interest measurement: Differential item functioning in the Strong Interest Inventory. *Journal of Vocational Behavior, 74*(3), 295-307.

Feller, R. W., & Peila-Shuster, J. J. (2012). Designing career development plans with clients. In D. Capuzzi & M. D. Stauffer (Eds.), *Career counseling: Foundations, perspectives, and applications* (2nd ed., pp. 223-252). New York: Routledge Taylor & Francis.

Fitzgerald, L., & Harmon, L. (2001). Women's career development: A postmodern update. In F. Leong & A. Barak (Eds.), *Contemporary models in vocational psychology* (pp. 207-230). Mahwah, NJ: Lawrence Erlbaum.

Fouad, N. (2002). Cross-cultural differences in vocational interests: Between groups differences on the Strong Interest Inventory. *Journal of Counseling Psychology, 49*(3), 283-289.

Gottfredson, L. S. (1981). Circumscription and compromise: A developmental theory of occupational aspirations. *Journal of Counseling Psychology, 28*(6), 545-579.

Hansen, J. C. (2005). Assessment of interests. In S. Brown & R. Lent (Eds.), *Career development and counseling: Putting theory and research to work* (pp. 281-304). Hoboken, NJ: Wiley.

Hartung, P. J. (2013a). The life-span, life-space theory of careers. In S. Brown & R. Lent (Eds.), *Career development and counseling: Putting theory and research to work* (2nd ed., pp. 83-114). Hoboken, NJ: Wiley.

Hartung, P. J. (2013b). Career as story: Making the narrative turn. In W. B. Walsh, M. L. Savickas, & P. J. Hartung (Eds.), *Handbook of vocational psychology: Theory, research, and practice* (4th ed., pp. 33-52). New York: Routledge.

Holland, J. L. (1962). Some explorations of a theory of vocational choice: I. One- and two-year longitudinal studies. *Psychological Monographs: General and Applied, 76*(26, Serial No. 545), 1-49.

Hutchinson, B., & Niles, S. G. (2009). Career development theories. In I. Marini & M. Stebnicki (Eds.), *The professional counselor's desk reference* (pp. 467-476). New York: Springer.

Inkson, K., & King, Z. (2011). Contested terrain in careers: A psychological contract model. *Human Relations, 64*(1), 37-57.

Juntunen, C. L., & Even, C. E. (2012). Theories of vocational psychology. In N. A. Fouad (Ed.), *APA handbook of counseling psychology: Vol. I . Theories, research, and methods* (pp. 237-267). Washington, DC: American Psychological Association.

Karaevli, A., & Hall, D. T. (2006). How career variety promotes the adaptability of managers: A theoretical model. *Journal of Vocational Behavior, 69*(3), 359-373.

King, A. (2004). Career self-management: Its nature, causes and consequences. *Journal of Vocational Behavior, 65*(1), 112-133.

Krumboltz, J. D. (2009). The happenstance learning theory. *Journal of Career Assessment, 17*(2), 135-154.

Kuijpers, M. A. C. T., & Scheerens, J. (2006). Career competencies for the modern career. *Journal of Career Development, 32*(4), 303-319.

Lent, R. W. (2013). Social cognitive career theory. In S. Brown & R. Lent (Eds.), *Career development and counseling: Putting theory and research to work* (2nd ed., pp. 115-146). Hoboken, NJ: Wiley.

Lent, R. W., & Brown, S. D. (2006). Integrating person and situation perspectives on work satisfaction: A social-cognitive view. *Journal of Vocational Behavior, 69*(2), 236-247.

Lent, R. W., Brown, S. D., & Hackett, G. (2000). Contextual supports and barriers to career choice: A social cognitive analysis. *Journal of Counseling Psychology, 47*(1), 36-49.

Lips-Wiersma, M., & Hall, D. T. (2007). Organizational career development is not dead: A case study on managing the new career during organizational change. *Journal of Organizational Behavior, 28*(6), 771-792.

McDonald, K. S., & Hite, L. M. (2005). Reviving the relevance of career development in human resource development. *Human Resource Development Review, 4*(4), 418-439.

McDonald, K. S., & Hite, L. M. (2014). Contemporary career literature and HRD. In N. E. Chalofsky, T. S. Rocco, & M. L. Morris (Eds.), *Handbook of human resource development* (pp. 353-368). Hoboken, NJ: Wiley.

McIlveen, P., & Patton, W. (2007). Narrative career counselling: Theory and exemplars of practice. *Australian Psychologist, 42*(3), 226-235.

Parsons, F. (1909). *Choosing a vocation.* Boston: Houghton Mifflin.

Patton, W., & McMahon, M. (2006a). Constructivism: What does it mean for career counselling? In M. McMahon & W. Patton (Eds.), *Career counseling: Constructivist approaches* (pp. 3–15). London: Routledge.

Patton, W., & McMahon, M. (2006b). *Career development and systems theory: Connecting theory and practice*. Rotterdam, Netherlands: Sense.

Pryor, G. L., & Bright, J. E. (2006). Counseling chaos: Techniques for practitioners. *Journal of Employment Counseling, 43*(1), 2–16.

Richardson, J. S., Constantine, K., & Washburn, M. (2005). New directions for theory development in vocational psychology. In W. B. Walsh & M. L. Savickas (Eds.), *Handbook of vocational psychology: Theory, research, and practice* (3rd ed., pp. 51–84). Mahwah, NJ: Earlbaum.

Rottinghaus, P. J., & Van Esbroeck, R. (2011). Improving person-environment fit and self-knowledge. In P. J. Hartung & L. M. Subich (Eds.), *Developing self in work and career: Concepts, cases, and contexts* (pp. 35–52). Washington, DC: American Psychological Association.

Sampson, J. P. Jr., Hou, P.-C., Kronholz, J. F., Dozier, V. C., McClain, M.-C., Buzzetta, M., Pawley, E. K., Finklea, J. T., Peterson, G. W., Lenz, J. G., Reardon, R. C., Osborn, D. S., Hayden, S. C. W., Colvin, G. P., & Kennelly, E. L. (2014). A content analysis of career development theory, research, and practice-2013. *The Career Development Quarterly, 62*(4), 290–326.

Sampson, J. P., & Osborn, D. S. (2015). Using information and communication technology in delivering career interventions. In P. Hartung, M. Savickas, & W. B. Walsh (Eds.), *APA handbooks in psychology: Vol. Ⅱ. Applications. APA handbook of career interventions* (pp. 57–70). Washington, DC: American Psychological Association.

Savickas, M. (2005). The theory and practice of career construction. In S. Brown & R. Lent (Eds.), *Career development and counseling: Putting theory and research to work* (pp. 42–70). Hoboken, NJ: Wiley.

Savickas, M. (2012). Life design: A paradigm for career intervention in the 21st century. *Journal of Counseling and Development, 90*(1), 13–19.

Savickas, M. (2013). Career construction theory and practice. In S. Brown & R. Lent (Eds.), *Career development and counseling: Putting theory and research to work* (2nd ed., pp. 147–183). Hoboken, NJ: Wiley.

Schein, E. H. (1996). Career anchors revisited: Implications for career development in the 21st century. *The Academy of Management Executive, 10*(4), 80–88.

Sharf, R. S. (2013). Advances in theories of career development. In W. B. Walsh, M. L. Savickas, & P. J. Hartung (Eds.), *Handbook of vocational psychology: Theory, research, and practice* (4th ed., pp. 3–32). New York: Routledge.

Shoffner Creager, M. F., & Deacon, M. M. (2012). Trait and factor, developmental, learning, and cognitive theories. In D. Capuzzi & M. Stauffer (Eds.), *Career counseling: Foundations, perspectives, and applications* (2nd ed., pp. 43–79). New York: Routledge.

Silverman, R. E. (2015, January). Careers: Climbing career ladder with help. *Wall Street Journal*, Eastern edition, B.6. Retrieved from http://search.proquest.com.ezproxy.library.ipfw.edu/docview/1645012662?

Swanson, J. L., & Schneider, M. (2013). Minnesota theory of work adjustment. In S. Brown & R. Lent (Eds.), *Career development and counseling: Putting theory and research to work* (2nd ed., pp. 29–54). Hoboken, NJ: Wiley.

Tang, M. (2003). Career counseling in the future: Constructing, collaborating, advocating. *The Career Development Quarterly, 52*(1), 61–69.

Verbruggen, M., Sels, L., & Forrier, A. (2007). Unraveling the relationship between organizational career management and the need for external career counseling. *Journal of Vocational Behavior, 71*(1), 69–83.

Watson, M. B. (2006). Career counselling theory, culture and constructivism. In M. McMahon & W. Patton (Eds.), *Career counseling: Constructivist approaches* (pp. 45–56). London: Routledge.

Watson, M., Duarte, M. E., & Glavin, K. (2005). Cross-cultural perspectives on career assessment. *The Career Development Quarterly, 54*(1), 29–35.

CHAPTER 06

경력개발 장애요인 및
다양한 배경의 구성원

조직이 급변하는 환경에 적응하고 직원들이 고용가능성을 유지하도록 돕는
경력개발전략은 조직이 보유한 인력의 다양성에 그 토대를 둘 필요가 있다.

- Voelpel et al., 2012, p.509

이제 '다양한 문화적 배경의 글로벌 사회에서 살며 또한 일하고 있다'는 말
이 거의 상투적 표현이 되었다. 연구자들은 더 이상 다양한 문화적 배경의 일
터를 새로운 개념으로 생각하기보다 이를 당연하다고 인정한다. 또한, 조직은
이러한 현실을 감안하여 다양성을 다음과 같은 목표를 달성하기 위한 수단으
로 활용하고 있다.

- (틈새시장 공략 및 다양한 측면의 창의성 활용을 통한) 글로벌 경쟁력
  유지
- (변화하는 인적자원의 인구통계학적 배경에 유의하여) 최고의 직원을
  유인하고 보유
- (구성원들의 선행을 통해) 업계나 지역사회에서 좋은 파트너 혹은 윤리적
  책임감을 지닌 시민으로서의 이미지 제고 (Mor Barak, 2014; Thomas, 2005)

그러나 여전히 많은 조직은 서로 다른 업무관행이나 절차를 수용하고 그들
의 전통적 운영방식에 이를 통합하여 조직 전체에 걸친 수용적 문화를 구축하
는 일련의 과정에서 어려움을 겪고 있다. 예를 들어, 많은 조직이 (입법의 추진
으로 혹은 자신의 선택에 의해) 다양한 배경을 지닌 인력을 선발하는 데에는 익
숙해졌지만, 선발된 신입사원을 보유하거나 조직을 강화하기 위해 다양성을
활용하는 방법을 익히는 일에는 아직 미숙하다. 이러한 딜레마는 서로 다른

수준에서 다양성에 대한 관심을 촉발하였다.

> 다양한 배경을 지닌 직원들이 있다고 해서 해당 조직이 문화적 배경의
> 차이를 당연히 환영한다고 할 수는 없다. 또한, 다양한 배경의 직원들
> 을 지니고 있다고 해서 해당 기업이 반드시 성과를 향상시키기 위해
> 다양성을 활용하고 있다고 할 수도 없다. (Bristol & Tisdell, 2010, p.225)

보다 수용적 조직문화를 구축할 수 있는 방법 중 하나는 (전통적으로 다수를 차지하지만 동시에 주목받지 못하는) 전체 인력에게 제공할 수 있는 경력개발의 기회를 극대화할 수 있도록 이를 검토하고 수정하는 것인데, 이러한 과정을 통해 궁극적으로는 조직의 성과를 향상할 수 있다.

역사적으로 조직은 개인의 필요에 대해서는 훨씬 덜 관심을 기울여왔고, 조직의 성장과 연속성을 유지하기 위해 어떻게 직원들을 개발할 수 있을 것인지에 더 많은 관심을 기울여왔다. 그러나 경력개발은 결코 '모든 사람에게 적용되는' 전략은 아니었다. 우연하게 경력개발의 대상이 백인 남성 노동자들로 제한될 때, 조직은 경력에 대한 편협한 관점을 공유하게 된다. 이 책이 이미 언급한 바와 같이 현재의 경력환경은 그러한 조직 주도적이고 조직 중심적 접근방식을 거부한다. 이제는 경력개발에 대한 견해가 다양한 배경의 직원들까지도 대상으로 하는 방향으로 확장되어야 한다. 연구에 따르면, 주목받지 못하고 잘 드러나지 않는 개인들이 "경력개발에서 큰 장애요인들에 직면하고 있다 (Niles & Harris-Bowlsbey, 2013, p.130)"고 알려져 있다. 개인이 자신의 경력경로를 위해 더 많이 투자할수록, 조직과 HR은 경력개발을 지원하는 새로운 방식에 적응해야 할 뿐만 아니라 다양한 배경을 지닌 구성원들이 경험하는 장애요인을 파악하고 있어야 한다. 이번 장에서는 조직 및 개인수준에 대한 탐색을 통해 주요 장애요인을 살펴보고자 한다. 또한, 보다 수용적인 경력문화를 구축하기 위해 사용할 수 있는 실천전략과 소수자집단에 속한 개인들이 자신의 경력개발의 가능성을 높이기 위해 사용할 수 있는 방법에 대해서도 논의할 것이다.

다음의 두 가지 이슈를 살펴보고 구체적 논의를 진행하고자 한다.

- 일터에서의 다양성에 대한 연구는 다른 형태의 차이보다 성별에 더 많은 비중이 할애되어 있다(Ryan & Haslam, 2007). 경력개발 분야의 연구에서도 이러한 경향은 나타난다. 이러한 사실이 직장에서 성별과 관련된 차별의 문제가 해결되었다는 것을 의미하지는 않는다. 단지 다른 유형의 다양성 이슈보다 해당 이슈에 대해 더 많은 연구가 수행되었다는 것을 말해줄 뿐이다. 이러한 성별과 관련된 이슈는 조직과 사회 전체가 가장 쉽게 언급할 수 있는 차별과 관련된 영역이다. 이와 더불어 여전히 많은 소수자집단이 존재하고 있지만 백인 여성들은 일터에서 그 비중이 높아지고 있는데, 이에 따라 이들을 대상으로 한 많은 연구가 진행되고 있다는 점도 주목할 필요가 있다. 그러나 역시 연구의 비중이 높아진다고 하여, 경력의 기회가 동등하게 주어진다고 생각하는 것은 오해다. 여전히 이들은 조직 내 권력의 문제에서 약자에 속한다. 우리가 성별 연구의 결과에 대한 추론을 통해 다른 소수자집단의 문제를 확인할 수는 있지만, 그러한 연구들이 모든 다양성의 문제를 포착하는데 적절하다고 볼 수는 없다. 각 소수자집단에 속한 개인들은 이 책이 모두 언급할 수 없는 각 집단만의 독특한 장애요인들을 경험하고 있기 때문이다.

- 연구라는 특성상 다양성을 다룬 연구에서는 여러 부류 중 하나를 선택하도록 강조하지만(예를 들면, 성별, 인종, 나이), 현실은 그렇지 않은 경우가 있다. 교차성(intersectionality)[20]의 개념은 한 인간은

---

20 대표적인 교차성과 관련된 논의 중 하나는 1960년대 흑인 페미니즘에서 찾아볼 수 있다. 당시 흑인 여성들은 자신들이 경험하는 차별이 복합적인 성격을 지니고 있다고 주장하였는데, 흑인 페미니즘에서 이러한 교차성은 핵심적 개념이라고 할 수 있다.

다양한 유형의 정체성(예를 들면, 흑인 레즈비언이나 50세 이상의 청각
장애인)이 모자이크를 이룬 결과라는 점을 강조한다. 또한, 교차성
은 여러 가지 요인들이 복합적으로 작용할 때 한 부분에서의 차이
가 잠재적으로는 큰 장애요인으로 발전할 수 있다는 점도 지적하
고 있다(Shore et al., 2011). 특정 상황 혹은 특정 개인에게는 정체
성을 이루는 여러 측면 중에서 하나의 측면이 더 두드러져 보일
수 있고 더 강한 반응을 불러일으킬 수도 있다. 복합적인 효과가
지닌 역동성은 늘 존재한다고 할 수 있다.

다양한 배경을 지닌 노동력이 경험하는 경력개발에서의 장애요인에 대해서
는 이번 장에서만 다룰 것이기 때문에, 이후 논의는 소수자집단에 영향을 미
치는 장애요인의 유형에 따라 논의를 진행하고자 한다. 이번 장에서 언급되는
참고문헌들을 통해서는 특정한 배경을 지닌 개인들의 경력개발을 제한하는 이
슈를 보다 깊이 탐구할 수 있을 것으로 기대한다.

1. 조직수준의 장애요인

소수자집단에 속한 개인들의 경력개발에 대한 조직수준의 장애요인은 해당
조직의 문화를 반영하는 것일 수 있지만, 일부는 외부환경으로부터 유입된 것
으로 볼 수도 있다(Thomas, 2005). 이전 장에서 논의한 외부환경의 영향과 더
불어 소수자집단에 속한 개인들에게도 외부환경은 일정한 영향을 미친다.

1) 사회적 영향

'스테레오타입[21]'이라는 용어는 잘 알려졌지만, 논의를 시작하기 위해서는
이를 간단히 정의하는 것이 필요하다. 이 개념을 처음 정의한 것이 Thomas는

아니지만, 그의 정의를 출발점으로 삼을 수 있다. Thomas(2005)는 "스테레오타입은 한 개인이 속해 있는 집단에 근거한 (대개는 부정적) 일반화(p.78)"라고 정의하였다. 사실 일종의 고정관념을 이용하는 것에 마음이 끌리는 것은 인간의 본성이다. 사람들은 고정관념을 사용함으로써 다른 사람들과 상호작용할 때 제한된 지식을 적용하여 보다 편안함을 느낄 수 있게 된다(Mor Barak, 2014). 사람들이 스테레오타입에 대해 인식하지 못하는 것은 지나치게 단순화된 일반성에 바탕을 두고 있기 때문인데, 이는 특정 집단의 모든 사람을 하나의 범주 안에 묶고 이들의 개별적 차이를 부정하는 것에서 기인한다. 따라서 표면적으로는 긍정적인 것으로 보일 수 있는 스테레오타입도 (예를 들면, 아시아인들은 수학을 잘한다는 등의 스테레오타입) 부정적 영향을 미칠 수 있다(Thomas, 2005).

　Bell(2012)은 스테레오타입과 경력개발에 대한 또 다른 우려를 지적하였는데, 이들 스테레오타입과 경력개발이 "편견을 초래할 수 있고, 결국에는 차별로 이어질 수 있다(p.43)"는 점을 언급한 바 있다. 반대되는 증거에도 불구하고 스테레오타입과 같이 편견도 종종 잘못된 일반화를 고집하는 것에 그 토대를 두고 있다(Allport, 1979; Bell, 2012). 편견은 누군가를 특정 집단에 속한다고 인식하고, 그 대상을 대개는 부정적으로 미리 판단하기 위해 사용한다(Mor Barak, 2014). 스테레오타입과 마찬가지로 사람들은 자신과 다른 집단에 속한 사람들을 부정적으로 평가하고, 자신과 비슷한 사람들은 긍정적으로 평가하는 경향이 있다. 그러한 태도에 기초하여 행동하는 것은 '주의(ism)'라고 불리는 (예를 들면, 성차별주의, 인종차별주의, 동성애차별주의, 장애인차별주의, 연령차별주의, 계급주의 등) 일련의 차별을 만들어낸다. 관련 연구는 스테레오타입에 대해서와 같이 편견을 갖는 것은 인간의 본성이지만, 그러한 본성을 인식하고 무

---

21 '스테레오타입'이라는 용어는 사회학 혹은 심리학 등에서 사용되는데, 특정한 신념이 사회나 사회집단에 확산된 일종의 고정관념이라고 할 수 있다. 국내 사회학 및 관련 분야의 연구에서는 고정관념 등의 용어로 번역하지 않고 '스테레오타입'이라는 용어를 사용하고 있는데 이를 참고하여 해당 용어를 번역하였음을 밝힌다.

의식적인 차별적 행동을 하지 않으며 다른 사람들의 경력의 기회를 해치지 않도록 해야 한다는 점을 지적한다. 하지만 자신의 이미지를 관리하기 위해 많은 사람은 스스로가 이러한 편향된 견해를 지니고 있다는 점을 인정하지 않으려 한다. 누군가가 '나는 편견을 지니고 있지 않아'라고 말하는 것을 얼마나 많이 들었는지 생각해 보라. 아이러니하게도, 그러한 말은 대개 반대로 말하거나 행동할 때 자주 사용된다.

이와 비슷하게 자신이 다른 문화에 개방적이라고 생각하면서도 자신도 모르는 사이에 다른 국가나 지역의 관습과 가치를 자신의 것보다 열등하다고 생각하는 경우도 흔하다. 이러한 자민족중심주의적(ethnocentric) 관점에 기초하면, 자신의 문화를 기준이나 표준으로 삼고 그에 따라 행동하게 된다(Thomas, 2005). 이것 또한 인간의 본성이라고 할 수 있다. 사람들은 자연적으로 자신의 문화가 최고라고 생각하기 때문에, 자신의 문화적 관행에서 멀어질수록 이상하다고 생각하거나 부적절하게 평가한다. 올바르고 적합한 행동이 무엇인지에 대한 편협한 관점은 단순히 문화적 지능이 부족한 탓일 수도 있고, 적절하다고 생각하는 것에 대해 편협한 고집을 부리는 것일 수 있다. 어떤 경우든 조직 내에서 힘을 가진 사람이 자신 스스로가 제한된 시각을 지니고 있다는 점을 알지 못하거나 이러한 것에 무관심하다면, 그러한 제한된 시각에 부합하지 않은 문화적 원리를 지닌 직원들의 평가는 좋지 않을 수 있다. 이것은 결국 그 개인들의 경력에도 부정적 영향을 미치게 된다.

사회적 편견과 고정관념은 조직문화에 깊은 영향을 미칠 수 있으며, 결과적으로 가정을 하는 것만으로도 경력개발을 본궤도에서 이탈하게 할 수 있다. 서술적 스테레오타입은 일반적으로 유지되는 믿음에 근거하여 특정 집단의 구성원이 어떤 사람인지를 규정하는 것이다(Caleo & Heilman, 2013). 이러한 서술적 스테레오타입에는 여성들에게는 리더에게 요구되는 자질이 결여되어 있다고 믿거나(Caleo & Heilman, 2013), 고령의 노동자들은 새로운 기술을 받아들일 수 없거나 받아들이지 않는다고 생각하거나(Wang, Olson, & Shultz, 2013) 경력개발에 무관심하다고 인식하거나(Ng & Feldman, 2012) 혹은 장애가 있는 직원을 고용하면 생산성이 낮아질 것(Rocco, Bowman, & Bryant, 2014)이라고 생각하는 것 등이 포함된다. 이러한 널리 퍼져있는 오해들은 종종 조직에 영향을 미치는데 고용, 교육훈련 및 개발, 멘토링, 혹은 경력개발에 직접적인 영향을 미치는 주요 프로젝트에 대한 자원의 투입 등에 영향을 미칠 수 있다.

종종 스테레오타입은 미리 정해진 기대를 동반한다. 만약 충족되지 않을 경우 이러한 규범적 스테레오타입은 부정적 평가로 이어진다(Caleo & Heilman, 2013). 예를 들어 Fernando와 Cohen(2014)은 직업적 성취 혹은 경력에서의 진보와는 상충하는 '존경하는 여성성(femininity)'이라는 사회적 이상을 추구해야 하는 스리랑카 여성들의 딜레마를 논의한 바 있다. 즉, 경력을 개발하기 위해 필수적인 전문가들과의 네트워크를 형성하게 하는 업무 후의 사회활동은 문화적 규범에 의해 정의된 여성성을 지키는 데 도전적 요인이 된다는 것이다. 그러한 상황에서 두 가지 형태의 기대를 모두 유지하기 위해서는 남성 배우자가 다른 곳에 사용할 수 있는 시간과 에너지를 추가로 투입해야 한다. 미국의 경우, Mor Barak(2014)은 여성 지도자가 지나치게 공격적 태도를 보여 승진을 거부당해 제기된 소송의 사례를 언급하였는데, 이는 명백히 여성 지도자에게 요구되는 적절한 행동이라는 고정관념과 부합하지 않았기 때문으로 밝히고 있다. 일반적으로 남성에게는 칭찬받는 리더로서의 행동이 여성에게는 비난을 불러일으킬 수 있다는 인식이 있으며 이는 사람들에게 내재된 이중적 기준으로 지적되고 있다(Caleo & Heilman, 2013). 한 가지 주목할 점은 사람들은 규범적인 사회적 고정관념을 논의할 때 종종 성별과 관련된 사례를 먼저 떠올리지만, 다른 사례들에 대해서는 둔감하다는 점이다. 예를 들어, 일터에서는 장애인들이 승진을 기대하기보다는 단지 직업을 갖고 있다는 것에 감사해야 한다고 생각하는 경우가 흔하며, 아시아계 직원들은 리더로서의 역할을 수행하려고 하지 않는다고 가정할 때가 있는데, 이는 경력기회를 좌절시키는 편협하게 정의된 사회적 고정관념이 강화된 예라고 할 수 있다.

HR 전문가들은 특히 자신들이 지닌 스테레오타입과 편견을 인식할 필요가 있다. 왜냐하면, 이들은 경력개발 기회와 관련된 채용이나 선발에 대한 의사결정을 내릴 수 있기 때문이다. 그들은 또한 관리자들이 부하직원들을 위해 경력과 관련된 중요한 선택을 하도록 독려하는 역할도 수행하고 있다. 사실 편견은 종종 너무 어려서부터 잠재의식의 일부가 되기 때문에 사람들은 그것이 무엇인지조차 인식하지 못한다. 예를 들어, 한 연구에 의하면 백인 여성들과 흑인 여성들 모두 경력에 대한 불평등을 염두에 두고 있었지만 백인 여성들은 유색인종 여성들이 경험하는 또 다른 부당함에 대해 인식하지 못하였다(Hite, 2004). 당신은 과연 어떤 스테레오타입이나 편견을 지니고 있으며, 어떻게 하면 당신이 하는 일에 대해 그 영향을 최소화할 수 있는가?

2) 조직문화

학자와 실무자들은 조직문화가 일이 수행되고 개인이 조직 내 다른 사람과 상호작용하는 방식 등을 규정하는 크고 복잡한 실체라는 점을 인정한다. 일부 조직은 다른 조직에 비해 일터에서의 다양성을 수용하는 데 더 개방적이며, 해당 담론을 HR에 필수적인 것으로 삼고 있는 경우가 있다. 이번 절에서는 이러한 점에 초점을 맞추기보다, 특히 소수자집단을 위한 경력개발에 관한 세 가지 조직문화의 측면인 구조적 통합, 사회적 통합, 제도적 편견 등에 대해 다루고자 한다.

① 구조적 통합

아마도 대부분의 사람은 구조적 통합의 증거를 눈으로 확인하였을 가능성이 매우 높으며, 직접적인 경험도 했을 가능성이 높다. 이번 절에서 이를 더 논의함에 따라, 독자들은 구조적 통합 안에 확실하게 포함된 몇몇 아이디어들을 인식하게 될 것이다. 구조적 통합은 조직 전체에 걸친 다양성에 대한 일종의 비례를 표현하는 용어이다(Cox, 1993; Thomas, 2005). 즉, 구조적 통합은 '더 높아질수록, 더 적다'라는 말로 특징지어질 수 있는데, 이는 당신이 조직을 계층적으로 관찰할 때 더 높은 지위를 보면 볼수록 다양성이 감소한다는 점을 의미한다. 이는 조직 내 권력을 분배하는 또 다른 방법이라고 할 수 있다. 만약 대부분의 소수자집단에 속한 사람들은 낮은 지위에 몰려있고, 경영진의 상층부로 올라갈수록 다수자그룹에 속한 사람들이 대부분을 차지한다면 이는 구조적 통합의 부재를 경험하는 것이라고 할 수 있다. 때로는 경영층에 소수자집단을 위한 자리가 마련될 수 있으나, 그러한 예외는 왜곡된 비율을 변화시키기에 충분하지는 않을 것이다.

구조적 통합은 단순한 서술적 용어라기보다는 높은 직위에 대한 접근의 문제를 제기하는 경력개발의 이슈에 해당한다. 여기서는 몇 가지 개념을 추가적으로 설명하고자 한다. 가장 잘 알려진 것은 아마도 유리천장(glass ceiling)일 것인데, 이는 소수자집단에 속한 개인들이 상위 직위가 보이기는 하지만 그 위치에 거의 도달할 수 없는 상황을 묘사할 때 사용된다(Bell, 2012; Thomas, 2005). 다시 말해, 근본적으로 소수자집단의 개인들이 "힘과 특권을 가진 직위에 대한 동기, 열망, 능력 등은 지니고 있지만 실제로는 보이지 않는 장벽 때문에 그러한 위치에 도달하지 못하는 상황(Sagrestano, 2004, p.135)"을 묘사할 때 사용된다. 앞 절에서 논의된 일부 스테레오타입과 편견에 대한 관심 덕분에 이러한 유리천장은 수십 년 동안 학문적 혹은 대중적 관심을 받아왔지만 이러한 관심이 문제를 해결하는 것으로 이어진 것은 아니었다. 물론 아직 확고히 자리 잡고 있지만, 백인 여성들에게는 이러한 유리천장이 높아져서 그들 중 일부는 조직의 임원 직위에 더 가까이 다가가게 되었다는 증거가 제시되기도 한다. 단, 이는 소수자집단에 속한 개인에게는 해당하지 않는다고 할 수 있다(Bell & Nkomo, 2001). 연구자들은 밑바닥 일자리(sticky floor)[22]의 비유가 권력 서열에서 너무나 낮은 곳에 위치하고 있어서 천장이 보이지도 않는 소수자집단의 어려움을 오히려 더 정확하게 묘사하고 있다고 제안하기도 한다(Bell, 2012).

---

[22] 이는 주로 조직 내에서 여성들이 낮은 직위의 업무를 수행하는 차별을 경험하면서도 이러한 상황을 타개할 개발이나 이동의 기회를 갖지 못하는 것을 비유하는 것으로 소수자집단에 속한 개인이 경험하는 경력개발과 관련된 보이지 않는 장벽을 설명하는 용어이다.

관련된 개념으로는 "보이지 않는 수평적 장벽(p.309)"인 유리벽(glass wall)이라는 용어도 사용되고 있는데(Bell, 2012), 이는 특정한 부서 또는 직업군이 거의 완전히 동질적인 성격을 지닐 때 명확해진다. 이 개념에 의하면 차별은 소수자집단 구성원을 일선(line, 서비스 또는 제품에 대한 주요 직위)이 아닌 지원 기능을 수행하는 직위에 배치하여 최고 경영진으로 성장하기 어려운 영역을 담당하게 하는 형태로 나타난다고 한다(Bell, 2012). 그러한 유형의 시나리오는 남성 관리자가 이끄는 여성 간호사 집단과 같이 불균형적인 힘이 개입될 때 또 다른 경력개발 문제를 야기한다. 즉, 소수자집단이 대부분을 차지하는 영역에 진입한 다수집단의 개인이 빠르게 승진하는 것을 유리에스컬레이터(glass escalator)[23]라고 한다(Bell, 2012; Thomas, 2005). 다소 자기 설명적인 이러한 용어들은 소수자집단이 직면하는 다른 경력의 장애물을 탐색하도록 이끌고 있다.

유리라는 매개체를 비유로 사용하여 또 다른 장애물을 표현한 개념에는 유리절벽(glass cliff)도 있다. Ryan과 Haslam(2005)은 특히 성별의 문제와 관련하여 유리절벽을 묘사하면서 전형적으로 조직이 어려운 시기를 겪을 때 여성들이 리더로 승진하게 된다는 점을 지적하였다. 즉, 여성 리더들은 이러한 도전적 과제의 상황 속에서 긍정적 결과를 만들어내야 하는데, 그렇지 못할 경우 경력과 관련하여 위험한 상황을 경험하게 된다. 이러한 상황의 잠재적 이유를 차별 또는 스테레오타입으로 결론 내릴 수 있으나, 사실 그 근거는 아직 명확하게 설명되지 않고 있다(Ryan & Haslam, 2007). Cook과 Glass(2014)는 15년 이상 Fortune 500대 기업을 대상으로 조사하여 "백인에 비해 소수자집단에 속한 개인이 실적이 저조한 상황에 처한 기업의 CEO가 될 가능성이 높고, 재임 중 실적이 명백하게 떨어질 경우 이러한 소수자집단 출신의 CEO는 백인 남성으로 대체될 가능성이 높다(p.1081)"는 사실을 밝혀내었다. 그들은 유리절벽 현상은 "리더십을 발휘하는 데 백인 남성들이 경험하는 것보다 더 큰 장애물

---

23 이 개념은 Christine Williams에 의해 1992년 발표되었는데, 주로 여성들이 지배적인 직종에서 남성들이 경험하는 빠른 승진이나 경력에서의 성공을 설명하는 개념이다.

을 만들어냄(p.1087)"으로써 리더들을 곤경에 빠지게 할 뿐 아니라, '주류에 속하지 못하는 사람들은 리더의 위치에 적합하지 않다'는 오래된 스테레오타입을 강화시킬 수 있다고 보았다. Ryan과 Haslam(2007)이 결론내린 바와 같이 유리절벽에 대한 연구들은 "기회라고 해서 모두 동등하게 기회가 부여되는 것이 아니며, 보다 수용적인 경기장이라고 해서 기울어지지 않은 것은 아니다(p.566)"라는 두 가지 점을 강조하고 있다.

흑인이나 라틴계 여성에 대해서는 추가적 장벽도 확인되었다(Bell & Nkomo, 2001; Cocchiara, Bell, & Berry, 2006). 콘크리트벽(concrete wall)이라는 용어는 원래 Bell과 Nkomo(2001)가 "인종주의적 성차별주의"라는 이중의 경력 장애물을 "2차원의 구조로서 유리천장이 덮어버린 콘크리트벽(p.137)"으로 형상화하며 등장하였다. 다양한 방식으로 묘사할 수 있지만, 콘크리트벽은 대체로 "소수자집단에 속한 개인이 조직의 상위직급을 차지할 때, 다수집단의 구성원들이 강력하게 저항하는 것(Cocchiara et al., 2006, p.279)"으로 묘사되고 있다. 이는 소수자집단 출신의 개인에게 경력에서의 정체 혹은 궤도이탈을 초래하는 것으로 알려져 있다. 해당 연구는 인종과 성별의 이중 구조에 국한되어 논의하였지만, 이러한 현상은 소수자집단을 규정하는 여러 측면에 걸쳐 적용될 것으로 예상할 수 있다.

이 책은 경력목표가 다양한 집단에 걸쳐 분명 크게 차이를 보인다는 점을 인정한다. 그러나 어떤 이들은 여전히 객관적 측면의 성공을 추구하고 있는데, 심지어 한 조직에서 승진하는 것에 초점을 맞추지 않는 사람들조차도 상향식 경력이동을 보여줌으로써 고용가능성을 높이려고 한다는 점을 발견하기도 한다. 의도된 것이든 혹은 조직의 부주의한 방치에 의한 것이든, 이러한 상황에서 소수자집단의 경력향상에 대한 장애요인들은 차별의 증거라고 할 수 있다. 그 결과 다양한 배경을 지닌 직원들을 위한 경력기회는 사라지게 되고 직원들의 다양성으로부터 이익을 얻고자 하는 조직의 희망은 좌절되게 된다. 구조적 통합은 HR 전문가들이 경력개발의 이러한 측면을 더 깊이 탐색하게 하는 단서를 제공한다.

② 사회적 통합

구조적 통합과 관련하여 불충분한 사회적 통합이 유발될 경우, 소수자집단에 속한 구성원들이 조직 내 상위 직급자들과 상호작용할 기회는 최소화되고 결과적으로 그들의 경력에 도움이 될 수 있는 조직 내 관계구축의 기회도 축소된다(Combs, 2003). 이 책에서도 이미 밝힌 바와 같이 관련 연구들은 강한 사회적 연결 관계를 구축하고 유지하는 것이 지닌 이점을 확인시켜준다. Mor Barak(2014)은 관찰한 바를 기초로 이러한 장애요인을 묘사하기 위해 '사회적 배제(social exclusion)[24]'라는 용어를 사용하였다.

> 다양성과 관련하여 사람들을 집단으로 나누는 행태는 문화나 국가마다 다르지만, 공통적으로 확인할 수 있는 사례는 아마도 일터에서의 사회적 배제와 관련된 경험일 것이다. 개인과 집단은 실제로든 혹은 고용주가 인식한 것이든 간에 소수자집단이나 신분상 불리한 집단에 속한다는 이유로 암묵적으로 또는 명시적으로 배제되는 것을 경험하게 된다. (p.6)

이러한 배제의 경험은 여러 단계의 경력개발 기회에 영향을 미친다. 예를 들어, Naraine과 Lindsay(2011)는 시각장애인 또는 시력이 낮은 직원들이 직장 동료들과 비공식적인 사회적 행사에 참여하는 것에서 경험하는 어려움을 지적하였는데, 이러한 어려움에는 낯선 물리적 환경에 적응하는 것에서부터 눈을 마주칠 수 없으면서도 상호관계를 수립하기 위해 애쓰는 것에 이르기까지 다양한 것들이 포함된다. Naraine과 Lindsay는 이러한 장애요인들이 "중요한 비공식적 사회적 관계의 개발을 지연시키거나 개발할 수 없도록 만들기 때문에 시각장애인과 시력이 낮은 직원들에게 불리한 영향(p.399)"을 미친다고 결론을

---

24 국내의 일부 연구에서는 '사회적 배척'이라는 용어를 사용하기도 한다.

내렸다.

　때때로 겉으로 드러나는 것이 해당 직원의 경력에 대한 잠재력을 대체하기도 하는데, 이를 통해 다른 사람들과 관계를 수립하고자 하는 직원들의 노력은 정확한 평가를 받지 못한다. 이를 낙인효과[25]라고 한다. Combs(2003)는 미국의 '소수집단 우대정책(Affirmative Action)'[26]으로 인해 고용된 사람들을 둘러싼 낙인효과를 설명하였는데, 소수자집단 출신의 개인들은 주류집단 출신의 동료들보다 자격이 부족하고 단순히 법적 요건을 충족시키기 위해 고용된 것으로 간주되는 경우가 있다는 점을 지적하였다. 다른 연구자들(Gedro, 2009; Kaplan, 2014)은 성소수자[27]들이 실직할 경우 그들의 성적 지향에 가려 해당 인력들이 지닌 기술이 정당하게 평가받지 못한다는 점을 지적하기도 하였다. 이와 유사하게 Wilson-Kovacs, Ryan, Haslam, 그리고 Rabinovich(2008)는 장애가 있는 사람들이 "능력의 관점이 아닌 그들이 처한 상황 측면에서(p.713)" 규정된다는 사실을 발견하였다. 또한, 누구인지에 의해서가 아니라 조직 내 직위에 따라 개인들은 차별을 받기도 한다는 점이 선행연구에서는 지적되고 있다. 예를 들어, Bullock(2004)은 직장 내 지위에서의 차이를 둘러싼 낙인에 대해 다음과 같이 설명하였다. 그는 "직업에서의 직위를 판단하는 것은 다양한 유형의 노동이 지닌 상대적 가치에 대해 문화적으로 공유된 신념을 반영할 뿐

---

25 낙인효과(stigma effect)는 어떤 대상에 부정적인 낙인이 찍히면 점점 더 부정적인 행태를 보이고, 지속적으로 그 대상에 대한 부정적 인식이 지속되는 현상을 말할 때 사용된다. 반대되는 개념으로는 피그말리온 효과(Pygmalion effect)가 있는데, 이는 타인의 긍정적인 기대나 관심으로 인해 개인의 능률이 오르고 좋은 영향을 미치는 것을 말한다.

26 1961년 John F. Kennedy 대통령 시절부터 시행된 미국의 소수집단 우대정책은 성별, 인종, 장애, 종교 등의 이유 때문에 불리한 상황에 놓인 개인들에게 혜택을 제공하여 차별을 줄이고자 시행하는 정책이다. 이 정책은 노동시장으로의 진입, 승진, 대학입시 등에 적용된다. 이를 둘러싼 미국 내 갈등도 존재하는데, 다양성을 존중하기 위해 필요하다는 입장과 평등을 침해한다는 입장이 공존한다. 실제 이 정책과 관련하여서는 미국 내에서 여러 번의 위헌소송이 제기된 바 있다.

27 레즈비언(lesbian), 게이(gay), 양성애자(bisexual), 트랜스젠더(transgender) 등을 이르는 말로 원문에서는 'LGBT'라는 용어를 사용하였다.

만 아니라, 일부 노동자와 기술에 대해 가치를 부여함으로써 직장에서의 차등적 보상과 대우를 정당화한다(p.229)"라고 하였다. 만약 변변치 않다고 평가가 내려진 경우에는, 개인들이 지닌 잠재력과는 무관하게 현 조직에서 현재 상태로부터 다른 직위로 이동하는 것은 어렵다고 할 수 있다. 위에서 살펴본 각 사례에 해당하는 구성원들은 동료 직원들보다 시간과 관심을 투자하기에 열등하다고 여겨지기 때문에 비공식적 사회화과정에서 어려움을 겪게 된다. 그 결과, 그들은 경력과 관련하여 차별에 기초한 배제의 대상이 된다.

멘토링이나 네트워킹 같은 관계형성 중심의 접근도 사회적 통합의 영역에 포함된다. 이 책의 앞부분은 이미 이러한 관계형성 중심의 전략들에 대해 논의하면서 경력개발에서 이들이 지닌 가치에 주목한 바 있다. 이번 장에서는 소수자집단의 관계형성 측면에 초점을 맞추고자 한다.

개인 사이의 관계형성은 개인들이 경력을 향상하기 위해 필요한 사회적 자본을 축적하는 데 필수적이지만, 소수자집단에 속한 개인들에게는 상대적으로 더 어려운 일이 된다(Baruch & Bozionelos, 2011). 이들은 조직에 진입할 때 종종 '다른 사람'으로 정의되는데, 전문성보다는 전통적인 다수집단과의 분명한 차이로 인해 인식되는 경향이 있다. 물론, 소수자집단에 속해있기 때문에 조직에 적응하는 데 도움이 될 수 있는 관계형성의 기회가 주어질 수 있으며, 아마도 이를 통해 지지와 조언을 받을 수 있는 이점을 누리기도 한다. 그러나 선행연구들은 대다수의 기업 내 상위직급 리더들이 익숙하고 편안하기 때문에 "의식적으로 혹은 무의식적으로 자신을 닮은 사람을 선택하는(Bristol & Tisdell, 2010, p.227)" 경향이 강하다는 점을 지적한다. 결과적으로, 다수집단에 속하지 않는 사람들은 가장 큰 도움을 제공받는 '결정적' 네트워크에는 진입하기 어려운 것이다.

이러한 상황을 극복할 수 있는 한 가지 방법은 자신이 원래 속해 있는 집단에서 사람을 찾는 동질적 네트워크를 구축하는 것이다. 그러나 Cocchiara 등(2006)은 대부분의 조직은 소수자집단에 속한 사람들이 숫자가 제한적이기 때문에 다수 집단의 속한 사람들이 누리는 정도의 지원을 얻기 위해서는 보다 광범위한 네트워크 탐색이 필요하다는 점을 지적한다. 또한, Kulkarni(2012)는 동질성에 기초한 네트워크는 자칫 소수자집단에 속한 개인들을 더욱 고립시키고 소외시켜 오히려 경력개발 기회를 방해할 수 있다고 경고하기도 하였다. 비공식적 네트워크를 공식화하려는 것은 논리적으로 무리가 있는 것처럼 보인다는 점에서 HR전문가와 연구자들은 소수자집단에 속한 개인들이 경력 네트워크에 접근하고 이를 지속적으로 개발할 수 있도록 돕는 일에 좀 더 창의적인 접근을 할 필요가 있다.

멘토링은 사회적 자본을 구축하는 또 다른 방법이다. 성별과 인종은 다양한 차이 중 단지 두 가지 측면에 해당되는데, 다른 측면과 관련된 소수자집단의 멘토링 연구는 부족한 것이 현실이다. 따라서 종종 성별과 인종 연구에 의존하여 멘토링의 문제를 추론하려는 경향이 있으며, 이 점이 문제가 있다는 것을 이 책은 지적하고자 한다. 즉, 소수자집단에 속한 개인들은 멘토링에서 여러 가지 복잡한 문제에 직면하고 있다는 것을 인정해야 한다는 것이다. 조직이나 직업세계에서 다수집단에 속한 고위 경영진이 소수자집단의 개인을 프로테제로 선택할 가능성은 적으며, 앞에서 언급한 바와 같이 조직 내 권력을 지닌 위치에 소수자집단 출신이 부족하다는 점도 일반적인 상황이다. 비록 그러한 직급에 도달한 사람들이 있다고 하더라도 쇄도하는 요청으로 인해 멘토링에 참여하기 어려울 것이며, 프로테제가 될 수 있었던 사람들은 아마도 스스로 문제를 해결하도록 남겨질 가능성이 높다. 공식적 멘토링을 통해 리더들과의 매칭이 이루어질 수는 있으나, 성별이나 인종의 차이를 고려하는 멘토링을 운영하는 것은 매우 어려운 과제라고 할 수 있다. 예를 들어, 이성 사이의 멘토링을 연구한 초기 연구에서는 성적 접촉이 실제 일어나거나 일어날 수도 있다는 위험을 제기하고 있는데, 이러한 상황은 멘토와 멘티 모두에게 피해를 주게 된다(Ragins, 1996). 단, 타이완에서 행해진 최근 연구에서는 "이성간의 경력 멘토링이 프로테제의 경력탄력성 수준에 긍정적 영향을 주었다(Kao, Rogers, Spitzmueller, Lin, & Lin, 2014, p.199)"라는 결론을 얻어내기도 하였다.

전통적 멘토링 관계에서 본질적 힘의 불균형은 성별 혹은 인종 사이의 관계를 더욱 복잡하게 만들기도 한다. 인종적 힘의 불균형은 역사적으로도 그리고 현재에도 여전히 이슈로 남아 있기 때문에, 백인 멘토와 유색인종 프로테제는 이미 장애물로 가득 찬 맥락에서 관계를 형성하게 되는 것이다. 이것은 특히 유색인종 여성들에게 더 어려운 일이 되는데, 성별과 인종 문제에서 이중적으로 소외되기 때문이다(Combs, 2003). Murrell, Blake-Beard, Porter, 그리고 Perkins-Williamson(2008)은 경력개발을 위한 관계형성 차원에서 인종 사이에 공식적 멘토링을 매칭할 때 "전통적으로 조직에서 성공하는 데 필요한 지식이나 자원으로부터 소외된 사람들에게 조직 내 권력에 대한 접근과 신뢰를 회복하는 방향으로 매칭이 이루어져야 한다(p.277)"고 조언한다. 또한, 멘토로서 역할을 수행할 수 있는 소수자집단 출신 구성원이 부족한 상황에 대해서는 "유색인종의 구성원들에게 하나의 조직 안에서 운영되는 전통적 멘토링으로는 충분한 경력과 심리사회적 지원을 제공하기 어렵기 때문에(p.277)" 조직 외부의 인적자원을 활용하는 것까지 포함하는 확장을 제언하기도 하였다.

③ 제도적 편견

소수자집단의 개인들이 경험하는 경력개발의 일부 장애요인들은 조직의 정책과 관행이 만들어낸 결과물이기도 하다. 물론 이러한 장애요인들은 소수자집단의 구성원을 배제하도록 설계되어 있지는 않지만, 조직의 노동력이 보다 동질적이던 시기에 조직문화로부터 확립되었다는 점을 유의해야 한다. 그러한 제도와 관행들이 이전에는 수용되었다고 하더라도, 과거보다 더욱 다양한 배경을 지닌 조직 구성원들에게는 의도와는 무관하게 경력개발을 방해하는 요인이 되기도 한다. Cox(2001)는 제도적 장애요인을 시간, 공간, 사람 등 세 가지 범주로 구분하여 제시하였다.

시간의 범주에는 근무일의 길이와 초과 근무시간의 사용, 휴식 및 업무 일정의 유연성 등의 요인들이 포함된다(Cox, 2001). 지속적인 초과 근무가 예상되는 긴 업무시간, 제한적인 휴식제도나 업무 스케줄의 유연성 결여는 다른 삶의 이슈(예를 들면, 한부모 가정, 환자를 돌봐야 하는 경우, 혹은 장애인)나 우선순위(예를 들면, 자원봉사나 가족과 보내는 시간 등; Holvino, Ferdman, & Merrill-

Sands, 2004; O'Neil, Hopkins, & Bilimoria, 2013)를 지니고 있는 개인들의 경력에 부정적 영향을 미친다. 이러한 상황에 처한 개인들은 전통적인 기준을 지켜내지 못할 경우, 경력에서의 진보에 어려움을 경험하게 되고 업무에 대한 낮은 신뢰도나 몰입도를 나타내는 것으로 비칠 가능성이 있다.

공간 요인은 종종 계층 및 조직 내 직위의 표현과도 관련이 있는데(Bullock, 2004; Cox, 2001), 이는 다양한 직원과 상호작용할 기회를 제한하는 영향력을 지닌다(예를 들면, 고위직의 사무실 위치나 그들과 함께 시간을 보낼 수 있는 가능성 등). 또 다른 공간요인에는 다소 미묘한 편견에서 비롯된 사항들도 포함된다(예를 들면, 작업 공간의 접근성, 업무 외적인 행사에 대한 접근성, 또는 심지어 성별에 적합한 화장실의 위치까지). 후자는 경력개발과 무관해 보이지만, 그러한 사례들은 누군가를 수용하거나 혹은 배제하는 것과 관련된 물리적 표현이며, 따라서 경력개발의 기회와 관련된 사항이라고 할 수 있다.

사람 요인에는 채용('경기에 뛸 수 없으면 이길 수도 없다')부터 승진 및 성과평가('평가를 통해 다른 길로 연결되는 관문이 열린다')를 거쳐, 승계계획('누가 상위직으로 진출해야 하는가?')에 이르기까지 경력개발과 관련된 광범위한 조직 내 정책들이 포함된다(Cox, 2001). 만약 이들 정책이 전통적인 다수집단의 생각에 부합하도록 좁게 규정되고 운영될 경우, 소수자집단에 속한 개인들은 경력개발 기회에 추천될 가능성이 희박하게 된다. 그들은 이러한 기회의 박탈로 인해 조직에서 힘이 있는 자리를 맡지 못하거나, 혹은 다른 조직으로 옮겨 승진할 때 필요한 고용가능성을 구축할 기회를 잃게 되고 만다. Ibarra, Ely, 그리고 Kolb(2013)는 이러한 정책이나 관행이 만들어내는 것은 이중적 편견의 결과물이라고 하였는데, 이들은 의도적으로 배제하는 방향으로 설계되지는 않았으나 여성(혹은 다른 소수자집단의 구성원)이 "성공하거나 그들의 잠재력을 최대한 발휘하지 못하는(p.64)" 환경을 만들어낸다는 점을 지적하였다.

많은 조직에서는 제도적 편견이 잘 드러나지 않는데, 이는 전통적으로 조직문화의 산물이어서 의문이 제기되지 않기 때문이다. 반면, 일부 조직에서는 소수자집단의 사람들이 경력성공을 거두지 못하도록 하는 의도적 수단을 영구적으로 내재화하기도 한다. 예를 들어, 레바논 여성들의 경력에 대한 연구에서, Tlaiss와 Kauser(2010)는 아랍 사회에서 경력개발의 기회와 관련하여 자신을 대신하여 말할 수 있는 강력한 중재자를 활용하는 '와스타'28의 관행을 설명한 바 있다. 즉, 권력 및 특권과 관련하여 주요 인맥이 부족한 사람들은 경력개발의 기회가 사라지는 것을 경험하게 된다.

이러한 정책과 관행들은 종종 HR의 범주 아래에 속하므로, HRD는 다양한 배경을 지닌 노동자들의 경력개발에 이들이 우발적으로 장애요인이 되는지를 주도적으로 살펴보아야 한다. 업무시간, 접근성, 직원 선발 및 평가에 대한 조직문화의 기준을 바꾸기는 쉽지 않다. 그러나 조직이 더 이상 모든 것을 다 계획하는 주체가 아니고 직원 경력개발의 파트너라는 것을 스스로 인식하게 되면서, 이러한 인식의 전환을 위한 동기는 마련될 것이다.

이번 절에서는 소수자집단 구성원의 경력개발 기회에 영향을 미치는 몇 가지 조직적 요인을 살펴보았다. 다음은 다양한 배경을 지닌 개인들의 경력에 영향을 미치는 개인적 요인에 초점을 맞추고자 한다.

2. 개인적 요인

이 책은 지금까지 미래의 경력개발이 조직보다는 훨씬 더 개인에 의해 주도될 것이라는 점을 자주 언급해 왔다. 연구에 따르면 다양한 배경을 지닌 구성원들에 대한 경력개발의 장애요인은 대부분 사회적 혹은 조직적 수준의 것들로 밝혀지고 있지만, 개인 수준의 요인들이 경력개발을 어떻게 방해하거나 도울 수 있는지를 탐구하는 것도 중요하다고 할 수 있다. 각 개인의 성향이나 인식은 확실히 경력에 대한 의사결정과 실행에 영향을 미치기 때문이다. 이번

---

28 와스타(wasta)는 중동지역에서 사용하는 말로 '관계'나 '인맥'을 뜻한다. 이는 영향력 있는 지인을 통해 일을 해결하는 관행을 이르는 말이다.

절에서는 이러한 요소가 다른 다수집단에 속한 개인들과는 달리 소수자집단의 구성원들에게 어떤 영향을 미칠 수 있는지를 살펴보고자 한다.

1) 개인이 지닌 외부 요인

조직에 영향을 미치는 사회적 요인들이 있는 것처럼, 소수자집단의 개인들도 경력개발에 영향을 미치는 외부요인을 여전히 지닌 채 일터로 진입한다. 따라서 개인주도적 경력목표라는 경향성에도 불구하고, 스스로가 자신의 길을 선택할 자유가 있다는 사실을 개인들은 훨씬 덜 인식할 수 있다(Duffy & Dik, 2009). 가족과 생활환경은 이러한 외부적 요인 중 대표적인 두 가지 사례에 해당한다(Duffy & Dik, 2009).

가족의 기대, 가치, 필요 등은 소수자집단의 개인들에게 특히 큰 영향력을 발휘한다(Duffy & Dik, 2009). 예를 들어, 일부 집단주의 문화권의 개인들은 경력에 도움이 될 수 있는 승진을 얻기 위해 대가족과의 삶을 포기할 수 있다고 생각하지 않는다(Stone & Stone-Romero, 2004). 일부 여성들은 자신의 직업을 가족보다 더 우선시할 수 없는 문화적 배경에서 생활하기도 한다(Fernando & Cohen, 2014). 이와 유사하게 자신의 경력희망에도 불구하고 한부모 가정의 부모들에게 자녀를 돌봐주는 일종의 네트워크를 벗어나서 타 도시로 이주하거나 혹은 초과 근무 및 잦은 이동을 필요로 하는 직책을 맡는 것은 때로 불가능하다(Abele, Volmer, & Spurk, 2012).

또 다른 외부적 요인 중 하나인 생활환경에는 "빈곤, 주변화[29], 낙인화[30]

---

[29] 주변화(marginalization)는 한 국가의 경제발전이 다수의 개인들을 배제하며 이루어지는 과정을 설명할 때 사용되는 용어이다. 주로 한 국가의 경제발전이 외국자본의 집약기술에 의존하여 이루어지는 과정에서 사회적 복지대책의 결여로 도시와 농촌의 빈곤계층이 절대빈곤에 이르게 될 때, 이들 빈곤계층이 국가경제발전에서 '주변화되었다'라고 표현한다. 이 개념은 브라질의 경제적 기적에 수반되었던 사회적 실패를 설명하기 위해 처음으로 사용되었는데, 근래에 들어서는 세계 경제의 질서로부터 한 국가 전체가 배제되는 것을 나타내는 국제적인 차원에도 적용되고 있다.

[30] 낙인화(stigmatization)는 특정 대상에서 고정관념이나 부정적 편견을 덧씌우는 것을 의미한

(Duffy & Dik, 2009, p.33)" 등 다양한 요인이 포함되는데, 이러한 환경은 개인에 따라 차이를 나타낸다. 예를 들어, 성공의 객관적 척도로 급여가 꼽히지만 이와 동시에 급여는 경제적 제약조건이 될 수도 있는데, 이는 급여가 즉각적인 재정적 필요(월세나 각종 공과금)를 충족시키는 요인이 되고, 또한 경력과 관련하여 위험을 감수할 수 있는지를 결정하는 요인이 되기 때문이다.

마찬가지로, 새로운 경력환경에서 경력의 주체인 개인을 다루는 연구에서는 대부분 프로티언경력이나 무경계경력 등이 경제침체기에 직업이나 직장을 잃을 수 있는 사람들에 대해 판단을 유보하고 있다는 점을 지적하지 않고 있다. 흔히 생각하는 경력의 유형조차도 경제적 지위에 의해 제한된다. 경력초기에 역할모델, 멘토, 네트워크, 그리고 양질의 교육을 소유하는 것은 장기적 맥락에서 경력 가능성에 심대한 영향을 미칠 수 있는 것으로 알려지고 있다(Bullock, 2004). Blustein, Coutinho, Murphy, Backus, 그리고 Catraio(2011)가 설명한 바와 같이 "개인을 경력탐색과 개발의 행위자이며 주체로 인정하는 것은 기회가 제한된 지역사회에 거주하는 개인들에게는 실현 가능하지 않을 수 있다(p.220)"는 사실은 빈곤 문제의 영향력에 대해 많은 것을 시사해 주고 있다고 할 수 있다.

또 다른 외부의 장애요인들은 삶의 다른 측면과 관련을 맺고 있다. 우리는 시스템 관점에서 주변화와 낙인화의 일부 측면을 다루었는데, 이와 관련된 개인적 측면의 요인들도 존재한다. 어느 곳에서든 다 잘 어울릴 것이라고 암묵적으로 생각되는 절대 다수의 사람들과는 달리, 소수자집단의 개인들은 자신들의 경력계획에 다른 요인을 추가로 고려해야 하는 보다 어려운 시나리오에 직면한다. 예를 들어, 성소수자의 경우 다른 국가나 지역으로 이동하거나 새로운 조직 혹은 진로를 선택할 때 자신이 새로운 환경에서 얼마나 잘 수용될지를 미리 생각하게 된다(Gedro, 2009). 고령의 근로자들은 특정 연령 이후에 조

다. 즉, 한 개인이 평범하거나 완전하지 않으며 가치가 떨어지고 더럽혀진 존재라고 인식하게 만드는 것을 말한다.

직이나 경력경로를 바꿀 수 있을지를 생각하거나, 또는 자신들이 적절한 인적 자원으로서 너무 나이가 많다고 여겨지는 것은 아닌지 등을 고려하게 된다. 장애인들은 자신이 보유한 기술이 장애로 인해 잘 드러나지 않는지, 또는 고용주가 자신들에게 필요한 것들을 잘 제공할 것인지를 미리 고려하게 된다 (Wilson-Kovacs et al., 2008). 경력 자기주도성은 종종 자신들이 다른 사람들보다 더 큰 사회적 혹은 조직적 장애요인을 극복해야 한다고 인식할 때 낮아진다. HR전문가들은 이러한 잠재적 장애요인들이 있다는 점과 그러한 요인들이 개인의 경력계획에 어떤 영향을 미치는지를 인식해야 한다.

2) 개인이 지닌 내적 요인

개인의 성향과 성격은 항상 경력목표에 어느 정도 영향을 미치지만, 이러한 내적 측면은 경력개발의 책임이 개인에게 보다 많이 주어질 때 더 큰 영향력을 지니게 된다. 이러한 내적 측면으로는 많은 선행연구들을 배경에 둔 요인들이 고려될 수 있다(예를 들면, Big5 혹은 통제소재[locus of control] 등). 여기에서는 세 가지 잠재적 장애요인에 초점을 맞추고자 하는데, 이들은 특히 조직과 소수자집단 사이의 상호작용을 기반으로 하는 경력개발에 영향을 미치는 요인들이다.

① 업무에서의 탈동일시[31]

Peters, Ryan, Haslam, 그리고 Fernandes(2012)는 여성 외과의사를 대상으

---

[31] 탈동일시(disidentification)는 1990년대 중반 이래로 다양한 수준과 맥락에서 논의가 되어왔는데 보편적으로는 정체성과 관련성이 깊은 개념이라는 것에 대다수의 연구가 동의한다. 업무에서의 탈동일시(occupational disidentification)는 업무현장에서 발생하는 개인의 탈동일시적 태도를 말하는 것으로, 업무 혹은 조직이 요구하는 가치에 대한 동조의 수준을 낮추는 것을 의미한다. Schaubroeck 등이 2018년에 Journal of Applied Psychology 제103권 제10호에서 발표한 'Changing experiences of work dirtiness, occupational disidentification, and employee withdrawal'에서는 개인들이 업무상 불결함(experienced work dirtiness, 자기 가치관에 위배되는 업무를 할 때 느끼는 부조화)을 해결하기 위해 탈동일시 행동을 취한다고 하였다. 또한, 탈동일시 행동은 이직 가능성 및 업무 거부행동을 높이는 것으로 확인되었다.

로 한 연구에서 "현재 수행하고 있는 직업의 지배적인 정체성에 본인이 부합한다고 인식하는 것은 직업적 정체성 형성에 중요한 역할을 하는데, 이러한 정체성의 부합과 관련된 역학은 특히 남성 중심의 직업을 갖고 있는 여성들에게 부정적 영향을 미칠 수 있다(p.156)"라고 결론을 내렸다. 겉으로 보기에는 '맞춘다'는 것이 크게 대수롭지 않게 보일 수 있다. 대부분의 사람들은 때로 자신이 아웃사이더라고 느꼈던 어색한 순간을 쉽게 떠올릴 수 있기 때문이다. 그러나 특정 상황에 대처하는 것을 마치 과속방지턱 정도를 넘는 것으로 비유할 수 있다면, 현재 수행하고 있는 직업의 표준과 크게 다르다고 인식하는 것은 가파른 산등성이를 오르는 것과 같다고 묘사할 수 있다. 이는 한 직업에서의 표준은 현재 그 직업을 지배하고 있는 다수의 사람들에 의해 정의되는 규범일 가능성이 높기 때문이다. 그 결과 개인과 특정한 분야에서 성공하기 위해 필요한 특성(예를 들면, 리더십 등) 사이에 불일치가 존재할 수 있는데, 이는 소수자집단의 개인을 배제하는 데 영향을 미친다(Peters, Ryan, & Haslam, 2013). 어떤 사람들은 그러한 불일치를 인내할 수 있지만, 대부분의 사람은 그러한 차이가 자신의 사회적 정체성과 너무 큰 차이를 나타내고 있다고 판단할 가능성이 높다. 또한, 한 전문 분야나 조직의 특정 직위(예를 들면, 고위 경영진)에 다양한 배경의 개인을 더 많이 보유하는 것은 소수자집단의 구성원들의 탈동일시에 대한 인식을 최소화한다는 점에서 순환적 딜레마를 낳기도 한다.

특정 분야에 대한 스테레오타입 인식

최근의 연구들은 특정 분야의 다양성의 부족과 해당 분야에 대한 인식이 연계되어 있다는 사실을 보여주고 있다. 한 연구에서는 "한 분야의 전문가들이 '성공은 순전히 개인이 지닌 탁월함에 달려 있다'라고 믿는 정도는 그 분야에서 여성과 아프리카계 미국인들의 얼마나 진출할 수 있는지를 강하게 예측하는 요인(Leslie, Cimpian, Meyer, & Freeland, 2015, p.265)"이라는 결론이 도출되었다. 특정 분야에서 성공하는 데 필요한 "내적인 지적 재능(p.265)"을 소수자집단의 구성원들은 충분히 지니고 있지 못하다고 생각되어 해당 경력을 추구하지 말도록 권장된다는 사실은 부정적 스테레오타입이 지닌 영향력의 한 예라고 할 수 있다. 마찬가지로, 여성과 아프리카계 미국인들은 스테레오타입의 수용범위에 따라 해당 분야를 선택의 범위 내에서 제외하기도 한다. 이 책은 어떤 특정 분야가 다양성을 추구한다면 탁월함만을 쫓으려 하지 말고 성공의 지속성에도 초점을 맞추라고 조언하고자 한다.

② 스트레스

또 다른 내적 경력 장애요인 중 하나가 스트레스[32]이다. HR과 관련된 문헌은 업무량, 근무조건, 혹은 고용안정성의 결여 등과 관련하여 업무 스트레스를 다루는 경우가 많다(Thomas, 2005). 여기서는 소수자집단의 구성원들과 관련된 직무스트레스 요인에 초점을 맞추고자 한다. 앞서 설명한 내용을 기초로 예를 들어보면, 탈동일시를 경험하면서도 이를 인내하는 사람들은 자신의 정체성을 지키면서 동시에 업무에서의 역할을 수행하고자 고군분투하는데, 따라서 스트레스를 경험할 가능성이 높다(Heppner & Fu, 2011). 또한, 스트레스는 직장에서의 차별, 편견, 또는 괴롭힘 등으로 유발될 수 있는데, 스트레스 유발요인들의 배후에는 개인의 행동이나 조직문화가 존재한다(Sagrestano, 2004; Thomas, 2005). 앞서 이 장에서는 조직수준의 장애요인으로서 구조적 혹은 사회적 통합에 대해 논의한 바 있다. 개인수준에서는 그러한 조직수준의 논의가 고립되어 있거나, 무시당하거나, 또는 뭇매를 맞는다는 느낌으로 구체화되는데 이것이 스트레스를 야기하는 요인이 된다. 예를 들면 다음과 같다.

---

[32] 이번 장에서 다루어지는 스트레스와 관련된 내용은 아래에서도 언급하고 있는 바와 같이 소수자집단의 구성원들의 직무스트레스와 관련된 내용에 국한됨을 밝힌다. 일반적 직무스트레스와 관련된 내용은 7장에서 논의된다.

- 한 개인이 (조직, 부서, 혹은 특정 직위에서) 유일한 소수자집단 구성원일 때
- 소수자집단의 구성원과 관계를 맺고 있기 때문에 낙인화되는 것을 두려워하거나, 혹은 상호작용을 회피하는 다수집단의 구성원에 의해 배제될 때
- 공공연하거나 비밀스러운 차별을 주기적으로 경험할 때 (Kulik, Bainbridge, & Cregan, 2008; Mohr & Fassinger, 2013; Sagrestano, 2004; Thomas, 2005)

이러한 스트레스 요인들은 서로 다른 소수자집단에 따라 변화하는 특징이 있다. 즉, 각 집단은 자신이 처한 위치에 따라 고유한 스트레스 요인을 지닐 수 있다. 예를 들어, 성소수자들은 직장에서 커밍아웃을 하는 것이 지속적인 고용과 경력선택을 위협하는지를 생각하게 된다(Gedro, 2009). 장애를 지니고 있는 사람들은 종종 다른 사람들에게 도움을 요청해야 하는데, 이는 의존적인 사람으로 보이게 하고 따라서 더 높은 수준의 직책을 맡을 수 없는 위험을 감수해야 한다. 흑인 여성들은 직장에서 가정으로 돌아가는 삶을 흑인과 백인 사이에 존재하는 경계선의 확장으로 묘사하기도 한다(Bell & Nkomo, 2001; Thomas, 2005). 문화적 뿌리는 모국에 두면서 해외에서 일하는 개인들은 비슷한 경계선 확장으로 인한 스트레스에 직면하기도 한다. 스트레스는 에너지를 빼앗고 직장에서 좋은 성과를 거두는 데 초점을 맞추지 못하게 하며, 신체적 혹은 정서적 건강에 장기적인 피해를 준다(7장 참조). 이렇게 소수자집단의 개인들이 일터에서 다른 사람들이 경험하지 않는 추가적인 스트레스 요인을 경험한다는 것을 이해하는 것은 HR전문가들이 경력 장애요인의 중요성을 인정하고 해결하는 데 도움을 제공한다.

③ 불공평에 대한 인식

소수자집단 구성원들은 불공평함 또는 부당함을 인식하기 때문에 스트레스를 경험하기도 한다. 3장에서 살펴본 바와 같이, 공정성(혹은 공정성의 결여)은

경력개발의 과정에서 누구를 선발할 것인가를 결정하는 데 내재되어 있는 이 슈인데(Wooten & Cobb, 1999), 이는 이번 장의 앞부분에서도 조직적 장애요인 에 대한 논의를 하며 다루어진 바 있다. 흥미롭게도, 소수자집단에 속한 직원 들이 경험하는 기회의 차이는 쉽게 인정되어 왔지만(예를 들면, Bell & Nkomo, 2001; Cokley, Dreher, & Stockdale, 2004; Giscombe & Mattis, 2002; Hite, 2004; Villanueva-Flores, Valle-Cabrera, & Bornay-Barrachina, 2014), 공정성에 대한 개 인의 인식과 관련된 논의는 다양한 배경의 노동력을 대상으로 한 경력연구에 서도 거의 다루어지지 않았다. 그러나 조직이 부당한 대우를 묵인하고 있다고 개인이 인식하는 것은 차별로 인한 상처에 모욕감을 더하는 것이고, 개인의 경력과 조직에 부정적 영향을 줄 수 있는 행동(예를 들면, 퇴사하기로 선택하는 것)과 반응(예를 들면, 업무에 대한 동기의 감소)을 초래할 수 있다.

경력개발과 공정성에 대한 인식의 관계를 다룬 연구는 매우 제한적인데, 이 들 연구는 소수자집단의 구성원은 경력개발의 기회가 분배되는 방식에 대해 부정적 인식을 갖게 되며 이를 통해 조직에 대한 신뢰도는 떨어지고 낮은 직 무만족도를 경험하며 또한 더 높은 경력주의 지향(다른 사람이 부담해야 하는 비 용과는 무관하게 자신의 경력 향상을 중심으로 일하는)의 태도를 드러내게 된다고 지적하고 있다(Crawshaw, 2006; Crawshaw & Brodbeck, 2011). 우리가 이 장에 서 논의한 사회적 혹은 조직적 장애요인 등을 고려할 때, 소수자집단의 구성 원들은 경력개발과 관련된 불공평을 더 인식하고 있는 것으로 평가할 수 있 다. 이러한 불공평의 원인은 사회나 조직 내에서 비롯될 수 있지만, 불공정한 대우를 인식하는 것은 결론적으로 개인의 경력에 부정적 영향을 미칠 수 있 다. HR전문가들은 그러한 개인의 인식이 지닌 힘을 이해하고 그 원인을 제거 하는 역할을 해야 한다.

3. 조직의 실천전략

20여 년 전에 Cox(1993)는 편견, 스테레오타입, 제한된 구조 및 사회적 통합, 제도적 편견으로 충만한 조직풍토가 소수자집단 구성원의 경력결과에 부정적 영향을 미칠 것이라고 보았다. Cox는 그러한 조직풍토가 만족도, 업무참여, 성과평가, 승진 등에 부정적 영향을 준다고 보았으며, 궁극적으로는 조직의 효과성을 훼손할 것이라고 주장하였다. 현재의 연구들은 소수자집단 구성원의 경력 장애요인을 최소화하는 데 큰 진전이 없다는 것을 지적하고 있으며, 따라서 개인과 단체에 부정적 영향이 계속되고 있다는 사실을 시사하고 있다. 이번 절에서는 다양한 배경을 지닌 구성원들에게 더 나은 업무환경을 제공하기 위해 HR이 어떻게 더 적극적 역할을 할 수 있는지에 초점을 맞추어 설명하고자 한다.

먼저 일부 조직은 경력개발을 포함하여 전반적으로 더 수용적인 조직이 되기 위해 일관된 노력을 기울이고 있으며, 또한 상당한 시간과 자원을 투자한다는 것을 인식할 필요가 있다. 광범위한 변화를 만들려고 하지는 않더라도, 다른 조직의 경우 능력 있는 인재를 채용하고 유지하기 위한 방법으로 경력개발에 대한 접근성을 개선하는 것에 관심을 쏟기도 한다. 이번 장에서 제시하고 있는 제언들은 전체 직원들의 경력 관련 장애요인을 최소화하고자 하는 조직들을 위해 마련되었다. 각 제언들은 HR전문가들이 그러한 과정에서 적극적 역할을 할 것을 요구하고 있다.

이번 장은 다양한 배경을 지닌 직원들에 대한 경력 장애요인을 조직 외부로부터 탐색한 바 있다. 사회적 변화는 그 속도가 느리고 지속적으로 진행되는 반면, 조직은 스테레오타입, 편견, 자민족중심주의, 그리고 잘못된 믿음, 정보, 그리고 의도 등을 통해 스며드는 다른 종류의 편견들에 필연적으로 맞서 싸워야 한다. 이러한 외부의 영향을 최소화하기 위해서는 개인의 인식과 변화에 초점을 맞춘 다각적인 접근방식을 적용하거나(Holvino et al., 2004), 다음과 같은 접근을 시도할 수 있다.

- 직원들이 다양한 배경의 타인과 협력해야겠다는 인식을 갖게 하는데 그치지 않고, 관련 지식을 적용할 수 있도록 효과적으로 구성된교육훈련 및 학습의 기회를 활용하라(Bristol & Tisdell, 2010; Cox, 1993, 2001; Holvino et al., 2004; Kaplan, 2014; Kulkarni, 2012; Mor Barak, 2014; Thomas, 2005). 교육훈련은 이벤트로 그치지 않고 다양성 관리전략의 일환으로 운영되어야 한다(단, 잘못 설계된 훈련은실제로 편견을 강화할 수 있으므로, 신중하게 접근해야 한다).
- 리더들과 의사결정권자들에게 자신이 지닌 편견을 확인하고 이를해결하는 방법을 찾도록 코칭을 제공하라(Holvino et al., 2004). "자신의 정체성을 개발하지 않은 개인은 다양한 배경의 노동자들이업무에 몰입하고 새로운 방식으로 기여할 수 있도록 하는 업무 환경을 조성할 수 없다(Thomas, 2005, p.193)".
- 구성원들이 자신의 기술을 향상하고(Holvino et al., 2004), 다양한배경을 지닌 다른 사람들의 전문성과 능력을 인식하게 돕고, 그들을 한 사람의 개인으로 받아들여 더 이상 고정관념을 갖지 못하도록 돕는 다문화적 팀빌딩 활동을 시작하라.

조직수준의 다른 장애요인들은 전형적으로 해당 조직의 문화에 내재되어있다. 이러한 요인들은 업무관행을 통해 지속적으로 영향을 미치기 때문에 확인하기 어렵고 변화시키기도 어렵다. 그러나 구조적 통합이 부족하다면 단서가 제공된다. 다시 말해, 경력개발이 조직의 모든 사람들을 대상으로 잘 운영되고 있다면, 다양한 배경의 개인들이 조직 전체, 모든 직급, 그리고 모든 부서와 기능적 영역에 걸쳐 진출하여 있을 것으로 예상해 볼 수 있다. 만약 그것이 분명하지 않은 경우, 구조적 장애요인들(예를 들면, 유리천장, 유리에스컬레이터, 콘크리트벽)이 가장 활발히 드러나는 곳부터 점검을 시작해야 할 것이다.

- 경력 장애요인을 탐색하고 이를 최소화하는 전략을 수행할 수 있

도록 리더들의 지원을 모색하라(Bristol & Tisdell, 2010; Cox, 1993, 2001; Thomas, 2005). 그들을 대상으로 포괄적 경력개발이 왜 중요한지 교육할 준비를 하라.

- 조직에서 어떤 전략을 실행하고, 무엇에 집중해야 하는지에 대한 보다 완벽한 정보를 수집하기 위해서는 조직문화 평가를 고려해야 한다(Holvino et al., 2004; Kulkarni, 2012; Mor Barak, 2014). 소수자집단 구성원들이 집중되어 있는 영역이 잠재적인 관심 영역이 될 수 있는데 이를 주목하여 살펴보라(혹은, 소수자집단의 구성원들을 대상으로 탈동일시가 촉진되는 영역 등을 살펴보라).

- 직급을 막론하여 모든 직원이 참여할 수 있는 공식적 멘토링 프로그램을 구축하고 해당 프로그램의 효과를 측정하기 위한 지표를 구축하라(Nugent, Dinolfo, & Giscombe, 2013). 성별 혹은 인종 사이에 발생할 수 있는 문제나 다양한 배경을 지닌 멘토의 부족이라는 문제를 해결하기 위해 멘토링 서클(mentoring circle)[33]이나 동료 멘토링 같은 대안을 검토할 수 있는데, 나이가 많은 직원들의 참여를 유지하기 위해서는 역 멘토링(reverse mentoring)을 고려할 수도 있다(Chaudhuri & Ghosh, 2012). 멘토링과 관련된 세부 사항은 4장에 제시되어 있다.

- 직원들이 조직 내외부에서 유사한 배경의 사람들 혹은 그렇지 않은 사람들과 경력 네트워크를 구축하도록 권장하라. 조직 전체를 배경으로 하여 동료들 사이에서 도움을 제공하는, 유사한 인력들(예를 들면, 여성 관리자 혹은 성소수자들) 사이의 네트워크인 직원자원그룹(employee resource groups)[34]을 고려하라(Ibarra et al., 2013).

---

33 멘토링 서클은 일종의 그룹으로 운영되는 멘토링을 말한다. 전통적 멘토링이 멘토와 멘티의 1:1의 관계에 기초하는 반면, 멘토링 서클은 한 명의 멘토와 5-6명 정도의 멘티 사이의 관계를 기반으로 운영된다. 멘토링 서클에는 조직 내 모든 부서와 직급에서 멘티로 참여할 수 있는데, 관련된 주제에 따라서 참여 여부를 본인이 결정할 수 있다.

단, 이는 조심스럽게 진행할 필요가 있다. 어떤 사람들은 직원자원
그룹에 참여하는 것이 조직에서 자신들을 소외시켜버리는 것이 아
닌지 우려를 나타내기도 한다. 또한, 다른 사람들은 직원자원그룹
이 현재의 조직 내 권력 구조를 더욱 강화하는 것은 아닌지 우려
를 표명하기도 한다(O'Neil, Hopkins, & Sullivan, 2011). 네트워킹과
관련된 자세한 세부 사항은 역시 4장에 언급되어 있다.

직원자원그룹 우수사례

매년 DiversityInc에서는 직원자원그룹과 관련된 상위 10개의 기업을
선정하는데, 기업이 채용, 직원개발 및 멘토링을 지원하기 위해 직원
자원그룹을 사용하는지 여부와 직원자원그룹 프로그램이 성공의 척
도로 인재의 유지 및 경력개발을 사용하는지 여부 등을 선정 기준으
로 삼고 있다. 2014년도에는 PricewaterhouseCoopers가 위의 기준을
충족하여 1위로 올라섰는데, 이 기업은 회사 경영진이 해당 프로그램
을 확고히 지원(경영진이 스폰서 역할을 수행하고 있음)하고 있으며, 다
수의 직원들이(전체의 38%) 총 9개 그룹(총 80개 지역조직) 중 1개 그
룹에 참여하고 있는 것으로 알려졌다.

출처 : http://www.diversityinc.com/top-10-companies-employee-resource-groups

---

• 다양한 배경의 인적자원을 위한 경력개발에서 발생할 수 있는 제

---

34 직원자원그룹(employee resource groups: ERGs)은 삶의 경험이나 개인이 지닌 특징에 기초
하여 일터에서 조직 내 구성원들이 참여하는 그룹을 말한다. 그 의미가 확대되어 개인이 지
닌 흥미에 기초한 소그룹 활동이 직원자원그룹과 관련된 논의에 포함되기도 하지만, 전통적
으로는 인종이나, 성별, 성적 지향성 등에서 소수자집단에 속한 개인들의 특성에 초점을 두어
왔다. 구체적으로 기업의 사례를 들면, 미국 Dell사의 경우 보다 포용적 문화를 구축하기 위
한 총 13개 직원자원그룹이 운영되고 있는데, 각 그룹은 장애(True Ability), 라틴(Latino
Connection), 흑인(Black Networking Alliance), 아시안(Asians in Action), 환경(Planet), 여
성(Women in Action), 성소수자(Pride) 등의 주제를 기초로 하고 있다.

도적 편견을 없애기 위해 조직의 정책 및 업무절차를 공식적으로 검토하라(Cox, 1993, 2001; Holvino et al., 2004; Kulkarni, 2012). 이와 관련하여서는 불필요한 경직성이 있는지 여부를 확인하기 위해 업무 시간을 살펴볼 필요가 있다. 또한, 채용절차, 성과평가, 승계계획 및 승진 후보자를 파악하는 기준을 검토하여 소수자집단에 속한 개인들에 대한 장벽이 있는지를 살펴보아야 한다.

- 교육훈련 및 과제확장 등과 같은 경력개발의 방법과 관련된 공식 혹은 비공식적 관행을 검토하라(O'Neil et al., 2013). 또한, 그와 관련된 결정들이 어떻게 이루어지는지를 살펴보고, 소수자집단에 속한 개인들이 경력개발의 기회에 동등하게 접근할 수 있는 방법도 모색할 필요가 있다(예를 들어, 부하직원 모두를 얼마나 잘 양성하는지에 대해 관리자를 평가하는 것 등). 변화를 제안하고 이를 실행하는 일에는 늘 정의와 공정성에 대한 인식이 함께해야 한다.

- HR전문가가 특정 소수자집단의 개인들이 직면하는 경력개발 장벽이 무엇인지에 대해 이해할 수 있도록 해야 한다(Gedro, 2009). 일부 장애요인들(예를 들면, 직원의 경제적 지위 혹은 가족과 관련된 의무)은 조직의 권한 밖에 있지만, HRD는 경력개발에 영향을 미치는 요인을 이해하고 보다 수용적 조직문화를 구축하는데 적극적 역할을 함으로써 개인을 지원할 수 있다.

여성들이 공학 관련 일자리에서 떠나는 것을 막기 위해 조직이 할 수 있는 일은 무엇인가?

STEM(science, technology, engineering, mathematics)분야에서 여성 인력이 부족하다는 사실은 지속적으로 관심을 받아왔다. '파도를 막아서라 : 왜 여성들은 공학분야를 떠나는가?(Stemming the tide: Why women leave engineering? Fouad, Singh, Fitzpatrick, & Liu, 2012)'라는

제목의 보고서는 단지 여성들이 그러한 분야에서 공부하도록 장려하는 것이 충분한 해결책이 되지 않는다고 하였다. 연구자들은 공학 분야의 학사학위를 지닌 5,500명 이상의 여성들을 조사하였다. 응답자 중에는 공학분야에 진입하지 않은 여성, 해당 분야를 떠난 여성, 현재에도 공학분야에 남아 있는 여성 등이 포함되어 있었다. 수집된 데이터에 기초하여, 저자들은 자격을 갖춘 여성을 공학분야에 유지하려고 하는 조직은 다음과 같은 일들을 해야 한다고 결론지었다.

- 다음을 통해 성장을 위한 명확한 경로를 개발해야 한다.
  - 승진 기준을 투명하게 제시하라.
  - 성과에 기초하여 승진을 실시하라.
  - 승진할 수 있는 다양한 기회를 제공하라.
- 리더십 스킬과 기술적 전문성을 구축하기 위한 교육훈련 및 개발의 기회(예를 들면, 과제확장 등)를 제공하라.
- 목표, 업무과업, 그리고 업무기대를 명확히 제시하고 업무를 수행하는 데 필요한 자원을 제공하라(즉, 업무가 통제 불능 상태가 되거나, 초과 근무를 요구하거나, 혹은 마감일을 맞추기 위해 재촉하지 않도록 관리하라).
- 수용적 조직문화를 구축하라.
  - 모든 직원 기여를 소중히 여긴다는 사실을 드러내라.
  - 무례함과 경시하는 행동은 용납하지 마라.
  - 관리자와 동료로부터 도움을 얻는 문화를 조성하라.
  - 공식적 혹은 비공식적 멘토링을 권장하라.
  - 일과 삶의 균형을 지원하고 직원들이 이와 관련되어 부정적 영향 없이 제도를 활용할 것이라고 기대하라.

4. 개인의 실천전략

다양성과 관련된 연구들은 종종 소수자집단에 속한 개인들이 성공하기 위해 조직의 기대에 적응해야 한다는 주장을 비판한다. 그러한 연구에서 주장하는 바는 이미 자격을 갖춘 사람들은 적응할 필요가 없다는 것이며, 변화하는 환경에 적응해야 하는 부담은 보다 수용적 문화를 갖추기 위해 조직이 감당해야 한다는 것이다. 앞에서 살펴보았듯이, 조직수준의 장애요인은 제거되어야 하며, 조직수준에서 일어나는 이러한 변화는 개인들의 경력기회에 큰 영향을 미친다. 그러나 개인은 자신의 경력경로와 계획에 대해 여전히 책임을 지고 있는데, 이 과정에서 자신의 힘을 주장하기 위한 전략을 사용할 수 있게 된다. 아래에 다루어질 내용은 모든 개인에게 필요한 것들이지만, 특히 조직에서 주목받고 선택되기 위해 더 노력해야 하는 소수자집단의 개인들에게 더 적합하다고 할 수 있다.

- 선제적으로 행동하라(Thomas, 2005; van Veldhoven & Dorenbosch, 2008). 이것은 경력개발과 관련된 문헌에서 반복적으로 등장하는데, 조직에서 주목받고 선택되기를 기다린다면 그러한 기회가 사라질 것이라는 점을 지적하며 특히 소수자집단에 속한 개인들은 이를 우선적으로 고려해야 한다고 알려져 있다.

진취적으로 살 것인가, 아니면 운명(혹은 업보, karma)을 받아들일 것인가?

선행연구들은 여성들이 남성보다 급여나 승진에 대한 요구를 제기할 가능성이 적으며, 그 결과 여성들의 급여나 승진 기회는 상대적으로 뒤처질 수 있다는 점을 지적하였다. 이런 상황에서 여성들을 위해 기업의 최고경영자의 조언을 구하려던 한 취재진의 노력은 해당 최고경영자에 대한 비판으로 이어졌다. 2014년 10월에 실시된 한 인터뷰에서 Microsoft사의 최고경영자인 Satya Nadella는 다음과 같이 답변하였다.

> "여성들이 임금인상 및 승진을 요구하는 것은 실제로 임금
> 을 올리기 위해서라기보다는 자신이 일을 계속하면 조직의
> 시스템이 그에 대해 적절히 보상해 줄 것이라는 이해와 믿
> 음과 관련이 있는 행동이다. … (중략)… 솔직히 나는 급여
> 를 올려달라고 하지 않는 여성들은 어떤 초월적 힘을 가지
> 고 있는 것은 아닌지 하는 생각을 한다. 왜냐하면, 그렇게
> 하는 것이 여성들에게는 좋은 업을 쌓는 것이기 때문이다."

여성들의 일에 대한 보상이 고작 '업을 쌓는 것'이라는 자신의 말에
즉각적이고 명확한 부정적 피드백을 받게 되자 Satya Nadella는 다음
과 같이 사과하였다.

> "내가 한 답변은 완전히 잘못된 것이었다. 의심할 여지없이 나는
> 우리 회사와 이 산업에 더 많은 여성들을 유치하여야 한다고 믿
> 으며, 또한 임금 격차를 해소하는 프로그램을 진심으로 지지한
> 다. 나는 남성과 여성이 동등한 일에 대해 동등한 보수를 받아야
> 한다고 믿는다. 그리고 급여인상을 받을 가치가 있다고 생각할
> 때, 급여인상을 받을 수 있도록 곁에서 도움을 제공해야 한다고
> 조언한 인터뷰 진행자인 Maria의 충고가 옳다고 생각한다. 급여
> 인상을 받을 자격이 있다고 생각한다면 그냥 요청하면 된다."

Satya Nadella의 이 인터뷰 후에 Amit Chowdhry는 그 상황을 Forbes지
에 요약하여 기사를 싣고(http://www.forbes.com/sites/amitchowdhry/20
14/10/10/microsoft-ceo-satya-nadella-apologizes-for-comments-on-wome
ns-pay), "익명의 제보자들이 제공한 직무와 급여의 정보로 운영되는
Glassdoor에서는 Microsoft의 남성들이 비슷한 직책에 있는 여성들보
다 더 많은 돈을 받는다는 사실을 보여주고 있다"라고 지적하였다.

- 개인적인 삶 및 전문가로서의 삶과 관련된 탄력성을 신장하라. 본인 스스로를 정의하고, 안정감을 느끼며, 학습하고, 조직에서 주목받으며, 여전히 유연성을 유지하는 힘을 유지하고 이를 발휘해야 한다(Alfred, 2001). 이것은 가족과 관련된 여러 가지 필요가 있거나, 업무 스트레스를 느끼며, 부당한 대우를 받는다고 인식하는 사람들에게 특히 중요할 수 있다. (7장 참고)
- 자기개발의 기회를 찾고 이를 활용하라(Thomas, 2005). 자발적으로 과제를 확장하여 업무를 수행하여 보고, 도전적 업무과제도 수행하라. "유능한 리더가 되는 법을 배우는 것은 복잡한 기술을 배우는 것과 같다. 자연적으로 얻어지는 경우는 드물며, 대개는 많은 연습을 필요로 한다(Ibarra et al., 2013, p.66)." 동시에 유리절벽 상황이 가져오는 위험을 최소화하기 위해 적절한 선택을 하라.
- 멘토링 및 네트워킹 관계를 수립하라(Cocchiara et al., 2006; Thomas, 2005). 자신과 유사한 멘토들을 찾기 위해서라면 광범위하게 탐색하여야 하며, 다수집단에 속한 개인과의 관계도 고려를 해야 하는데 이를 통해 조직 내 권력과 다양한 기회에 참여할 가능성을 높여라. 조직 안에 있는 멘토링 및 네트워킹 프로그램을 활용하라.

5. 요약

이번 장을 시작하며 언급한 바와 같이, 소수자집단을 위한 경력개발은 다면적인 측면을 지니고 있다. 여러 가지 우려들이 다양한 종류의 차별에 걸쳐 제기될 수 있다. 그러나 각 집단과 그 집단을 구성하는 개인들은 지면의 한계로 모두 다룰 수 없는 자신들만의 독특한 도전적 상황을 경험하게 된다. 이와 관련된 내용은 탐색해 보기를 권한다. 또한, 이번 장에서는 소수자집단에 초점을 맞추어 설명하였지만, 사실 다양성은 모든 사람과 관련된 개념이라고 할 수 있다. 전통적인 다수집단의 구성원이든 소수자집단의 구성원이든 상관없이 각 개인은 다양한 노동력을 구성하는 일원이 된다. 그들은 모두 함께 한 조직의 다양성을 구축한다.

참고문헌

Abele, A., Volmer, J., & Spurk, D. (2012). Career stagnation: Underlying dilemmas and solutions in contemporary work environments. In N. P. Reilly, M. J. Sirgy, & C. A. Gorman (Eds.), *Work and quality of life: Ethical practices in organizations* (pp. 107-132). New York: Springer.

Alfred, M. V. (2001). Expanding theories of career development: Adding the voices of African American women in the white academy. *Adult Education Quarterly, 51*(2), 108-127.

Allport, G. W. (1979). *The nature of prejudice*. Reading, MA: Addison-Wesley.

Baruch, Y., & Bozionelos, N. (2011). Career issues. In S. Zedeck (Ed.), *APA handbook of industrial and organizational psychology* (pp. 67-113). Washington, DC: American Psychological Association.

Bell, E. L. J. E., & Nkomo, S. M. (2001). *Our separate ways: Black and white women and the struggle for professional identity*. Boston: Harvard Business School.

Bell, M. P. (2012). *Diversity in organizations*. Mason, OH: South-Western, Cengage Learning.

Blustein, D. L., Coutinho, M. T. N., Murphy, K. A., Backus, F., & Catraio, C. (2011). Self and social class in career theory and practice. In P. Hartung & L. Subich (Eds.), *Developing self in work and career: Concepts, cases and contexts* (pp. 213-229). Washington, DC: American Psychological Association.

Bristol, T. L., & Tisdell, E. J. (2010). Leveraging diversity through career development: Social and cultural capital among African-American managers. *International Journal of Human Resources Development and Management, 10*(3), 224-238.

Bullock, H. E. (2004). Class diversity in the workplace. In M. Stockdale & F. Crosby (Eds.), *The psychology and management of workplace diversity* (pp. 224-242). Oxford: Blackwell.

Caleo, S., & Heilman, M. E. (2013). Gender stereotypes and their implications for women's career progress. In S. Vinnicombe, R. J. Burke, S. BlakeBeard, & L. L. Moore (Eds.), *Handbook of research on promoting women's careers* (pp. 143-161). Cheltenham, UK: Edward Elgar.

Chaudhuri, S., & Ghosh, R. (2012). Reverse mentoring: A social exchange tool for keeping the boomers engaged and millennials committed. *Human Resource Development Review, 11*(1), 55-76.

Cocchiara, F., Bell, M. P., & Berry, D. P. (2006). Latinas and black women: Key factors for a growing proportion of the US workforce. *Equal Opportunities International, 25*(4), 272-284.

Cokley, K., Dreher, G., & Stockdale, M. (2004). Toward the inclusiveness and career success of African Americans in the workplace. In M. Stockdale & F. Crosby (Eds.), *The psychology and management of workplace diversity* (pp. 168-190). Oxford: Blackwell.

Combs, G. M. (2003). The duality of race and gender for managerial African American women: Implications of informal social networks and career advancement. *Human Resource Development Quarterly, 2*(4), 385-405.

Cook, A., & Glass, C. (2014). Above the glass ceiling: When are women and racial/ethnic minorities promoted to CEO? *Strategic Management Journal, 35*(7), 1080-1089.

Cox, T., Jr. (1993). *Cultural diversity in organizations: Theory, research & practice.* San Francisco: Berrett-Koehler.

Cox, T., Jr. (2001). *Creating the multicultural organization.* San Francisco: Jossey-Bass.

Crawshaw, J. (2006). Justice source and justice content: Evaluating the fairness of organizational career management practices. *Human Resource Management Journal, 16*(1), 98-120.

Crawshaw, J., & Brodbeck, F. (2011). Justice and trust as antecedents of careerist orientation. *Personnel Review, 40*(1), 106-125.

Duffy, R. D., & Dik, B. J. (2009). Beyond the self: External influences in the career development process. *The Career Development Quarterly, 58*(1), 29-43.

Fernando, W. D. A., & Cohen, L. (2014). Respectable femininity and career agency: Exploring paradoxical imperatives. *Gender, Work and Organization, 21*(2), 149-164.

Fouad, N., Singh, R., Fitzpatrick, M., & Liu, J. (2012). *Stemming the tide: Why women leave engineering.* (Research Report Women in Engineering.) Retrieved from http://studyofwork.com/files/2011/03/NSF_Women-Full-Report-0314.pdf.

Gedro, J. (2009). LGBT career development. *Advances in Developing Human Resources, 11*(1), 54-66.

Giscombe, K., & Mattis, M. C. (2002). Leveling the playing field for women of color in corporate management: Is the business case enough? *Journal of Business Ethics, 37*(1), 103-119.

Heppner, M. J., & Fu, C. (2011). The gendered context of vocational self-construction. In P. Hartung & L. Subich (Eds.), *Developing self in work and career: Concepts, cases and contexts* (pp. 177-192). Washington, DC: American Psychological Association.

Hite, L. M. (2004). Black and white women managers: Access to opportunity. *Human Resource Development Quarterly, 15*(2), 131-146.

Holvino, H., Ferdman, B., & Merrill-Sands, D. (2004). Creating and sustaining diversity and inclusion in organizations: Strategies and approaches. In M. Stockdale & F. Crosby (Eds.), *The psychology and management of workplace diversity* (pp. 245-276). Oxford: Blackwell.

Ibarra, H., Ely, R., & Kolb, D. (2013, September). Women rising: The unseen barriers. *Harvard Business Review*, 61-66.

Kao, K., Rogers, A., Spitzmueller, C., Lin, M., & Lin, C. (2014). Who should serve as my mentor? The effects of mentor's gender and supervisory status on resilience in mentoring relationships. *Journal of Vocational Behavior, 85*(2), 191-203.

Kaplan, D. M. (2014). Career anchors and paths: The case of gay, lesbian, and bisexual workers. *Human Resource Management Review, 24*(2), 119-130.

Kulik, C. T., Bainbridge, H. T. J., & Cregan, C. (2008). Known by the company we keep: Stigma-by-association effects in the workplace. *Academy of Management Review, 33*(1), 216-230.

Kulkarni, M. (2012). Social networks and career advancement of people with disabilities. *Human Resource Development Quarterly, 11*(2), 138-155.

Leslie, S., Cimpian, A., Meyer, M., & Freeland, E. (2015, January). Expectations of brilliance underlie gender distributions across academic disciplines. *Science, 347*(6219), 262–265.

Mohr, J. J., & Fassinger, R. E. (2013). Work, career, and sexual orientation. In C. Patterson & A. D. Augelli (Eds.), *Handbook of psychology and sexual orientation* (pp. 151–164). Oxford: Oxford University Press.

Mor Barak, M. E. (2014). *Managing diversity: Toward a globally inclusive workplace* (3rd ed.). Thousand Oaks, CA: Sage.

Murrell, A. J., Blake–Beard, S., Porter, M., Jr., & Perkins–Williamson, A. (2008). Inter organizational mentoring: Breaking the concrete ceiling sometimes requires support for the outside. *Human Resource Management, 47*(2), 275–294.

Naraine, M. D., & Lindsay, P. H. (2011). Social inclusion of employees who are blind or low vision. *Disability & Society, 26*(4), 389–403.

Ng, T. W. H., & Feldman, D. C. (2012). Aging and participation in career development activities. In J. W. Hedge & W. C. Boreman (Eds.), *The Oxford handbook of work and aging* (pp. 137–150). Oxford: Oxford University Press.

Niles, S. G., & Harris–Bowlsbey, J. (2013). *Career development interventions in the 21st century* (4th ed.). Boston: Pearson.

Nugent, J. S., Dinolfo, S., & Giscombe, K. (2013). Advancing women: A focus on strategic initiatives. In S. Vinnicombe, R. J. Burke, S. Black-Beard, & L. L. Moore (Eds.), *Handbook of research on promoting women's careers* (pp. 391–405). Cheltenham, UK: Edward Elgar.

O'Neil, D. A., Hopkins, M. M., & Bilimoria, D. (2013). Sprinters, marathoners and relay runners: Profiles of women's career development over time. In S. Vinnicombe, R. J. Burke, S. Blake-Beard, & L. L. Moore (Eds.), *Handbook of research on promoting women's careers* (pp. 87–105). Cheltenham, UK: Edward Elgar.

O'Neil, D. A., Hopkins, M. M., & Sullivan, S. E. (2011). Do women's networks help advance women's careers? *Career Development International, 16*(7), 733–754.

Peters, K., Ryan, M., & Haslam, S. A. (2013). Women's occupational motivation: The impact of being a woman in a man's world. In S. Vinnicombe, R. J. Burke, S. Blake-Beard, & L. L. Moore (Eds.), *Handbook of research on promoting women's careers* (pp. 162–177). Cheltenham, UK: Edward Elgar.

Peters, K., Ryan, M., Haslam, S. A., & Fernandes, H. (2012). To belong or not to belong: Evidence that women's occupational disidentification is promoted by lack of fit with masculine occupational prototypes. *Journal of Personnel Psychology, 11*(3), 148–158.

Ragins, B. R. (1996). Jumping the hurdles: Barriers to mentoring for women in organizations. *Leadership & Organization Journal, 17*(3), 37–41.

Ragins, B. R. (2007). Diversity and workplace mentoring relationships: A review and positive social capital approach. In T. D. Allen & L. T. Eby (Eds.), *The Blackwell handbook of mentoring: A multiple perspectives approach* (pp. 281–300). Malden, MA: Blackwell.

Rocco, T. S., Bowman, L., & Bryant, L. O. (2014). Disability, health and wellness programs and the role of HRD. In N. Chalofsky, T. Rocco, & M. L. Morris (Eds.), *Handbook of human resource development* (pp. 299–313). Hoboken, NJ: Wiley.

Ryan, M. K., & Haslam, S. A. (2005). The glass cliff: Evidence that women are over-represented in precarious leadership positions. *British Journal of Management, 16*(1), 81–90.

Ryan, M. K., & Haslam, S. A. (2007). The glass cliff: Exploring the dynamics surrounding the appointment of women to precarious leadership positions. *The Academy of Management Review, 32*(2), 549–572.

Sagrestano, L. M. (2004). Health implications of workplace diversity. In M. Stockdale & F. Crosby (Eds.), *The psychology and management of workplace diversity* (pp. 122–144). Oxford: Blackwell.

Shore, L. M., Randel, A. E., Chung, B. G., Dean, M. A., Ehrhart, K. H., & Singh, G. (2011). Inclusion and diversity in work groups: A review and model for future research. *Journal of Management, 37*(4), 1262–1289.

Stone, D. L., & Stone-Romero, E. F. (2004). The influence of culture on roletaking in culturally diverse organizations. In M. Stockdale & F. Crosby (Eds.), *The psychology and management of workplace diversity* (pp. 78–99). Oxford: Blackwell.

Thomas, K. M. (2005). *Diversity dynamics in the workplace.* Toronto: Thomson Wadsworth.

Tlaiss, H., & Kauser, S. (2010). Perceived organizational barriers to women's career advancement in Lebanon. *Gender in Management: An International Journal, 25*(6), 462–496.

van Veldhoven, M., & Dorenbosch, L. (2008). Age, proactivity and career development. *Career Development International, 13*(2), 112–131.

Villanueva–Flores, M., Valle–Cabrera, R., & Bomay–Barrachina, M. (2014). Career development and individuals with physical disabilities. *Career Development International, 19*(2), 222–243.

Voelpel, W., Sauer, A., & Biemann, T. (2012). Careeer planning for mid- and late-career workers. In J. W. Hedge & W. C. Boreman (Eds.), *The Oxford handbook of work and aging* (pp. 503–519). Oxford: Oxford University Press.

Wang, M., Olson, D. A., & Shultz, K. S. (2013). *Mid and late career issues: An integrative perspective.* New York: Routledge Taylor & Francis.

Wilson–Kovacs, D., Ryan, M. K., Haslam, S. A., & Rabinovich, A. (2008). Just because you can get a wheelchair in the building doesn't necessarily mean that you can still participate: Barriers to the career advancement of disabled professionals. *Disability & Society, 23*(7), 705–717.

Wooten, K. C., & Cobb, A. T. (1999). Career development and organizational justice: Practice and research implications. *Human Resource Development Quarterly, 10*(2), 173–179.

CHAPTER 07

경력개발의 도전과제

잔잔한 파도의 바다는 능력 있는 뱃사람을 만들어내지 못한다.

– 아프리카 속담

많은 사람들은 경력을 개발하는 과정에서 여러 도전에 직면하게 된다. 직면하게 되는 도전적 상황은 사람에 따라 다르며, 이를 해결하고 얻는 결과도 개인마다 다르다. 사람들은 대개 '장애요인'이나 '장벽'이라는 부정적 의미의 용어보다 '도전'이라는 말을 선호한다. 이번 장에서 논의될 요인들이 경력에 반드시 부정적 영향을 주는 것이 아니며, 긍정적 결과도 만들어낼 수 있다는 점에서 여기서는 도전이라는 용어를 사용하고자 한다. 물론 더 많은 도전과제가 있지만, 이번 장은 네 가지 주요 도전과제에 초점을 맞추고 있다. 이 네 가지 도전과제는 대부분 개인에게 중요한 의미가 있으며, 선행연구에서도 지속적으로 언급되는 것들이다. 네 가지 도전과제는 직무스트레스, 경력정체, 일과 삶 사이의 문제, 부적합한 일자리 등이다.

1. 직무스트레스[35]

직무스트레스는 일터에서 개인의 성과와 직무만족도 및 성공에 큰 영향을 미친다(Baruch, 2006). 격변하는 경제 상황, 과학기술 활용의 증가, 일과 삶의 균형 등을 강조하는 현재의 경력환경으로 인해 대부분의 개인은 종종 스트레

---

[35] 6장에서 다룬 스트레스는 소수자집단이 일터에서 경험하는 직무스트레스였으며, 이번 장에서는 일터의 모든 개인이 경험하는 일반적인 스트레스를 설명하고 있다.

스를 경험하고 있다. 2013년에 실시된 'Stress in America' 조사결과는 성인의 42%가 지난 5년간 스트레스 증가를 경험하였으며, 전체의 61%가 스트레스를 관리하는 것이 매우 중요하다고 응답하였지만, 전체의 35% 정도만 스트레스를 잘 관리하고 있다는 사실을 밝혀내었다(APA, 2013). 2010년과 2011년 사이에 슬로베니아에서 실시한 설문조사에 따르면 응답자의 62%가 자신의 일에서 '스트레스를 경험하거나 혹은 극심한 스트레스를 받고 있다'고 응답하였으며, 벨기에의 한 조사에서는 직원들이 대체로 업무에 대해 긍정적으로 생각하고 있지만, 응답자의 30%는 여전히 업무 스트레스가 문제라고 지적한 바 있다 (EuroFound, 2014).

　　Selye(1974)는 스트레스를 "외부의 요구에 대한 신체의 불특정한 반응(p.27)" 이라고 비교적 간략하게 정의한 바 있다. Selye의 연구 이후 다양한 정의가 등장하였지만, 새로운 기회를 만나거나, 제한적인 상황이나 외부의 요구 등에 직면하였을 때, 혹은 일의 결과가 중요하게 인식될 때 사람은 스트레스를 경험한다는 사실이 공통으로 지적되고 있다(Greenhaus, Callanan, & Godshalk, 2010; Schuler, 1980). 일반적으로는 직무스트레스를 부정적인 것으로 인식하고, 관리자와 HRD 전문가들이 이러한 부정적 영향에 관심을 가져야 한다고 생각한다. 하지만 점차 많은 학자들이 긍정적 스트레스도 있다는 점을 지적하고 있다 (Hargrove, Nelson, & Cooper, 2013). 스트레스에 대한 긍정적 반응으로 인식되는 '유스트레스(eustress)[36]'라는 개념은 1970년대 Hans Selye에 의해 소개되었다 (Selye, 1974). 최근 연구는 업무스트레스를 도전 관련 스트레스 요인(challenge-related stressor)과 방해 관련 스트레스 요인(hindrance-related stressor) 등 두 가지로 나눌 수 있다고 지적하고 있다(Cavanaugh, Boswell, Roehling, & Boudreau, 2000). 도전 관련 스트레스 요인은 과중한 업무량, 책임, 광범위한 직무범위 등과 같은 "도전적 직무요구와 관련된(p.66)" 스트레스 요인을 말한다(Cavanaugh

---

36 삶에 긍정적으로 작용하는 스트레스를 '유스트레스(eustress)', 부정적 영향을 미치는 스트레스를 '디스트레스(distress)'라고 한다.

et al., 2000). 방해 관련 스트레스 요인은 "개인이 가치를 부여하는 목표를 달성하지 못하도록 방해하거나 여러 상황을 제약하는 조건(p.67)"이다. 방해와 관련된 스트레스 요인의 예로는 과도한 관료주의, 조직정치(organizational politics)[37], 직업 안정성에 대한 우려 등이 포함된다. 방해 관련 스트레스 요인이 이직의도나 구직 및 퇴직 등과 연계가 되어 있는 반면, 도전 관련 스트레스 요인은 직무만족도 및 조직에 대한 몰입 등과 긍정적 관계를 지니고 있는 것으로 알려져 있다(Cavanaugh et al., 2000; Podsakoff, LePine, & LePine, 2007). 직원들의 능력, 합리적이고 현실적인 업무 속도, 흥미를 유지하면서 업무를 수행하도록 해주는 적절한 수준의 업무 난이도, 적절한 수준의 책임이 주어지는 것 등은 도전적 스트레스 요인을 제공하는 방법으로 알려져 있다(Hargrove et al., 2013).

스트레스 요인에 대한 개인의 반응은 긴장(strain)[38]이라고 불린다(Beehr, 1995; Hurrell, Nelson, & Simmons, 1998). 대표적인 세 가지 유형의 긴장이 논의되고 있는데, 이는 각각 생리적(physiological), 심리적(psychological), 행동적(behavioral) 긴장이다(Beehr, 1995; Schuler, 1980). 생리적 긴장은 고혈압, 궤양, 면역력 저하, 두통 등의 반응을 말하며(Hurrell et al., 1998; Schuler, 1980), 심리적 긴장은 우리가 종종 스트레스와 연관 지어 생각하는 감정적이고 인지적인 반응(예를 들면, 금단현상, 짜증, 불안, 우울감)을 포함한다. 행동적 긴장에는 외모를 바꾸거나, 술과 담배 사용을 늘리고, 태만하게 행동하는 것 등이 포함된다(Schuler, 1980). 세 가지 유형의 긴장은 모두 개인의 경력과 조직에 영향을 미치는 것으로 알려져 있다. Gilbreath와 Montesino(2006)는 다음과 같이 설명하고 있다.

---

37 조직 구성원이 조직에서 자신이 원하는 바를 얻기 위해 공식적으로는 인정되지 않는 방식으로 영향력을 행사하는 행위를 말한다. 즉, 자신이 가지고 있는 힘을 통해 자신의 의지를 관철하고 목적을 이루는 행위를 말한다.

38 이러한 개념은 구조공학 등에서도 사용한다. 즉, 만약 건물에 과다한 스트레스를 가하면, 건물은 압력을 받게 되고 경우에 따라서는 돌이킬 수 없는 손상을 가져오게 된다. 이러한 스트레스와 긴장 사이의 관계를 구조공학 등에서는 '응력-변형률 선도(stress-strain curve)'라는 것으로 설명하기도 한다.

직원들이 부정적 업무환경을 벗어나려는 과정에서 결근과 이직률이 증가할 가능성이 높다. 과도한 스트레스를 받은 직원이 보상을 요구하면서 조직에 대한 불만이나 소송도 제기할 수 있다. 또한, 조직의 사고발생률(예를 들면, 부상을 경험한 사람의 비율)이 직원들에게 일어나는 일들을 반영하기 시작하면 건강보험료 등이 증가하기도 한다. (p.564)

직무스트레스에 대한 다양한 반응이 존재하는 것과 마찬가지로, 다양한 스트레스 요인도 존재한다. 가장 일반적인 스트레스 요인들로는 다음과 같은 것들이 꼽히고 있다.

- 역할 특성 : 스트레스는 종종 업무에서 역할이 너무 많거나 혹은 너무 적을 때, 그리고 역할이 모호하거나(업무에서의 기대가 불명확할 때), 역할이 서로 출동할 때(외부의 요청사항이나 기대가 서로 충돌할 때) 발생한다. 예를 들어, 간호사들은 지속적으로 과중한 업무량이 스트레스의 요인이 된다고 지적하고 있다(McVicar, 2003).
- 조직의 특성 : 보상과 관련된 문제(예를 들면, 임금에서의 불평등), 불충분한 자원, 끊임없는 변화, 불명확한 의사소통 등이 스트레스를 야기하는 조직의 특성이 될 수 있다.
- 대인관계 : 무례함, 개인 및 집단 사이의 경쟁, 편견, 차별 등은 직장에서의 스트레스 수준을 높이는 사회적 상호작용의 예라고 할 수 있다.
- 관리자 : 관리자의 모욕적 행동을 경험한 개인은 대체적으로 심리적 고통의 정도가 증가하였다는 점을 밝히고 있다(Tepper, 2000). 반대로 관리자의 긍정적 행동은 직원들의 심리적 웰빙에 큰 영향을 미치는 것으로 확인되었다(Gilbreath & Benson, 2004).

- 과학기술 : 과학기술이 업무를 용이하게 하는 경우도 있지만, 긴장과 스트레스를 높이기도 한다(Day, Paquet, Scott, & Hambley, 2012). 점점 더 많은 연구들이 정보통신기술(information and communication technology: ICT)과 직무스트레스 사이의 관계를 탐색하고 있다 (Brown, Duck, & Jimmieson, 2014; Bucher, Fieseler, & Suphan, 2013). 정보의 과부하, 컴퓨터가 문제를 일으키는 등의 사소하면서 귀찮은 업무의 증가, 언제든 연락을 받을 것이라는 타인의 기대, 업무량의 증가, ICT에 대한 통제력 상실, 새로운 기술에 대한 지속적학습의 필요성 증대, 잘못된 의사소통이 발생할 가능성, ICT를 활용한 개인성과 모니터링 등이 ICT와 관련된 문제들이라고 할 수 있다.
- 직무에 대한 통제 : 업무를 수행하는 방법과 시기를 결정할 때 개인이 갖는 자율성의 정도가 스트레스 수준에 영향을 미칠 수 있다. 직무를 통제하고 있다고 믿는 것은 스스로가 스트레스를 관리하고 있다고 믿게 하며, 또한 더 건설적인 대처 행동을 하도록 만든다 (Spector, 2002). 보다 높은 수준에서 직무를 통제하는 것은 다양한 긍정적 결과(예를 들면, 몰입이나 동기부여)와 관련되기 때문에, 직무에 대한 통제가 직업적 성공의 인식에 연결된다고 가정하는 것이 합리적이다(Eatough & Spector, 2014).

대부분의 경우 스트레스를 야기할 수 있는 여러 가지 요인은 복합적으로 상호작용한다. 예를 들어, Karasek(1979)의 직무요구-통제 모형(Job Demand-Control Model, JD-CM)은 높은 수준의 직무에 대한 통제 능력을 갖추는 것은 과중한 직무요구의 영향을 완화하지만, 직무요구는 높은데 직무에 대한 통제력이 낮은 경우에는 더 많은 긴장이 발생한다고 지적한다. 그러나 다른 개인 및 상황 요인이 모형의 두 구성요인인 직무요구와 직무통제 사이의 상호작용에 영향을 미치기도 한다. 예를 들어, Tucker, Jimmieson, 그리고 Oei(2013)는 업무집단이 자신들을 유능하다고 인식할 때(즉, 집단효능감을 인식할 때), 직무에 대한 통제가 직무요구의 영향을 완화한다고 밝혀내었다. 집단효능감이 낮을 때에는 직무통제를 한다고 하더라도 직무요구에 대한 인식을 낮추어 주지 못하는 것으로 나타났는데, 오히려 "스트레스를 더 불러일으키는 역할을 하는(p.15)" 것으로 나타났다. 이들 Tucker, Jimmieson, 그리고 Oei는 조직이 스트레스 관련 실천전략을 수립할 때 개인요인과 상황요인을 모두 고려해야 한다고 주장하였다.

직무스트레스를 관리하고 방지하기 위해 사용할 수 있는 예방책은 다양하다. Cooper와 Cartwright(1997)는 이를 크게 세 가지로 구분하여 제시한 바 있다.

- 1차적 예방은 일터에서 스트레스 원인을 바꾸거나 제거하기 위한 조치를 포함한다. 업무량, 업무일정, 과업설계, 사회적 환경을 변경하는 것 등이 모두 1차적 실천전략의 사례가 될 수 있다.
- 2차적 예방은 개인이 스트레스에 대처하고 이를 관리하도록 돕는 일에 초점이 맞추어져 있다. 즉, 스트레스의 원인에 집중하기보다 결과를 다룬다. 스스로에 대한 인식, 스트레스 관리와 관련된 교육훈련의 제공, 스트레스 증상의 완화를 위한 활동(예를 들면, 신체적 이완을 위한 기술이나, 기타 신체활동 등)은 2차적 실천전략의 예다.
- 3차적 예방은 스트레스로 인해 심각한 건강상의 문제를 경험한 개인의 재활 및 치료와 관련된다. 종종 조직은 이러한 유형의 지원이 필요한 직원을 돕기 위해 종업원 지원 프로그램(employee assistance programs: EAPs)[39]을 활용한다.

---

39 EAPs는 생산성에 영향을 미치는 업무조건과 직무스트레스를 포함하여, 건강, 재정, 가족생활, 정서적 문제 등을 해결하도록 도움을 제공하는 프로그램이다. 대체적으로 코칭, 심리상담, 컨설팅 등의 방법이 활용된다.

실천전략을 분류할 때, 각 전략의 초점을 기준으로 분류하기도 한다. DeFrank 와 Cooper(1987)는 다음과 같은 세 가지 유형을 제시한 바 있다.

- 개인 예방전략 : 대부분의 2차적 예방 전략과 마찬가지로, 이러한 유형의 전략은 직원들이 스트레스를 이해하고, 관리하고, 이에 대처하는 데 도움을 제공한다.
- 조직 예방전략 : 이 유형에는 직원의 스트레스를 방지하고 줄이는 조직의 정책을 포함한다. Biron, Cooper, 그리고 Gibbs(2012)는 이를 "거시적 수준(p.939)"의 방법이라고 하였다.
- 개인 및 조직 예방전략 : 이 유형의 전략은 개인과 그들이 수행하는 업무 사이의 상호관련성을 다룬다. 예를 들어, 개인과 환경의 적합성 및 업무역할과 관련된 문제(업무의 모호함 혹은 역할갈등)를 주기적으로 살펴보는 것은 스트레스를 해결하는 데 도움이 되는 전략으로 간주되고 있다(Giga, Cooper, & Faragher, 2003).

대부분의 조직은 2차적 예방 또는 개인 차원의 전략에 의존하여 스트레스 관련 문제를 해결하려는 경향이 있다(Beehr, 1995; Cooper & Cartwright, 1997). Giga 등(2003)은 "이러한 상황은 직장 내 스트레스를 여전히 개인이 스스로 관리해야 하는 문제로 인식하고 있다는 것을 보여주는 것이다. 만약 스트레스가 관리되지 않는다면, 이 또한 개인의 무능이나 약점에서 그 원인을 찾으려 할 것이다(p.288)"라고 주장하였다. 개인을 중심으로 한 해결책이 도움이 되기는 하지만, 이는 스트레스의 근원을 해결해 주지 않으므로 직장 내 스트레스는 지속될 가능성이 높다.

직무스트레스를 예방 혹은 관리하는 데 도움이 되는 다양한 해결책이 존재한다(이와 관련된 구체적 예는 다음의 <표 7.1>에 제시되어 있다). 또한, 직원들의 웰빙을 촉진하고 건강한 조직을 만들기 위한 방법으로 강점기반의 조직개발 (appreciative inquiry)이나 즐거운 일터를 조성하기 위한 조직의 정책 등이 권장

〈표 7.1〉 직무스트레스 해결방안

조직중심의 해결방안 (1차적 해결방안)	개인중심의 해결방안 (2차적 해결방안)

• 직무재설계
• 유연근무제
• 업무처리 속도 변경
  (pace-of-work alteration)
• 선발관련 실천전략(개인-환경
  적합성에 대한 의사결정, 현실적
  직무소개[realistic job preview[40]] 등)
• 공정하고 일관된 일터를 조성하기
  위한 조직의 정책 및 보상시스템
• 직무 및 경력에 대한 교육훈련
• 관리자를 대상으로 한 교육훈련
  (직원의 스트레스에 대한 인식제고 및
  지원방안에 대한 교육훈련)
• 참여적 관리 접근법(participative
  management approach)
• 효과적 의사소통 촉진
• 응집력 있는 팀 구축
• 역할, 성과기대, 목표 등에 대한
  명확한 제시
• 사회심리학적으로 안전한 업무환경
  구축
	• 스트레스 관리법에 대한 교육훈련 제공
	• 심리적 이완기술에 대한 안내
	• 인지행동치료(cognitive-behavioral
	  therapy: CBT[41]) 제공
	• 시간관리 교육훈련 운영
	• 웰니스(wellness)[42] 프로그램 운영
	• 피트니스(fitness) 프로그램 운영
	• 종업원 지원 프로그램 운영

출처 : Biron et al. (2012); Cooper & Cartwright (1997); Giga et al. (2003); Quick et al. (2014).

되고 있다(Biron et al., 2012). 그러나 이러한 해결책을 실제 시행하기에 앞서,

---

40 조직에 진입한 후 적응하는 과정에서 개인이 직무와 조직에 대한 관련 정보를 정확하게 제공
   받아 조직과 직무에 대한 비현실적 기대가 아닌 현실적 기대감을 갖게 된다는 개념이다.

41 인지행동치료는 불안장애(anxiety disorder)를 치료할 때 자주 사용되는 방법이다. 불편한 상
   황을 받아들이는 과정을 통해 부정적 인식에 도전하고 이를 변경하도록 유도하는 치료법이다
   (Giga et al., 2003).

42 웰니스는 웰빙(well-being)과 피트니스(fitness) 두 단어의 결합으로 등장한 단어이다. 웰니스
   의 개념에는 건강을 지향한다는 의미가 내포되어 있는데, 단순한 피트니스가 아닌 영양관리
   나 금연운동 등도 포함한다.

조직은 스트레스와 관련하여 어떤 문제가 야기될 수 있는지를 살펴보아야 한다. 직원들의 업무태도에 대한 설문, 인체공학적 분석, 이직 및 결근 데이터 분석, 손해배상 청구 등의 사례 확인, 직원들의 스트레스 수준 확인 등이 어떤 해결책을 사용하는 것이 적절한지를 판단하는 데 도움을 제공할 것이며, 이와 동시에 사용된 해결책을 평가하기 위한 척도로도 사용될 것이다(Giga et al., 2003; Gilbreath & Montesino, 2006; Quick, Bennett, & Hargrove, 2014). 해결책에 대해 통합적 접근법을 취하는 것도 중요하다. 건강한 업무환경을 지닌 조직을 만들기 위해서는 개인과 조직 차원의 전략이 적절한 조화를 이룰 필요가 있기 때문이다(Biron et al., 2012; Cooper & Cartwright, 1997; Quick et al., 2014).

직무스트레스에 대한 논의를 마무리하기에 앞서 직무소진(job burnout)에 대해 간단하게나마 다루고자 한다. 직무소진이 보편적 현상이라고 말하는 것은 다소 조심스럽지만, 스웨덴 노동자들을 대상으로 한 연구에서는 거의 5분의 1(17.9%)에 해당하는 노동자들이 직무소진을 경험하고 있는 것으로 확인되었다(Lindblom, Linton, Fedeli, & Bryngelsson, 2006). 대부분의 초기 연구는 교육, 인적자원 관련 서비스, 의료분야에서 일하는 개인 등을 연구대상으로 삼고 있으나, 이제는 다양한 직업에서 직무소진이 발생할 수 있다는 사실이 알려져 있다.

직무소진은 "일터에서 만성적 대인관계 스트레스 요인에 반응하는 심리적 증후군(p.399)"으로 정의되어 왔다(Maslach, Schaufeli, & Leiter, 2001). 물론 감정고갈이 "이러한 복합적인 증후군의 명백한 징후(Maslach et al., 2001, p.402)"라고 여겨지고 있으나, 직무소진은 감정고갈(exhaustion), 비인격화(depersonalization), 개인적 성취감 결여(inefficacy) 등 크게 세 가지 차원으로 구분되고 있다. 개인(예를 들면, 성격 특성)과 조직 및 환경(예를 들면, 업무량, 업무통제, 보상구조) 요인은 모두 직무소진과 관련이 있는 것으로 밝혀졌다(Halbesleben & Buckley, 2004; Maslach et al., 2001). 특히, Maslach 등은 직원이 여러 업무 관련 측면과 낮은 적합성을 드러낼 때, 직무소진이 발생할 수 있다고 주장하였다. 여기서 업무 관련 측면이란 업무량, 업무통제, 보상 시스템, 소집단 내 역할, 공정성, 일터에서의 가치 등을 말한다. 개인 및 조직을 대상으로 한 해결책은 직무소진을 관리하고 예방하는 데 도움을 제공하는데, 이를 통해 일에 대한 몰입이 촉진된다(Maslach et al., 2001).

　대부분의 연구자들과 실무자들은 경력소진(career burnout)보다는 직무소진에 관심을 둔다. 그러나 정신분석론적이고 실존주의적 접근법을 채택한 Pines(2000)는 개인은 중요하고 의미 있는 일을 할 것이라는 희망으로 직업을 선택한다고 지적하였다. 경력소진은 개인이 자신이 하고 있는 일이 더 이상 의미 있지 않다고 생각할 때 발생한다. 따라서 경력을 선택하는 것은 소진을 이해하는 데 중요한 역할을 한다. 의대생들을 대상으로 한 연구는 Pines의 주장을 뒷받침하고 있다. Pagnin 등(2013)은 질병이나 죽음에 대한 경험 때문에 의사가 되기로 하였다고 밝힌 의대생들이 정서소진을 경험할 가능성이 높다는 사실을 발견하였다. 연구자들은 의사가 되려고 마음에 품었던 이러한 동기가 인지적 지식에 초점을 맞추는 의과대학 교육의 경향과 자주 충돌한다는 점을 발견하였다. 이러한 갈등은 의과대학에서 공부하는 것이 "세상을 좀 더 나은 곳으로 만드는(p.391)" 일과 무관하다고 느끼게 만든다는 사실을 연구는 지적한다. 이 연구는 특정 경력을 준비하는 개인들을 위해 소진과 관련된 상담이나 정보를 제공하는 일이 중요하다는 점을 지적하고 있다.

2. 경력정체 (Career Plateauing)

　경력정체는 개인이 조직 내에서 수직 이동을 할 가능성이 낮을 때 발생하는데, 이는 수직적 정체(hierarchical plateauing)로 개념화 되어왔다(Allen, Poteet, & Russell, 1998; Feldman & Weitz, 1988). 내용적 경력정체43도 있는데, 이는 자

43　일반적으로 경력정체는 구조적 경력정체(structural career plateau)와 내용적 경력정체(contents career plateau)로 구분된다. 이는 각각 객관적 경력정체와 주관적 경력정체라고 불리기도 한다. 원문에 'hierarchical plateauing'과 'content plateauing'로 표현된 것을 여기서는

신이 수행하는 일이 더 이상 도전적인 것으로 인식되지 않는다는 점을 묘사할 때 사용된다(Bardwick, 1988). Chao(1990)는 경력정체는 업무를 수행한 기간이나 나이보다는 "개인 스스로가 경력의 미래에 대해 어떻게 인식(p.182)"하는가를 중심으로 정의되어야 한다고 주장하였다.

경력정체는 몇 가지 부정적 결과와 관련되어 있다. 연구에 따르면 스스로가 정체를 경험하고 있다고 생각하는 사람은 그렇지 않은 사람보다 낮은 직무 혹은 경력만족도를 드러내는 것으로 확인되었으며, 더 낮은 조직몰입, 조직 동일시(organizational identification)[44]를 보이고, 더 높은 이직의도를 나타내는 것으로 확인되었다(Allen et al., 1998; Chao, 1990; Lee, 2003). 또한, 경력정체를 경험하는 사람들은 더 큰 스트레스와 더 많은 우울감을 경험하는 것으로 밝혀졌다(McCleese, Eby, Scharlau, & Hoffman, 2007). 왜 직원들이 경력정체에 빠지는지, 그리고 정체에 빠져 있거나 혹은 정체에 빠질 위험이 있는 개인들을 돕기 위해 조직이 무엇을 할 수 있는지를 이해하고 있어야 한다는 사실은 이러한 부정적 결과를 확인할 때 더욱 명확해진다.

먼저 사람들이 왜 경력정체를 경험하게 되는지 그 이유를 살펴보면 아래와 같다. Feldman과 Weitz(1988)은 다음과 같이 여섯 개의 주요 경력정체의 원인을 설명하였다.

- 개인의 기술과 능력 : 충분하지 않은 지식, 기술, 능력 등은 경력향상을 방해한다.
- 개인의 요구와 가치 : 일부 개인은 일터에서의 생활보다는 삶의 다른 측면을 더 중시한다.

'수직적 경력정체'와 '내용적 경력정체'라고 번역하였는데, 그 의미는 앞서 언급한 구조적 경력정체 및 내용적 경력정체와 동일함을 밝힌다.

[44] 자신이 속한 조직의 속성을 자신과 동일시하며 내재화하는 과정을 말한다. 즉, 조직의 속성과 자기개념(self-concept)을 연결시키는 것을 말한다. 6장에서는 이와 반대되는 성격의 '업무에서의 탈동일시(occupational disidentification)'를 다룬 바 있다.

- 내적 동기의 부족 : 일부 개인은 자신의 일이 도전적이지 않거나 무의미하다고 인식한다.
- 외적 보상의 부족 : 급여 인상이 없거나 혹은 충분하지 않을 때, 보상이 공정하게 이루어지고 있지 않다고 인식할 때, 그리고 다른 이유로 인해 외적 보상이 충분하게 이루어지지 않을 때, 경력에 대한 불만족이나 부실한 성과가 초래될 수 있다.
- 스트레스와 소진 : 스트레스와 소진은 충분하지 않은 업무성과를 야기하고, 직무에 대한 부정적 태도를 낳는다.
- 조직 내 성장의 기회 축소 : 조직의 규모를 줄이고 수평적 구조로 바꾸는 것은 경력의 기회를 축소하는 결과를 낳는다.

급변하는 경제 환경과 과학기술 활용의 증가는 경력정체와 관련된 문제를 더욱 악화시키고 있다. 또한, 점점 더 많은 사람들이 일을 중요하지 않게 여기며 삶의 균형에 초점을 맞추기 시작하였는데, 그 결과 직업을 다른 목적을 달성하기 위한 수단으로 여기면서 삶의 다른 측면보다 중요성이 더 크지 않다고 인식하여 경력정체를 야기하기도 한다(Guest & Sturges, 2007).

하지만 대부분의 사람들은 경력정체를 경험하는 것을 좋아하지 않는다. 다양한 개인적 대처법과 조직의 전략이 이러한 개인들을 돕는 데 유용하게 활용될 수 있다. 먼저 개인이 할 수 있는 일부터 살펴보면 다음과 같다.

- 상사, 동료, 가족 등과 함께 경력정체감에 대해 토의할 수 있다. McCleese 등(2007)은 개인이 경력정체를 경험할 때 다양한 대처 전략을 사용하고 있다고 밝히고 있으나, 그중에서도 경력정체에 대해 주변 사람들과 토의하거나 혹은 업무를 그만두는 것이 개인이 취할 수 있는 가장 일반적인 전략이라는 사실을 발견하였다. 직무를 변경하는 것이 업무성과의 측면에서 상당한 부정적 영향을 미치는 반면, 도움을 제공할 수 있는 주변 사람들과 함께 논의하는

것은 경력정체감을 완화하는 첫 단계가 될 수 있다.

- 교육훈련, 경력계획, 경력탐색 등과 같은 경력개발 활동에 참여할 수 있다. Allen, Russell, Poteet, 그리고 Dobbins(1999)는 다양한 경로와 기회의 탐색을 통해 경력계획을 수립한 개인은 자신들이 경력이동의 가능성을 가지고 있다고 생각한다는 점을 발견하였으며, 따라서 경력정체에 대한 인식도 낮아짐을 발견하였다.

- 특별 프로젝트나 기존 업무와는 다른 업무를 수행하고, 혹은 경험이 적은 직원들을 대상으로 멘토링을 제공하는 등의 새로운 기회를 모색할 수 있다(Rotondo & Perrewe, 2000). 다른 사람들에게 멘토로서 도움을 주는 것이 "직무의 내용 측면과 관련된 경력정체감을 완화(p.379)"한다는 사실이 연구를 통해 밝혀지고 있다(Lentz & Allen, 2009).

경력정체감을 해결하기 위해 조직도 적절한 역할을 해야 한다. 몇 가지 주목할 만한 방법이 있는데 이는 다음과 같다.

- 직무재설계 시, 해당 직무의 경력정체감 완화에 대해 면밀하게 검토할 수 있다. 도전적이면서도 몰입할 수 있는 직무재설계의 사례에는 직무 책임 범위확대와 팀 단위 프로젝트 진행 등이 있다(Rotondo & Perrewe, 2000).

- 기술의 부족 때문에 경력정체를 겪고 있는 직원을 돕는 교육 및 경력상담을 제공할 수 있다. 다른 사람을 위해 멘토로서 활동하는 것은 직무의 내용 측면에서 정체감을 느끼는 개인에게는 특히 도움이 되며, 높은 직무만족도와 조직몰입, 낮은 이직의도 등 다양한 긍정적 결과를 이끌어낼 수 있다(Lentz & Allen, 2009, p.379).

- 직위를 중심으로 한 수직적 이동보다는 특정한 기능 혹은 기술역량에 초점을 둔 대안적 경력경로를 개발하는 것이 경력정체를 해

결하는 방법이 될 수 있다. 이러한 대안적 경력경로를 개발하는 일
에는 관련 역량을 개발하고 긍정적 성과를 나타내는 개인을 보상
하기 위한 시스템의 재설계도 포함된다(Feldman & Weitz, 1988).

- 학습, 존중, 격려 등을 촉진하는 문화의 조성도 조직이 할 수 있는
  일 중 하나가 된다. Armstrong-Strassen(2008)은 나이가 많은 직원이
  조직, 관리자, 동료들로부터 존중받고 조직이 지원하고 있다는 사실
  을 인식할 때, 직무와 관련된 내용적 경력정체를 낮게 인식할 것이
  라고 하였다. 특히 관리자는 경력정체를 느끼는 직원들을 돕는데 중
  요한 역할을 하는 것으로 알려져 있다(Allen et al., 1999; McCleese et
  al., 2007). 종종 직원들은 자신들의 관심사를 관리자들에게 알리려고
  하므로 관리자들은 대화를 이끌어가고 의미 있는 조언을 제공하는
  방법에 대해 준비하고 있어야 한다. HRD는 관리자들을 대상으로
  경력정체를 경험하고 있는 직원들에 대해 어떻게 선제적으로 대처할
  수 있는지 교육할 수 있다. 관리자들은 경력정체가 반드시 나이 혹은
  근속연수와 관련이 있는 것은 아니며, 따라서 나이가 많거나 경험이 많
  은 직원이 경력정체를 경험하고 젊은 직원은 그렇지 않다는 가정은 정
  확하지 않다는 점을 인식해야 한다(Chao, 1990; Lee, 2003).

경력과 관련된 다른 도전과제와 같이, 경력정체가 특정 유형의 조직 혹은
특정 직업에 더 보편적일 수 있다는 점을 아는 것은 중요하다. 또한, 경력정체
를 이분법적으로 보기보다는 정도의 차이에 따라 달라지는 연속적인 개념으로
이해하는 것도 필요하다(Chao, 1990). 어떤 사람들은 자신들의 직업이 매우 침
체되어 있다고 인식하는 반면, 다른 사람들은 다소 정체되어 있다고 느낄 수
있다. 이러한 차이는 직무만족도, 이직의도, 조직몰입 등과 같은 주요한 결과
변수에 영향을 미칠 가능성이 있다. 또한, '정체'의 범위가 넓다는 것을 이해하
는 것도 경력정체를 겪고 있는 개인을 돕기 위한 방법을 선택하는 데 영향을
미치게 된다.

조직의 구조가 수평적인 방향으로 개선되고 '노동집약적 경제'가 유효성을 잃게 되면서, 관리자와 HRD 전문가들이 경력의 수직적 이동에서 정체를 경험하는 사람들을 돕기 위해 할 수 있는 일은 많지 않다(Lee, 2003, p.539). 그러나 직무의 내용적 측면에서의 정체를 막기 위해서는 여전히 많은 일을 할 수 있다. Bardwick(1986)은 다음과 같이 주장하였다.

직무의 내용적 측면과 관련된 정체는 결코 일어날 수 없다. 그 어떤 사람도 모든 것을 알지 못하며, 그 어떤 사람도 모든 것을 한 적이 없기 때문이다. 개인의 두려움이나 조직의 무관심 때문이 아니라면, 모든 것이 변화할 수 있고 모든 것에 도전할 수 있다. 내용적 경력정체는 사전에 예방할 수 있으며, 발생하였다고 해도 해결할 수 있다. (p.67)

앞서 언급한 대부분의 권고사항은 수직적 경력정체보다는 내용적 경력정체와 관련된 것들이라고 할 수 있다.

3. 일과 삶 사이의 문제(Work-life Issue[45])

다음 통계를 살펴보자.

- 2013년에는 18세 미만의 자녀를 둔 미국 여성의 약 70%가 노동시

---

45 본서의 저자들은 일부 연구에서 '일과 삶(work-life)' 보다는 '일과 가정(work-family)'이라는 용어도 사용되고 있다고 밝히며, '삶'의 다른 영역(예를 들면, 지역사회참여, 종교 등)보다 '가정'과 관련된 이슈가 보다 조명을 받기 때문에 그러한 용어의 사용이 이루어지고 있다고 주장하였다. 단, 저자들은 보다 넓은 논의의 초점과 시사점을 얻고자 '일과 삶'이라는 용어를 사용하였음을 밝혔다. 원문에서는 이와 관련된 내용의 주석을 추가하여 설명하였는데, 번역의 과정에서 이를 역자주로 변경하여 설명하였다는 점을 밝힌다.

장에 참여하였고, 18세 미만의 자녀를 둔 남성의 93%가 노동시장
에 참여하였다(Catalyst, 2012a).

- 캐나다에서 자녀를 둔 여성의 노동참여율은 1976년 39%에서 2009
  년 73%로 증가하였다(Catalyst, 2012a).

- OECD(Organisation for Economic Co-operation and Development) 국
  가에서는 여성이 남성보다 하루 평균 약 2.3시간 이상 급여를 받
  지 않는 일(예를 들면, 가족을 돌보는 일, 청소, 요리 등)을 더 하고 있
  는 것으로 나타났다. 이러한 차이는 일부 국가(예를 들면, 멕시코와
  터키)에서 더욱 뚜렷하게 나타나는데, 이들 국가에서는 여성이 하
  루에 약 4.3시간을 더 사용하는 것으로 확인되었다(OECD, 2013).

- 일과 삶의 책임 사이에서 갈등을 경험하는 남성들의 비율이 1977
  년 34%에서 2008년 49%로 증가하였다(Catalyst, 2012b).

- Catalyst가 인도에서 수행한 조사는 90%의 여성들이 조직은 일과
  삶의 문제를 해결하지 못한다고 응답하였다는 사실을 밝히고 있다
  (Catalyst, 2012b).

- 밀레니얼 세대를 대상으로 수행된 한 조사에 따르면 대다수의
  (88%) 응답자는 '일과 삶의 통합'을 지원하는 업무를 희망한다고
  밝히고 있다(Asghar, 2014).

이러한 수치들이 말해주듯이, 많은 개인들이 직면한 중요한 경력과 관련된
도전과제 중 하나는 성인으로서 감당해야 하는 다양한 역할들 사이에서 조화
를 이루어내는 일이다. 지난 40년 동안 여성의 노동 참여가 꾸준히 증가함에
따라 이는 더욱 중요한 문제가 되었다. 학자와 실무자 모두는 직장과 가족 사
이에 있는 직원들의 문제를 돕기 위해 무엇을 해야 할지를 고민하여 왔다. 그
결과, 많은 연구가 수행되었고 많은 조직수준의 해결책이 도출되었다. 그리고
이러한 작업을 통해 연구에서 다루어지는 구인과 실천적 접근법도 도출되었
다. 가장 일반적인 프레임워크를 이용하여 일과 삶 사이의 관계를 설명하면

다음과 같다.

- 일과 삶의 갈등(work-life conflict) : 일과 삶의 갈등은 직무스트레스
와 밀접하게 연관되어 있는데, 하나의 역할(예를 들면, 기업의 구성
원)이 다른 역할(예를 들면, 부모나 배우자)과 충돌할 때 발생한다.
Powell, Francesco, 그리고 Ling(2009)은 이 갈등을 "직장에서의
역할과 가족에서의 역할 사이에 발생하는 부정적 상호의존성
(p.602)"으로 정의하였다. 일과 삶의 갈등은 양방향 구조를 지니는
데, 일터의 업무가 가족과 관련된 일을 방해하거나(work-to-family
conflict) 가족과 관련된 일이 업무를 방해(family-to-work conflict)할
수 있다. 일과 삶의 갈등은 직무불만족, 이직의도, 만족스럽지 않
은 업무성과, 가족의 불만, 건강문제 등과 같은 수많은 부정적 결
과와 연관되어 있다(Eby, Casper, Lockwood, Bordeaux, & Brinley,
2005; Frone, 2003). 메타분석을 실시한 선행연구에서는 일과 가정
사이의 상호관계를 탐색하는 데 사용되는 가장 지배적 패러다임이
일과 삶의 갈등이라는 사실을 발견하였다(Eby et al., 2005).
- 일과 삶의 균형(work-life balance) : 많은 사람들은 이 개념을 일과
삶의 갈등이 없는 상태로 받아들인다(McMillan, Morris, & Atchley,
2011). 그러나 일과 삶의 균형이 정말로 무엇을 의미하는지에 대해
서는 명확한 합의가 이루어지지 않은 것으로 보인다. Grzywacz와
Carlson(2007)은 일과 삶의 균형을 "개인과 이를 둘러싼 가족 및
일터의 다른 사람들이 협상과 공유의 과정을 통해 두 영역의 기대
를 충족한 결과(p.458)"라고 정의하였다. 이러한 정의는 일과 삶의
균형이 사회적 구인임을 밝히고 있으며(Grzywacz & Carlson, 2007),
행위자의 의도와 행동을 수반하는 것으로 설명하고 있다. 또 다른
연구는 일과 삶의 균형을 "개인이 일터와 가정에서의 역할에 각각 비
슷한 시간을 사용하고, 이를 통해 비슷한 만족감을 얻는 것(p.513)"으

로 정의하였다(Greenhaus, Collins, & Shaw, 2003). 이들은 균형을 시간 균형(time balance, 직장에서의 역할과 가정의 역할에 동등하게 시간을 사용함), 몰입도 균형(involvement balance, 직장과 가정의 역할에 동등하게 심리적으로 몰입함), 만족도 균형(satisfaction balance, 직장과 가정의 역할에서 동등하게 만족함)의 세 가지 요소를 사용하여 개념화하였다. 이 세 요소는 개인의 구체적 직장 생활을 분석하는 데 유용할 수 있지만, '동등한'이라는 말이 지나치게 규범적이라는 점과 Friedman(2014)이 지적하였듯이 '제로섬 게임'이 된다는 점 등에서 비판이 제기되고 있다. 이와 관련하여 Kossek, Valcour, 그리고 Lirio(2014)가 주장한 보다 주관적 접근방식이 최근 상대적으로 더 널리 받아들여지고 있다. 이들은 "일과 삶의 균형이 무엇인지는 바라보는 사람에 따라 다르며, 개인의 경력과 삶의 단계에 따라서도 다르다(p.301)"고 하였다.

- 일과 삶의 충실화(work-life enrichment) : 많은 학자들과 실무자들은 직장에서의 생활과 가정에서의 생활 사이의 상호관계가 서로에게 긍정적 영향을 미칠 수 있다고 생각한다. Greenhaus와 Powell(2006)은 일과 삶의 충실화를 "한 역할에서 경험하는 것이 다른 역할과 관련된 삶의 질을 향상하는 정도(p.73)"로 정의하였다. 일과 삶의 갈등과 동일하게, 일과 삶의 충실화도 양방향적인 것으로 간주되고 있다. 즉, 일은 가정에서의 생활을 보다 풍부하게 만들 수 있고(work-family enrichment), 가정에서의 생활이 일터에서의 역할을 풍부하게 할 수도 있다는 것이다(family-work enrichment). 예를 들어, 많은 부모들은 아이들이 직장에서의 업무에 도움을 주고 있다고 생각하기도 한다(가령, 동료나 고객에 대한 인내심을 키우거나, 유머감각을 개발하는 등의 일에 도움을 줄 수 있다고 생각함). 마찬가지로, 교육훈련 담당자로서 한 개인은 일터에서 배운 갈등관리 관련 기술을 배우자나 십대의 자녀들과의 관계에서 발생하는 문제를 해결하는 데

사용할 수 있다는 점도 생각해 볼 수 있다.

- 일과 삶의 조화(work-life harmony): 일과 삶의 갈등 및 일과 삶의 충실화를 통합하기 위해 McMillan 등(2011)은 '조화'를 일과 삶 사이의 바람직한 상호작용을 묘사하는 용어로 사용하자고 제안하였다. Morris와 McMillan(2014)에 따르면 일과 삶의 조화는 다음과 같다.

생산성을 높이고 만족감과 충만함을 제공하는 일과 삶의 통합은 일과 삶 사이에서 역할, 관계, 자원 등을 통합적이고 상호보완적으로 배치할 때 사용하는 전략에 영향을 받는 웰빙의 상태이다. (p.231)

사실 조화와 관련된 아이디어가 새로운 것은 아니다. 예를 들어, Stewart Friedman은 꽤 오랜 기간 리더십과 일과 삶의 통합에 관해 연구한 바 있다. 삶의 네 영역으로 일(work), 자신(self), 지역사회(community), 가정(home) 등을 언급한 Friedman(2014)은 '토털 리더십(Total Leadership)'을 통해 이 네 영역에서 조화를 이루는 것이 중요하다고 강조하였다. 그의 많은 연구는 개인의 성과향상을 돕는 조화를 이룩하는 일에 초점을 맞추고 있다. Friedman의 많은 연구가 개인에 초점을 맞추고 있다면, McMillan 등(2011)은 조화가 개인과 조직 차원에서 모두 고려될 수 있다고 주장한다. 그들은 일과 삶의 조화를 개인수준(일과 삶 속에서 경험한 갈등과 충실화의 정도를 평가)과 조직수준(조화를 이루기 위해 어떤 방법이 필요한지 결정하기 위해 부서가 얼마나 건강한지를 평가)에서 평가할 수 있다고 하였다.

1) 경력에 미치는 영향

삶의 다른 영역에서의 책임은 개인의 경력에 영향을 미친다. 예를 들어, 여성은 가족과 관련된 의무 때문에 경력단절을 경험할 가능성이 더 높으며(Eby et al., 2005), 일과 가정 갈등은 여성과 고령 남성의 경력만족도에 부정적 영향을 미치는 것으로 밝혀졌다(Martins, Eddleston, & Veiga, 2002). 또한, 가정과 관련된 책임도 경력성공에 부정적 영향을 미치는 것으로 밝혀졌다. 여기에는 여러 가지 이유가 있을 수 있는데, 예를 들어 가족 관련 의무는 경력단절을 야기할 가능성을 높이며 결과적으로 경력성공에도 부정적 영향을 미치게 된다(Eby et al., 2005). 가족과 관련된 역할은 일에 쏟을 수 있는 시간과 에너지46에 영향을 미칠 수 있으며, 이는 다시 객관적 혹은 주관적 경력성공에 영향을 미치게 된다(Mayrhofer, Meyer, & Schiffinger, 2007). 일과 삶의 문제는 점점 더 경력선택에 영향을 미치는 것으로 밝혀지고 있는데, 특히 밀레니얼세대는 일과 삶의 두 측면 사이에서 균형이나 조화의 필요성을 강하게 드러내고 있다(McDonald & Hite, 2008; Ng, Schweitzer, & Lyons, 2010).

일과 삶의 충실화 관점에서 본다면, 업무 외적 역할(예를 들면, 부모, 친구, 자원봉사자 등)은 개인의 경력에 상당히 큰 기여를 할 수 있다. 여성 관리자들을 대상으로 수행된 한 연구는 업무 외적 역할이 심리적 자원(예를 들면, 자신감, 존경, 만족 등)과 업무 수행에 도움이 되는 경영능력을 제공한다는 사실을 발견하였다(Ruderman, Ohlott, Panzer, & King, 2002). 해당 연구가 지적한 바와 같이, 업무 외적 역할을 개발하는 것은 업무와 관련된 역할에 가치를 더해준다. 이러한 업무 외적 역할은 일과 가정 사이의 갈등 및 기타 직무스트레스를 해결하는 데 도움이 되는 강력한 사회정서적(socio-emotional) 지원을 제공한다 (Martin et al., 2002).

2) 일과 삶의 문제에 대한 해결책

저자들이 살고 있는 지역신문에 '일과 삶의 균형은 이제 큰 산업이다'라는

---

46 자신이 수행하는 업무에 시간과 에너지를 투입하는 행위는 개인의 '일 중심성(work centrality)'에 따라 그 정도가 달라질 수 있다. 일 중심성은 삶에서 일이 차지하는 중요성에 대한 스스로의 가치판단이라고 할 수 있다. 만약 개인이 높은 일 중심성을 지닌다면, 더 많은 시간과 에너지를 일에 투입할 것이다. 일 중심성은 국내 연구에서 '일 중심 성향' 혹은 '일 지향성'으로도 번역되고 있다.

제목의 기사가 실렸는데, 해당 기사는 "일과 삶의 균형은 여성들만의 문제이 거나 해결해야 하는 골칫거리가 아니라, 우리 사회가 지닌 지속적 도전과제 이다(Goodman, 2014, p.8B)"라고 지적한 것을 본 적이 있다. 현재 이 분야의 규모는 수십억 달러로 추산되는데, 조직은 직원들의 일과 업무 외적 역할 사 이를 적절히 중재하는 것이 자신의 수익에 영향을 미친다는 점을 인식하기 시작하였다. 그 결과, 개인과 조직의 요구를 모두 충족시키기 위한 다양한 해결책들이 등장하고 있다. 또한, 이러한 해결책들을 분류하고 정의하는 방 법도 다양하게 제시되고 있다. 많은 조직은 Kossek, Lewis, 그리고 Hammer(2009)가 제시한 '일과 삶의 문제에 대한 구조적 지원(structural work -life support)' 전략에 주목하는데, 여기에는 다음과 같은 다양한 해결책이 포 함되어 있다.

- "업무를 언제, 어디서, 얼마나 오랫동안 할 것인지(p.149)"를 개인 이 결정하도록 권장하는 HR정책이나 직무재설계(Hill et al., 2008)
- 결근, 휴가, 병가 등에 관한 HR정책
- 임직원의 자녀 및 노령의 직계가족을 대상으로 하는 지원정책

다음의 <표 7.2>는 이러한 일과 삶의 문제를 해결할 때 사용할 수 있는 보다 포괄적인 해결책들을 담고 있다.

그러나 이러한 해결책들은 조직문화가 일과 삶의 문제를 지원(cultural work- life support)하고 있을 경우에만 효과를 나타낸다. 이는 "비공식적 형태의 사회 적 혹은 관계적 지원(Kossek et al., 2009, p.4)"으로 정의되는데, 조직수준(예를 들면, 배분된 자원이나 조직이 추구하는 가치)뿐만 아니라 업무그룹수준(예를 들면, 관리자 및 동료)에서도 이러한 지원은 이루어져야 한다. 이러한 조직문화적 일과 삶의 문제에 대한 지원은 그 중요성이 과소평가되어서는 안 된다. Allen(2001)은 개인이 가정과 관련된 문제를 조직이 지원하고 있다고 인식할수록 그렇지 않 은 개인보다 더 낮은 일과 삶의 갈등 및 이직의도를 보이고 더 높은 직무만족

〈표 7.2〉 일과 삶의 문제에 대한 조직수준의 해결방안

일과 삶의 문제를 해결하기 위한 지원제도

- 유연근무제
  - 집중근무제 (compressed work week)
  - 탄력근무제 (flexible hours)
  - 재택근무 (telecommuting)
  - 시간제 근무 (part-time work)
  - 직무공유제 (job sharing)
  - 업무시간단축 (reduced hours)
- 직장 내 노인요양 및 아동보육 시설 운영
- 노인요양 및 아동보육에 대한 재정적 지원
- 노인요양 및 아동보육에 대한 정보제공
- 종업원 지원 프로그램 운영 (가족 및 개인 상담, 재정적 지원 등)
- 유급휴가 및 안식년제도 운영
- 휴직 후 단계적 업무참여 제도 운영
- 단계적 은퇴 (phased-in retirement)
- 직장 내 다양한 서비스 운영 (세탁시설 및 피트니스 운영 등)

출처 : Sullivan & Mainiero (2007).

과 조직몰입을 나타낸다고 밝혔다. 조직이 문화적으로 일과 삶의 문제를 해결하기 위해 지원하는 것은 중요한데, 왜냐하면 이는 개인들이 조직이 제공하는 해결책을 사용하는데 이러한 문화적 요인이 큰 영향을 미치기 때문이다(Allen, 2001; Kossek et al., 2009; Veiga, Baldridge, & Eddleston, 2004). 조직의 구성원들은 일과 삶의 문제와 관련된 지원제도를 사용하면 동료에게 부담을 주거나, 관리자나 동료가 호의적이지 않은 태도를 보이거나, 자신의 경력이 불리해질 것이라고 생각할 수 있다(Veiga et al., 2004). 조직과 업무를 수행하는 소그룹이 일과 삶의 통합을 지원한다면 이러한 개인의 우려는 완화될 수 있다. 특히, 중요한 것은 관리자이다(Allen, 2001; Kossek & Ruderman, 2012; Morris, 2012; Purcell, Lewis, Smithson, & Caton, 2008; Swody & Powell, 2007; Veiga et al., 2004). Purcell 등은 유럽 7개국에서 일과 삶의 문제와 관련된 실태를 연구하였는데, 자녀를 가진 직원들의 경우 조직 내 해결책의 활용에 관리자가 중요

한 역할을 한다고 강조한 사실을 밝혀내었다. 지원하려는 태도를 지닌 관리자는 직원들에게 관련 지원책을 알기 쉽게 설명하고, 필요할 때 지원제도에 참여하도록 안내하고 이를 승인하며, 동료들이 이러한 상황을 이해할 수 있도록 분위기를 조성하는 사람이기 때문에 핵심적 역할을 담당한다고 볼 수 있다.

관리자를 넘어서는 다른 요인들이 일과 삶의 문제를 해결하기 위한 조직문화에 부정적 영향을 미치기도 한다. HR정책이 명확하지 않고, 정책과 실천 사이에 불일치가 일어나며, 일과 삶의 문제를 해결하기 위한 방안과 개인이 누릴 수 있는 혜택 등에 대한 의사소통이 정확하지 않다면, 개인과 조직은 모두 부정적 결과를 만나게 된다(Morris, 2012). 이와 관련하여 HRD는 다음과 같은 일들을 통해 일과 삶의 문제를 해결하는 데 중요한 역할을 할 수 있다.

- 일과 삶 사이의 문제를 지닌 직원을 지원할 수 있도록 관리자들의 지식과 기술을 개발한다.
- 일과 삶 사이의 문제를 다루는 지원제도가 어떻게 활용되고 있는지, 그러한 제도를 활용하는 데 장애물은 없는지, 직원들의 만족도는 어떠한지 등을 조사하고 검토한다.
- 일과 삶 사이의 문제와 이를 다루는 조직 내 해결책(예를 들면, 교육훈련 프로그램)이 무엇인지를 명확하게 소통하기 위해 조직이 쏟는 노력을 지원한다.
- 일과 삶의 갈등을 겪는 개인에게 사회정서적 지원을 제공하는 관계형성 프로그램이나 멘토링 프로그램을 개발하고 홍보한다.
- 현실적인 업무량과 마감일을 설정하도록 업무 재설계를 추진한다.
  (Kossek et al., 2014; Martins et al., 2002; Morris, 2012)

일과 삶의 문제를 해결하기 위한 조직 내 지원책이 개인의 경력에 미칠 수 있는 영향력도 주목할 필요가 있다. 현재까지 이 문제를 탐구한 연구는 극히 제한적인데, 심지어 연구결과도 혼재되어 있다. 파트타임으로 일하는 영국의 여성 관리자들을 대상으로 수행된 한 질적 연구는 연구참여자들이 유연근무제를 활용하여 파트타임으로 일하는 것이 경력을 정체시키고 있다고 지적한 사실을 밝히고 있다(Tomlinson & Durbin, 2010). 그러나 다른 연구에서는 유연근무제가 개인이 지닌 특정한 삶의 환경이나 경력 환경을 고려하고 지속적으로 노동시장에 머무르도록 기회를 주기 때문에, 개인이 특정한 목표(예를 들면, 균형)를 달성하면서 동시에 경력을 유지하는 데 도움을 주고 있다고 주장하였다 (Hall, Lee, Kossek, & Heras, 2012; Shapiro, Ingols, O'Neill, & Blake-Beard, 2009). Konrad와 Yang(2012)의 종단연구는 '일과 삶 사이의 문제를 다루는 지원제도를 사용하는 것이 경력을 제한하는 조치가 된다'고 생각하는 것은 틀렸다고 지적한다. 이 연구는 해당 지원제도를 사용하는 것이 직원의 승진가능성을 높인다는 점을 발견하였는데, 연구진은 높아진 승진가능성은 삶의 긴장감이 감소하여 비롯된 향상된 업무성과의 결과라고 주장한다. Leslie, Manchester, Park, 그리고 Mehng(2012)은 관리자의 태도에 따라 유연한 업무실행(flexible work practice: FWP)의 사용이 경력성공에 영향을 미친다는 사실도 발견하였다. 즉, 관리자들이 유연한 업무실행을 "생산성을 향상하기 위한 목적"으로 사용한다고 생각할 때, 경력성공에 긍정적 영향을 준다는 사실을 연구를 통해 밝혀낸 것이다. 그러나 관리자들이 유연한 업무실행을 "개인의 편의를 위한 것"이라고 생각할 때에는 경력성공에 부정적 영향을 주는 것으로 밝혀졌다 (p.1425). 이 연구는 일과 삶 사이의 문제를 다루는 지원제도가 반드시 경력개발에 장애물이 되는 것은 아니라는 점을 암시하고 있다. 따라서 개인과 관리자는 모두 이 문제에 대해 장기적 관점을 유지할 필요가 있다. 개인은 일과 삶 사이의 문제를 다루는 지원제도를 사용하는 것이 자신의 생산성을 높여 더 가치 있는 직원으로 만들어 준다는 것을 인식할 필요가 있다. 관리자들은 일과 삶 사이의 문제를 다루는 지원제도를 사용하는 직원들로 인해 발생할 수 있는 불편함(만약 효과적인 조직이라면 이를 방지할 전략을 준비할 것이다)은 단기적이며, 궁극적으로는 생산성이 높고 직무에 만족하는 직원을 보유하여 이익을 만들어낸다는 사실을 깨달아야 한다.

일과 삶 사이의 문제와 관련된 조직 내 해결책은 조직성과에 긍정적 영향을 미칠 수 있다. 이와 관련하여 Morris(2008)는 다음과 같이 다섯 가지를 밝혀내었다.

- 생산성 향상
- 이직률 감소 및 지속적 인재 보유
- 직무만족도, 사기, 조직에 대한 충성심, 몰입, 동기, 조직시민행동, 자발적 업무참여 등의 향상
- 기업 이미지, 고객만족도 및 충성도, 윤리적 행동, 투자자 유치능력 등의 향상
- 지속적 여성인력 보유 및 고령직원들의 업무 참여 (pp.101-103)

이러한 긍정적 결과는 Morris, Heames, 그리고 McMillan(2011)의 연구에서도 확인되는데, 이 연구는 일과 삶 사이의 문제와 관련된 해결책의 전략적 영향력을 HR 임원이 얼마나 인식하고 있는지를 탐색한 것이었다. 그러나 이 연구는 대부분의 조직이 일과 삶 사이의 문제와 관련된 해결책을 평가할 지표를 준비하고 있지 않다는 사실도 발견하였다. 연구는 이러한 평가지표가 각 해결책의 높은 투자수익률을 보장하고, 일과 삶의 문제를 합리적으로 해결할 수 있도록 지원하며, 조직이 인재를 채용하는 데 도움을 줄 것이라고 기대하였다.

일과 삶의 문제에 관한 수많은 연구들은 업무와 업무 외의 일이 복잡하게 얽혀있다는 사실을 설명하고 있다. 특히, 이들 연구는 조직을 뛰어넘는 여러 상황적 요인을 고려할 필요가 있음을 지적한다. 예를 들어, 가족구조(맞벌이, 외벌이, 부모의 지위 등)는 일과 삶의 갈등, 경력의사결정, 삶의 풍요화, 그리고 다른 일과 삶의 문제들에 영향을 미친다. 사회경제적 지위 또한 중요한 맥락 요인이다. 기본적인 생활을 위해 두세 가지 일을 하며 살아가는 개인은 아마도 일과 삶의 충실화나 일과 삶의 조화를 이해하거나 경험하는 것이 어려울 것이다.

또한, 선행연구들은 정부의 정책이 일과 삶 사이의 문제를 해결하도록 도울 수도 있지만, 경우에 따라 직원들의 요구를 해결하는 과정에서 더 큰 불평등을 야기할 수도 있다는 점을 지적하고 있다. Munn(2013)은 임금이 낮은 미국의 많은 조직원들이 '가족 및 의료 휴직법(Family and Medical Leave Act: FMLA)'이 보장하는 시간을 현실적으로 모두 사용하지 못한다는 사실을 지적하였다. 여러 선진국(예를 들면, 유럽연합이나 호주 등)은 다양한 정책과 프로그램을 통해 일과 삶 사이의 문제에 대한 지원책을 제공하고 있지만, 이러한 국가에서도 여전히 자격이 있는 개인이 필요한 혜택을 활용하는 것이 어려울 수 있다는 점이 지적되고 있다(Purcell et al., 2008). Kossek 등(2009)은 정부의 지원이 부족하기 때문에 미국은 아마도 다른 나라보다 조직기반의 해결책을 주로 사용할 것이라고 추측하였다. 그러나 미국을 포함하여 점점 더 많은 나라가 일과 삶의 문제를 해결할 필요성을 인식하고 정책을 개발하고 있다는 점은 확인되었다(Munn & Lee, 2015).

정부의 정책뿐만 아니라 국가의 문화도 고려대상이 된다. Lewis, Gambles, 그리고 Rapoport(2007)는 "일과 삶의 균형과 관련된 논의는 백인중심 문화의 영향력을 당연시하고 있다(p.362)"는 점을 지적하며, 일과 삶의 균형과 관련한 보편적인 '국제적 관점'의 필요성을 주장하였다. Powell 등(2009)은 다국적 기업이 지닌 일과 삶의 문제에 관해 이야기하며, 문화적 민감성을 지닌 이론과 실천의 중요성을 강조하였다. 연구자들은 이러한 이론과 실천이 일과 삶의 문제를 해결하기 위해 어떤 방법이 필요하며, 무엇이 활용될 수 있고, 세계의 각 지역에 따라 효과적 방안은 무엇인지를 정확하게 설명해 준다고 지적하고 있다.

4. 부적합한 고용 (Inadequate Employment)

약 10년 동안 계속되어 온 세계적 경제 불안은 많은 노동자들에게 파괴적 결과를 안겨주었다. 대침체(Great Recession)[47] 동안 비자발적 실직과 불완전고용(underemployment)48이 만연하였으며, 많은 사람들은 여전히 이를 우려하고 있다. 여러 국가의 경제가 이미 회복되었거나 혹은 회복되고 있음에도 불구하고, 고용에 대한 불안감은 계속되고 있다(Boswell, Olson-Buchanan, & Harris, 2014). 이번 절의 제목인 '부적합한 고용'이라는 용어는 포괄적이어서 다양한 고용계약의 형태를 포함할 수 있지만, 이번 절에서는 직원과 조직에 문제를 야기할 수 있는 비자발적 실직과 불완전고용에 초점을 맞추고자 한다. 이러한 두 가지 형태의 부적합한 고용은 개인과 조직에 미치는 영향과 관련하여 많은 부분이 서로 중복된다. 여기서는 비자발적 실직부터 논의하고자 한다.

1) 비자발적 실직

실직은 개인들에게 큰 영향을 미친다. 실직은 자존감과 심리적 웰빙에 큰 부정적 영향을 주는데, 이는 인생에서 경험하는 가장 큰 스트레스 원인 중 하나로 알려져 있다(Gowan, 2014; Zikic & Klehe, 2006). 실직 경험에 대한 반응은 '외상 후 스트레스 장애(post-traumatic stress disorder: PTSD)' 증상으로 나타나는데, 관련 증상은 "실직이라는 경험에 대한 반추, 실직 충격의 재경험, 실직으로 야기된 불안(McKee-Ryan, Virick, Prussia, Harvey, & Lilly, 2009, p.575)" 등이 포함된다. 실직은 개인의 재정적 안정감을 박탈하고, 타인과 교류하고 집단의 일원이 되는 기회를 빼앗으며, 새로운 기술을 개발하도록 압박하는 등 다양한 스트레스 요인을 야기한다(Blustein, Kozan, & Connors-Kellgren, 2013). 그러나 경우에 따라서는 실직으로 인해 개인은 경력성장을 경험할 수도 있다(Gowan, 2014). 실업자 및 미취업자를 대상으로 질적 연구를 수행한 Blustein 등은 실업이 다른 경력을 찾을 수 있는 기회를 제공한다는 점에서 일부 개인

---

47 이 용어는 2007년에 미국에서 발생한 서브프라임 모기지 사태(subprime mortgage crisis) 이후에 전 세계가 겪고 있는 경제침체를 1930년대의 대공황(Great Depression)에 빗대어 이르는 말이다.

48 불완전고용은 자신이 받은 교육이나 훈련에 비해 낮은 일자리에 고용되어있는 상황을 일컫는 용어이다. 다양한 정의가 있으나, 대체로 특정 기준에 미치지 못하는 고용을 말할 때 사용된다.

에게 긍정적 영향을 미친다는 사실을 발견한 바 있다.

개인의 실직 경험에 영향을 줄 수 있는 다양한 요인들이 있다. 조직이 정리해고 등을 어떻게 처리했는가는 실직에 대한 직원들의 반응에 영향을 미친다. 해고에 대한 사전 통지, 퇴직자 전직지원 프로그램의 제공, 퇴직금 확대 등은 공정성에 대한 직원들의 인식에 영향을 미치고 스트레스를 최소화하는 데 도움을 준다(McKee-Ryan et al., 2009). 사회적 지원 네트워크가 강한 개인은 가족, 친구, 동료의 지원이 부족한 개인보다 실직을 더 잘 견뎌내는 것으로 확인되고 있다(Blustein et al., 2013; Gowan, 2014). 또한, 개인은 인내력, 탄력성, 고용가능성 등과 같은 특성에 따라 실직에 다르게 반응하는 것으로 알려져 있다. 이 책의 2장은 고용가능성이 적응력, 경력 정체성, 인적 및 사회적 자본 등 세 가지 측면을 지니고 있다고 설명한 바 있다. Fugate, Kinicki, 그리고 Ashforth(2004)는 고용가능성이 높은 개인은 실직으로 인한 심리적 피해를 입을 가능성이 적고, 구직 활동에 참여할 가능성이 높으며, 좋은 일자리에 재취업할 가능성이 높다고 하였다. 이러한 주장은 호주의 실직자들을 대상으로 행한 연구에서도 확인된다. 연구자들은 고용가능성이 "자존감, 구직활동, 재취업 등과의 관계에서(McArdle, Waters, Briscoe, & Hall, 2007, p.262)" 중요한 긍정적 영향력을 지닌다는 점을 발견하였다.

실직으로 어려움을 겪고 있는 사람들을 돕는 데 사용할 수 있는 다양한 경력개발의 방법이 있다. 경력개발을 위한 상담이나 정신건강을 위한 상담은 실직자들이 고통에 대처하고, 현 상황에 대처할 수 있는 능력을 키워주며, 다음 단계의 경력을 위한 과정을 시작할 수 있도록 돕는다(Blustein et al., 2013). Zikic과 Klehe(2006)는 경력탐색과 경력계획이 재취업에 큰 영향을 미친다는 것을 발견하였는데, 이는 경력탐색 및 경력계획과 관련된 지식과 기술을 제공해 주는 퇴직자 전직지원 서비스의 필요성을 시사해 주는 것이라 할 수 있다. 또한 경력탄력성과 고용가능성을 개발할 수 있도록 도움을 주는 퇴직자 전직지원 프로그램도 필요하다(Gowan, 2012). 지역사회 및 국가 차원에서는 실업자를 돕고 실업을 줄이기 위한 방안과 정책을 제시할 수도 있다(Blustein et al.,

2013). Gowan(2014)은 정부 주도의 프로그램과 공공정책을 수립하려면 "실직자들을 적합한 직무 프로그램으로 안내하는 방법과 경력전환에 대처하기 위해 정신적 혹은 기술적으로 실직자들을 도울 수 있는 방법에 대해 새로운 정보가 필요하다(p.267)"고 주장하였다.

2) 불완전고용

불완전고용은 개인이 실직 후 재취업할 때 자주 발생하는 현상이다. 그러나 불완전고용은 다양한 이유로 언제든지 그리고 누구에게나 일어날 수 있다. "개인이 목표와 기대에 비해 수준 이하의 일자리를 갖게 될 때(Maynard & Feldman, 2011, p.1)" 불완전고용이라는 용어가 사용된다. 누군가가 불완전고용 되었다고 판단할 수 있는 몇 가지 방법이 있다. 이들 중 하나는 비교적 객관적인 직무특성을 파악하여 판단하는 방법이며, 다른 하나는 직무경험에 대한 보다 주관적 해석을 통해 판단하는 방법이다(Feldman, Leana, & Bolino, 2002; McKee-Ryan & Harvey, 2011). 구체적으로, 다음과 같은 것들이 불완전고용을 의미한다.

- 급여가 적거나 지식, 기술, 능력 측면에서 유사한 다른 근로자보다 낮은 직급에 있다.
- 원하는 시간보다 적게 일하고 있다.
- 원하지 않는 일정과 시간에 일을 하고 있다.
- 현재 하고 있는 일에 비해 높은 수준의 교육을 받았다.
- 자신이 교육을 받았거나 훈련받은 분야와는 상관없는 직종에서 일하고 있다.
- 보유한 기술 또는 경험이 현 업무에서 충분히 활용되고 있지 않다.
- 현재 하고 있는 일에 비해 필요 이상의 자격을 갖추고 있다는 생각이 든다.

- 업무에서의 성과가 충분하지 않고 더 개선되어야 한다고 생각한다
(이것은 '상대적 박탈감'으로도 알려져 있다). (Feldman et al., 2002; McKee-Ryan & Harvey, 2011).

불완전고용을 초래하는 여러 가지 요인들이 있다. 최근의 경기 침체와 같은 경제적 요인은 더 많은 불완전고용을 초래하였다. 일자리의 유형, 구성원의 성격 및 특징, 직업 선호도 및 업무이력 등과 같은 요인들도 불완전고용에 영향을 미친다(McKee-Ryan & Harvey, 2011). 경우에 따라서는 특정한 집단이 불완전고용을 경험할 수 있다. 여기에는 청년, 노년층, 여성, 소수민족 출신, 이민자, 단기간 고용된 개인 등이 포함된다(Maynard & Feldman, 2011).

불완전고용의 부정적 결과를 꼽으면 다음과 같다. 예를 들어, Nabi(2003)는 불완전고용을 경험한 대학 졸업생의 경우 그렇지 않은 사람들에 비해 직무만족도가 낮고, 자신이 지닌 기술을 사용할 기회가 적었고, 외형적 경력성공(예를 들면, 수입)에서 부정적 결과를 보여주었다는 사실을 발견하였다. Feldman 등(2002)은 불완전고용을 경험하고 있는 관리자들 사이에서 자신이 보유한 기술을 사용할 수 없다는 것이 급여삭감이나 좌천보다 더 큰 부정적 영향을 지닌다는 점을 확인하였다. 불완전고용을 경험한 사람은 새로운 일자리를 잡아도 더 높은 직급의 일을 찾기 어렵다는 증거가 있다(Erdogan & Bauer, 2011). 언급한 모든 것들은 불완전고용된 개인의 경력개발에 부정적 영향을 미치는 요인이 된다.

그러나 불완전고용된 개인을 도울 수 있는 방법도 있다. 이들 방법에는 어린 시절부터 직업선택과 경력계획의 중요성을 이해했어야 사용할 수 있는 방법도 포함된다. 개인 차원에서는 관리자와 좋은 관계를 발전시키고, 새로운 업무를 맡고자 하는 의지를 표명하며, 친근하게 행동하는 것이 필요하다(Erdogan & Bauer, 2011). 이를 통해 개인은 직무충실화(job enrichment)[49] 혹은 직무확대

---

49 직무의 질을 높이는 것을 의미하는데, 직무를 수직적으로 확장하는 직무설계의 방식이라고도

(job enlargement)를 경험하게 되고, 희망하는 자리로 이동할 수 있는 가능성을 높이게 된다(Nabi, 2003). HR은 지속적으로 조직의 고용동향을 조사하고 분석하며, 불완전고용된 개인이 자신의 상황을 면밀히 인식하도록 도와야 한다. 또한, 관리자와 HR은 조직의 선택에 의해 직원이 불완전고용된 것인지, 아니면 직원이 일자리가 필요하였던 것인지를 판단할 수 있어야 한다. 아울러, 그들은 해당 직원이 어떤 종류의 불완전고용을 경험하고 있는지도 이해해야 한다. 즉, 해당 직원이 너무 높은 자격을 갖춘 것인지, 혹은 개인이 보유한 기술을 조직이 잘 활용하지 않는 것인지를 확인해야 한다. 이러한 정보들을 통해 관리자와 HR은 상황을 개선하기 위해 무엇을 해야 하는지(예를 들면, 업무 구조조정, 교육훈련 혹은 기술향상, 업무일정의 변경 등)를 결정할 수 있다.

5. 추가 고려사항

개인은 일생 동안 경력에 대한 많은 도전과제에 직면한다. 이번 장에서는 자주 경험하고 큰 영향을 미치는 네 가지 도전과제를 살펴보았다. 각 도전과제를 개별적으로 살펴보았지만, 사실 이 네 도전과제는 대개 서로 중복되고, 평가하거나 관리하기 어려운 복합적인 새로운 도전과제를 만드는 경우가 많다. 예를 들어, 일과 삶의 문제, 경력정체, 부적합한 고용 등은 모두 직무스트레스를 초래할 가능성이 있다. 따라서 개인이 이러한 복합적인 도전과제를 해결할 수 있도록 개인 수준의 전략과 조직의 지원책이 모두 개발되어야 한다.

조직과 개인이 이 네 가지 도전과제에 어떻게 대응할 것인가는 조직의 문화와 개인의 특성에 따라 크게 좌우된다. 조직문화가 열린 의사소통을 촉진하고, 직원들 사이에 배려를 권장하며, 직원들의 학습과 개발을 지원할 때, 개인은

할 수 있다. 즉, 업무를 수행하는 개인이 실행기능만 담당하는 것이 아니라, 계획이나 통제기능도 위임받아 업무를 수행하는 것을 의미하며 책임이나 의사결정의 재량권도 갖게 되는 것을 일컫는 용어이다.

앞서 논의한 도전과제에 긍정적으로 반응할 것이다. 그 결과 개인은 직무에 더 만족하고, 높은 생산성을 보일 것이다. 이번 장은 조직이 직무스트레스, 경력정체, 일과 삶의 문제, 부적합한 고용 등의 상황에 대처할 때 개인을 어떻게 지원할 수 있는지와 관련하여 구체적 방안을 제시하였다. 직원과 이들의 경력개발에 관심을 보이는 조직이라면, 이번 장이 제언하고 있는 일들을 실제 행하며 그 효과를 평가하고 있을 것이다.

개인이 일터의 도전과제와 실직에 어떻게 반응할 것인지는 인내심, 높은 자존감, 능동적 성격 등이 영향을 미친다(Frone, 2003; McArdle et al., 2007). 그러나 무엇보다도 이러한 도전적 상황에 효과적으로 대응하기 위해서는 탄력성이 가장 중요하고 필요하다. 이 개념은 경력개발에 영향을 미치는 중요한 개인특성으로 이미 이 책의 3장에서 간략하게 소개한 바 있다. 탄력성에 대한 초기 연구는 대부분 임상심리학이나 발달심리학분야에서 발표되었는데, 이에 비해 일터에서의 탄력성에 초점을 맞춘 연구는 비교적 최근인 지난 15-20년 동안 발전한 것으로 알려지고 있다(Caza & Milton, 2012; Youssef & Luthans, 2007). 탄력성은 역경으로부터 '다시 회복하거나' 또는 '제자리로 되돌아오는' 능력을 말한다(Luthans, 2002). 탄력성은 외부의 영향을 잘 받는 특성을 지닌 것으로 알려지고 있는데(Luthans, Vogelgesang, & Lester, 2006; Luthans, Avey, Avolio, & Peterson, 2010), 이 때문에 학습이 가능한 것으로 여겨진다. Youssef와 Luthans(2007)가 설명한 바와 같이, 탄력성은 "외부 자극에 대한 반응으로 회복을 이루는 것뿐만 아니라, 도전과제를 해결하는 능동적 학습과 성장도 포함(p.778)"한다.

탄력성을 키우는 방법은 여러 가지가 있다. 예를 들면, 탄력성을 개발하는데 필요한 정보와 활동을 담고 있는 몇 권의 책이 있는데, 이를 활용할 수도 있다. 네트워킹과 멘토링 같은 관계중심의 개발전략도 도움이 된다. 최근 한 연구에 따르면 멘토링 중에서도 특히 심리사회적(예를 들면, 감정적 지원을 제고하는) 멘토링, 직속상사에 의한 멘토링, 서로 다른 성별 사이의 멘토링 등이 프로테제의 탄력성을 높이는 것으로 밝혀졌다(Kao, Rogers, Spitzmueller, Lin, & Lin, 2014). 연구자들은 멘토의 역할(예를 들면, 경력상담 및 심리사회적 지원)이나 멘토링 관계에서 비롯되는 긍정적 결과(예를 들면, 급여의 인상이나 승진)가 멘토링에 참여한 사람의 탄력성을 상대적으로 높이는 원인이 된다고 주장하고 있다.

훈련프로그램을 통해서도 개인은 탄력성을 개발할 수 있다. 이러한 프로그램은 다양한 형태를 취할 수 있다. 즉, 자신이 활용 가능한 자원(예를 들면, 본인이 지닌 재능, 기술, 네트워크 등)이 무엇인지를 인식하게 하거나, 이러한 자원들을 목표를 달성하고 장애를 극복하는 데 어떻게 활용할 수 있을지 결정하게 하는 방식으로 프로그램을 운영할 수 있다(Luthans et al., 2010). Seligman(2011)은 병사들의 '정신적 건강'을 측정하는 것으로 시작하는 미 육군의 훈련프로그램을 설명하였는데, 이 프로그램은 네 가지 서로 다른 건강(감정적, 가족적, 사회적, 정신적)을 증진하는 목적을 가진 훈련모듈과 '외상 후 성장(post-traumatic growth)'에 관한 모듈 등을 제공하는 것으로 알려져 있다. 이 프로그램은 병장이나 간부들을 대상으로 운영되는 'Master Resilience Training(MRT)'이라는 활동도 포함하고 있는데, 해당 활동은 탄력성이 무엇인지 알려주고 병사들의 탄력성을 개발하도록 돕는 것이 그들의 역할이라는 것을 설명하는 내용으로 구성되어 있다. 개인의 필요에 따라 내용이나 형식은 달리 운영되지만, 이 프로그램이 개인의 탄력성을 높이는 데 도움을 주고 있다는 점은 공통적으로 확인된 바 있다(Bardoel, Pettit, De Cieri, & McMillan, 2014; Luthans et al., 2010).

개인과 조직이 앞서 언급한 네 가지 도전과제를 해결하도록 돕는 조직수준의 방안은 궁극적으로 탄력성을 높이는 데 긍정적으로 기여할 것이다. 구성원 지원 프로그램, 일과 삶의 문제를 해결하기 위한 해결책, 일터의 건강 및 안전을 지원하는 시스템, 다양성 관리 프로그램, 사회적 지원 네트워크, 조직원 개발 프로그램(예를 들면, 탄력성 훈련프로그램), 조직의 정책, 복지혜택, 위기관리 프로세스 등 다양한 HR의 실천전략이 탄력성을 향상할 수 있다(Bardoel et al., 2014). Luthans 등(2006)은 "아마도 탄력성을 높이는 과정에서 가장 큰 이득은 효능감(efficacy)이 향상된다는 데 있을 것이다(p.34)"라고 주장하였다. 따라서 자기효능감을 높이는 지원 시스템이나 프로그램 혹은 조직의 전략은 탄력성 개발에도 매우 큰 도움을 줄 수 있을 것이다.

6. 결론

이번 장의 첫머리에 인용된 아프리카 속담은 이 책의 의도를 잘 요약하고 있다. 대부분의 사람들은 경력을 쌓아가는 과정에서 주기적으로 거친 바다를 경험한다. 그러나 희망적인 것은 개인은 이러한 어려움을 통해 자신이 진정으로 원하는 것이 무엇인지를 더 확실히 알게 되고 목표를 달성하기 위해 앞으로 나아갈 계획을 세운다는 것이다. 어떤 사람들에게는 이러한 도전과제가 흥미로운 일이 될 수 있다. 그러나 다른 사람들은 과제의 성격, 개인의 특성, 지원을 제공하지 않는 상사 혹은 조직 등으로 인해 도전과제를 해결하는 데 어려움을 겪을 수 있다. 조직 내 HR은 이러한 도전과제를 최소화하기 위해 해결책을 지원하고, 실행하고, 평가하는 등의 일을 담당할 수 있다. 개인 수준에서 본다면, HR은 조직 내 구성원들이 경력탄력성을 개발하거나 향상하는 데 도움을 줄 수 있고, 부하직원을 도와주고 상담할 때 필요한 기술을 개발하도록 관리자에게 도움을 줄 수 있다.

참고문헌

Allen, T. D. (2001). Family-supportive work environments: The role of organizational perceptions. *Journal of Vocational Behavior, 58*(3), 414-435.

Allen, T. D., Poteet, M. L., & Russell, J. E. A. (1998). Attitudes of managers who are more or less career plateaued. *The Career Development Quarterly, 47*(2), 159-172.

Allen, T. D., Russell, J. E. A., Poteet, M. L., & Dobbins, G. H. (1999). Learning and development factors related to perceptions of job content and hierarchical plateauing. *Journal of Organizational Behavior, 20*(7), 1113-1137.

American Psychological Association (APA). (2013). *Stress in America 2013 highlights.* Retrieved from http://www.apa.org/news/press/releases /stress/2013/highlights.aspx.

Armstrong-Strassen, M. (2008). Factors associated with job content plateauing among older workers. *Career Development International, 13*(7), 594-613.

Asghar, R. (2014). *What millennials want in the workplace (and why you should start giving it to them).* Retrieved from http://www.forbes. com/sites/robasghar/2014/01/13/what-millennials-want-in-the-wor kplace-and-why-you-should-start-giving-it-to-them.

Bardoel, E. A., Pettit, T. M., De Cieri, H., & McMillan, L. (2014). Employee resilience: An emerging challenge for HRM. *Asia Pacific Journal of Human Resources, 52*(3), 279-297.

Bardwick, J. M. (1988). *The plateauing trap: How to avoid it in your career ... and your life*. New York: AMACOM.

Baruch, Y. (2006). Career development in organizations and beyond: Balancing traditional and contemporary viewpoints. *Human Resource Management Review, 16*(2), 125-138.

Beehr, T. A. (1995). *Psychological stress in the workplace*. London: Routledge.

Biron, C., Cooper, C. L., & Gibbs, P. (2012). Stress interventions versus positive interventions: Apples or oranges? In K. S. Cameron & G. M. Spreitzer (Eds.), *The Oxford handbook of positive organizational scholarship* (pp. 938-950). Oxford: Oxford University Press.

Blustein, D. L., Kozan, S., & Connors-Kellgren, A. (2013). Unemployment and underemployment: A narrative analysis. *Journal of Vocational Behavior, 82*(3), 256-265.

Boswell, W. R., Olson-Buchanan, J. B., & Harris, T. B. (2014). I cannot afford to have a life: Employee adaptation to feelings of job insecurity. *Personnel Psychology, 67*(4), 877-915.

Brown, R., Duck, J., & Jimmieson, N. (2014). E-mail in the workplace: The role of stress appraisals and normative response pressure in the relationship between e-mail stressors and employee strain. *International Journal of Stress Management, 21*(4), 325-347.

Bucher, E., Fieseler, C., & Suphan, A. (2013). The stress potential of social media in the workplace. *Information, Communication, & Society, 16*(10), 1639-1667.

Catalyst (2012a). *Catalyst quick take: Working parents*. Retrieved from http://www.catalyst.org/knowledge/working-parents.

Catalyst (2012b). *Catalyst quick take: Work-life: Prevalence, utilization, and benefits.* Retrieved from http://www.catalyst.org/knowledge/work-life-prevalence-utilization.

Cavanaugh, M. A., Boswell, W. R., Roehling, M. V., & Boudreau, J. W. (2000). An empirical examination of self-reported work stress among US managers. *Journal of Applied Psychology, 85*(1), 65-74.

Caza, B. B., & Milton, L. P. (2012). Resilience at work: Building capability in the face of adversity. In K. S. Cameron & G. M. Spreitzer (Eds.), *The Oxford handbook of positive scholarship* (pp. 895-908). Oxford: Oxford University Press.

Chao, G. T. (1990). Exploration of the conceptualization and measurement of career plateau: A comparative analysis. *Journal of Management, 16*(1), 181-193.

Cooper, C. L., & Cartwright, S. (1997). An intervention strategy for workplace stress. *Journal of Psychosomatic Research, 43*(1), 7-16.

Day, A., Paquet, S., Scott, N., & Hambley, L. (2012). Perceived information and communication technology (ICT) demands on employee outcomes: The moderating effect of organizational ICT support. *Journal of Occupational Health Psychology, 17*(4), 473-491.

DeFrank, R. S., & Cooper, C. L. (1987). Worksite stress management interventions: Their effectiveness and conceptualization. *Journal of Managerial Psychology, 2*(1), 4-10.

Eatough, E. M., & Spector, P. E. (2014). The role of workplace control in positive health and wellbeing. In P. Y. Chen & C. L. Cooper (Eds.), *Work and wellbeing: Wellbeing: A complete reference guide. Vol. III.* (pp. 91-109). Oxford: John Wiley & Sons.

Eby, L. T., Casper, W. J., Lockwood, A., Bordeaux, C., & Brinley, A. (2005). Work and family research in IO/OB: Content analysis and review of the literature (1980-2002). *Journal of Vocational Behavior, 66*(1), 124-187.

Erdogan, B., & Bauer, T. N. (2011). The impact of underemployment on turnover and career trajectories. In D. C. Maynard & D. C. Feldman (Eds.), *Underemployment: Psychological, economic, and social challenges* (pp. 215-232). New York: Springer.

Eurofound (2014). *Stress and burnout prevalent in the workplace.* Retrieved from http://www.eurofound.europa.eu/observatories/eurwork/artic les/other-quality-of-life/stress-and-burnout-prevalent-in-the-work place.

Feldman, D. C., Leana, C. R., & Bolino, M. C. (2002). Underemployment and relative deprivation among re-employed executives. *Journal of Occupational and Organizational Psychology, 75*(4), 453-471.

Feldman, D. C., & Weitz, B. A. (1988). Career plateaus reconsidered. *Journal of Management, 14*(1), 69-80.

Friedman, S. D. (2014). *Total leadership: Be a better leader, have a richer life.* Boston: Harvard Business Review Press.

Frone, M. R. (2003). Work-family balance. In J. C. Quick & L. E. Tetrick (Eds.), *Handbook of occupational health psychology* (pp. 143-162). Washington, DC: American Psychological Association.

Fugate, M., Kinicki, A. J., & Ashforth, B. E. (2004). Employability: A psycho-social construct, its dimensions, and applications. *Journal of Vocational Behavior, 65*(1), 14-38.

Giga, S. I., Cooper, C. L., & Faragher, B. (2003). The development of a framework for a comprehensive approach to stress management interventions at work. *International Journal of Stress Management, 10*(4), 280-296.

Gilbreath, B., & Benson, P. G. (2004). The contribution of supervisor behavior to employee psychological well-being. *Work & Stress, 18*(3), 255-266.

Gilbreath, B., & Montesino, M. U. (2006). Expanding the HRD role: Improving employee well-being and organizational performance. *Human Resource Development International, 9*(4), 563-571.

Goodman, C. K. (2014, September). Work-life balance is big business. *The Journal-Gazette*, 8B.

Gowan, M. A. (2012). Employability, well-being and job satisfaction following a job loss. *Journal of Managerial Psychology, 27*(8), 780-798.

Gowan, M. A. (2014). Moving from job loss to career management: The past, present, and future of involuntary job loss research. *Human Resource Management Review, 24*(3), 258-270.

Greenhaus, J. H., Callanan, G. A., & Godshalk, V. M. (2010). *Career Management* (4th ed.). Los Angeles: Sage.

Greenhaus, J. H., Collins, K. M., & Shaw, J. D. (2003). The relation between work-family balance and quality of life. *Journal of Vocational Behavior, 63*(3), 510-531.

Greenhaus, J. H., & Powell, G. N. (2006). When work and family are allies: A theory of work-family enrichment. *Academy of Management Review, 31*(1), 72-92.

Grzywacz, J. G., & Carlson, D. S. (2007). Conceptualizing work-family balance: Implications for practice and research. *Advances in Developing Human Resources, 9*(4), 455-471.

Guest, D. E., & Sturges, J. (2007). Living to work-working to live: Conceptualizations of careers among contemporary workers. In H. Gunz & M. Peiperl (Eds.), *Handbook of career studies* (pp. 310-326). Los Angeles: Sage Publications.

Halbesleben, J. R. B., & Buckley, M. R. (2004). Burnout in organizational life. *Journal of Management, 30*(6), 859-879.

Hall, D. T., Lee, M. D., Kossek, E. E., & Heras, M. L. (2012). Pursuing career success while sustaining personal and family well-being: A study of reduced load professionals over time. *Journal of Social Issues, 68*(4), 742-766.

Hargrove, M. B., Nelson, D. L., & Cooper, C. L. (2013). Generating eustress by challenging employees: Helping people savor their work. *Organizational Dynamics, 42*(1), 61-69.

Hill, E. J., Grzywacz, J. G., Allen, S., Blanchard, V. L., Matz-Costa, C., Shulkin, S., & Pitt-Catsouphes, M. (2008). Defining and conceptualizing workplace flexibility. *Community, Work & Family, 11*(2), 149-163.

Hurrell, J. J., Jr., Nelson, D. L., & Simmons, B. L. (1998). Measuring job stressors and strains: Where we have been, where we are, and where we need to go. *Journal of Occupational Health Psychology, 3*(4), 368-389.

Kao, K., Rogers, A., Spitzmueller, C., Lin, M., & Lin, C. (2014). Who should serve as my mentor? The effects of mentor's gender and supervisory status on resilience in mentoring relationships. *Journal of Vocational Behavior, 85*(2), 191-203.

Karasek, R. A., Jr. (1979). Job demands, job discussion latitude, and mental strain: Implications for job redesign. *Administrative Science Quarterly, 24*(2), 285-308.

Konrad, A. M. & Yang, Y. (2012). Is using work-life interface benefits a career-limiting move? An examination of women, men, lone parents, and parents with partners. *Journal of Organizational Behavior, 33*(8), 1095-1119.

Kossek, E. E., Lewis, S., & Hammer, L. B. (2009). Work-life initiatives and organizational change: Overcoming mixed messages to move from the margin to the mainstream. *Human Relations, 63*(1), 3-19.

Kossek, E. E., & Ruderman, M. N. (2012). Work-family flexibility and the employment relationship. In L. M. Shore, J. A-M. Coyle-Shapiro, & L. E. Tetrick (Eds.), *The employee-organization relationship: Applications for the 21st century* (pp. 223-253). New York: Routledge.

Kossek, E. E., Valcour, M., & Lirio, P. (2014). The sustainable workforce: Organizational strategies for promoting work-life balance and wellbeing. In P. Y. Chen & C. L. Cooper (Eds.), *Work and wellbeing: Wellbeing: A complete reference guide. Vol. Ⅲ.* (pp. 295-318). West Sussex, UK: John Wiley & Sons.

Lee, P. C. B. (2003). Going beyond career plateau: Using professional plateau to account for work outcomes. *Journal of Management Development, 22*(6), 538-551.

Lentz, E., & Allen, T. D. (2009). The role of mentoring others in the career plateauing phenomenon. *Group & Organization Management, 34*(3), 358-384.

Leslie, L. M., Manchester, C. F., Park, T., & Mehng, S. A. (2012). Flexible work practices: A source of career premiums or penalties? *Academy of Management Journal, 55*(6), 1407-1428.

Lewis, S., Gambles, R., & Rapoport, R. (2007). The constraints of a 'work-life balance' approach: An international perspective. *International Journal of Human Resource Management, 18*(3), 360-373.

Lindblom, K. M., Linton, S. J., Fedeli, C., & Bryngelsson, I. (2006). Burnout in the working population: Relations to psychosocial work factors. *International Journal of Behavioral Medicine, 13*(1), 51-59.

Luthans, F. (2002). The need for and meaning of positive organizational behavior. *Journal of Organizational Behavior, 23*(6), 695-706.

Luthans, F., Avey, J. B., Avolio, B. J., & Peterson, S. J. (2010). The development and resulting performance impact of positive psychology capital. *Human Resource Development Quarterly, 21*(1), 41-68.

Luthans, F., Vogelgesang, G. R., & Lester, P. B. (2006). Developing the psychological capital of resiliency. *Human Resource Development Review, 5*(1), 25-44.

Martins, L. I., Eddleston, K. A., & Veiga, J. F. (2002). Moderators of the relationship between work-family conflict and career satisfaction. *Academy of Management Journal, 45*(2), 399-409.

Maslach, C., Schaufeli, W. B., & Leiter, M. P. (2001). Job burnout. *Annual Review of Psychology, 52*(1), 397-422.

Maynard, D. C., & Feldman, D. C. (2011). Introduction. In D. C. Maynard & D. C. Feldman (Eds.), *Underemployment: Psychological, economic, and social challenges* (pp. 1-9). New York: Springer.

Mayrhofer, W., Meyer, M., Schiffinger, M., & Schmidt, A. (2007). The influence of family responsibilities, career fields and gender on career success. *Journal of Managerial Psychology, 23*(3), 292–323.

McArdle, S., Waters, L., Briscoe, J. P., & Hall, D. T. (2007). Employability during unemployment: Adaptability, career identity and human and social capital. *Journal of Vocational Behavior, 71*(2), 247–264.

McCleese, C. S., Eby, L. T., Scharlau, E. A., & Hoffman, B. H. (2007). Hierarchical, job content, and double plateaus: A mixed–method study of stress, depression and coping responses. *Journal of Vocational Behavior, 71*(2), 282–299.

McDonald, K. S., & Hite, L. M. (2008). The next generation of career success: Implications for HRD. *Advances in Developing Human Resources, 10*(1), 86–103.

McKee–Ryan, F. M., & Harvey, J. (2011). "I have a job, but ...": A review of underemployment. *Journal of Management, 37*(4), 962–996.

McKee–Ryan, F. M., Virick, M., Prussia, G. E., Harvey, J., & Lilly, J. D. (2009). Life after the layoff: Getting a job worth keeping. *Journal of Organizational Behavior, 30*(4), 561–580.

McMillan, H. S., Morris, M. L., & Atchley, E. K. (2011). Constructs of the work/life interface: A synthesis of the literature and introduction of the concept of work/life harmony. *Human Resource Development Review, 10*(1), 6–25.

McVicar, A. (2003). Workplace stress in nursing: A literature review. *Journal of Advanced Nursing, 44*(6), 633–642.

Morris, M. L. (2008). Combating workplace stressors: Using work–life initiatives as an OD intervention. *Human Resource Development Quarterly, 19*(2), 95–105.

Morris, M. L. (2012). Unleashing human expertise through work/life initiatives. *Human Resource Development Quarterly, 23*(4), 427–439.

Morris, M. L., Reames, J. T., & McMillan, H. S. (2011). Human resource executives' perceptions and measurement of the strategic impact of work/life initiatives. *Human Resource Development Quarterly, 22*(3), 265–295.

Morris, M. L., & McMillan, H. S. (2014). Guiding HRD research in the work/life interface: The importance of work/life harmony in the development of interventions. In N. E. Chalofsky, T. S. Rocco, & M. L. Morris (Eds.), *Handbook of human resource development* (pp. 228–245). Hoboken, NJ: John Wiley & Sons, Inc.

Munn, S. L. (2013). Unveiling the work–life system: The influence of work –life balance on meaningful work. *Advances in Developing Human Resources, 15*(4), 401–417.

Munn, S. L., & Lee, H. (2015). An international perspective of the work– life system within HRD. In R. F. Poell, T. S. Rocco, & G. L. Roth (Eds.), *The Routledge companion to human resource development* (pp. 552–561). London: Routledge.

Nabi, G. R. (2003). Graduate employment and underemployment: Opportunity for skill use and career experiences amongst recent business graduates. *Education + Training, 45*(7), 371–382.

Ng, E. S. W., Schweitzer, L., & Lyons, S. T. (2010). New generation, great expectations: A field study of the millennial generation. *Journal of Business and Psychology, 25*(2), 281–292.

OECD (2013). *Work–life balance.* Retrieved from http://www.oecdbetterlife index.org/topics/work–life–balance.

Pagnin, D., De Queiroz, V., Filho, M. A. D. O., Gonzalez, N. V. A., Salgado, A. E. T., Oliveira, B. C., Lodi, C. S., & Melo, M. D. S. (2013). Burnout and career choice motivation in medical students. *Medical Teacher, 35*(5), 388‒394.

Pines, A. M. (2000). Treating career burnout: A psychodynamic existential perspective. *JCLP/In Session: Psychotherapy in Practice, 56*(5), 633‒642.

Podsakoff, N. P., LePine, J. A., & LePine, M. A. (2007). Differential challenge stressor‒hindrance stressor relationships with job attitudes, turnover intentions, turnover, and withdrawal behavior: A meta‒analysis. *Journal of Applied Psychology, 92*(2), 438‒454.

Powell, G. N., Francesco, A. M., & Ling, Y. (2009). Toward culture‒sensitive theories of the work‒family interface. *Journal of Organizational Behavior, 30*(5), 597‒616.

Purcell, C., Lewis, S., Smithson, J., & Caton, S. (2008). Work‒life balance, best practices and healthy organisations: A European perspective. In R. J. Burke & C. L. Cooper (Eds.), *Building more effective organizations: HR management and performance in practice* (pp. 228‒251). New York: Cambridge University Press.

Quick, J. C., Bennett, J., & Hargrove, M. B. (2014). Stress, health, and wellbeing in practice. In P. Y. Chen & C. L. Cooper (Eds.), *Work and wellbeing: Wellbeing: A complete reference guide. Vol. Ⅲ.* (pp. 175‒203). Oxford: John Wiley & Sons.

Rotondo, D. M., & Perrewe, P. L. (2000). Coping with a career plateau: An empirical examination of what works and what doesn't. *Journal of Applied Social Psychology, 30*(12), 2622‒2646.

Ruderman, M. N., Ohlott, P. J., Panzer, K., & King, S. N. (2002). Benefits of multiple roles for managerial women. *Academy of Management Journal, 45*(2), 369-386.

Schuler, R. S. (1980). Definition and conceptualization of stress in organizations. *Organizational Behavior and Human Performance, 25*(2), 184-215.

Seligman, M. E. P. (2011, April). Building resilience. *Harvard Business Review,* 100-106.

Selye, H. (1974). *Stress without distress.* Philadelphia: Lippincott Williams & Wilkins.

Shapiro, M., Ingols, C., O'Neill, R., & Blake-Beard, S. (2009). Making sense of women as career self-agents: Implications for human resource development. *Human Resource Development Quarterly, 20*(4), 477-501.

Spector, P. E. (2002). Employee control and occupational stress. *Current Directions in Psychological Science, 11*(4), 133-136.

Sullivan, S. E., & Mainiero, L. A. (2007). Benchmarking ideas for fostering family-friendly workplaces. *Organizational Dynamics, 36*(1), 45-62.

Swody, C. A., & Powell, G. N. (2007). Determinants of employee participation in organizations' family-friendly programs: A multi-level approach. *Journal of Business Psychology, 22*(2), 111-122.

Tepper, B. J. (2000). Consequences of abusive supervision. *Academy of Management Journal, 43*(2), 178-190.

Tomlinson, J., & Durbin, S. (2010). Female part-time managers: Work-life balance, aspirations and career mobility. *Equality, Diversity and Inclusion: An International Journal, 29*(3), 255-270.

Tucker, M. K., Jimmieson, N. L., & Oei, T. P. (2013). The relevance of shared experiences: A multi-level study of collective efficacy as a moderator of job control in the stressor-strain relationship. *Work & Stress, 27*(1), 1-21.

Veiga, J. F., Baldridge, D. C., & Eddleston, K. A. (2004). Toward understanding employee reluctance to participate in family-friendly programs. *Human Resource Management Review, 14*(3), 337-351.

Youssef, C. M., & Luthans, F. (2007). Positive organizational behavior in the workplace: The impact of hope, optimism, and resilience. *Journal of Management, 33*(5), 774-800.

Zikic, J., & Klehe, U. (2006). Job loss as a blessing in disguise: The role of career exploration and career planning in predicting reemployment quality. *Journal of Vocational Behavior, 69*(3), 391-409.

CHAPTER 08

윤리적 고려사항 및 결론

이상하게도 세상에는 신체적 용기는 흔하지만, 도덕적 용기는 드물다.

- Mark Twain

작은 실수가 있는 청렴이라는 것은 있을 수 없다.

- Tom Peters

이 책의 완성을 위해 이번 마지막 장은 경력개발과 관련된 윤리적 문제를 다룬다. 이 책은 조직 내에서 발생하는 경력개발에 초점을 맞추고 있기 때문에 이와 관련된 윤리적 문제를 다루는 일은 다소 복잡하다고 할 수 있다. 경력개발 전문가들은 조직 구성원들과의 개별적 관계 속에서 일하기 때문에 여기서 발생할 수 있는 윤리적 문제를 인식해야 한다. 그뿐만 아니라, 경력개발 전문가들은 조직의 윤리적 풍토를 형성하는 데에도 중요한 역할을 담당해야 한다. 이번 장은 경력상담, 멘토링, 코칭 등에 대한 선행연구를 활용하여 조직 구성원과의 관계 속에서 경력개발 전문가가 직면할 수 있는 윤리적 문제를 살펴보는 것으로 시작한다. 또한, 조직풍토가 경력개발의 윤리적 문제에 어떻게 영향을 미치는지도 논의하고자 한다. 끝으로 개인의 성장 및 경력개발을 위한 몇 가지 제언을 제시하여 이번 장을 마무리할 것이다.

1. 경력개발 전문가들이 직면하는 윤리적 문제

Abele, Volmer, 그리고 Spurk(2012)에 따르면 비윤리적 행동은 "조직 구성원의 균형, 존중, 책임, 자율, 참여, 정의, 요구 등과 관련된 권한이 침해받는 것(p.108)"이라고 규정할 수 있다. 따라서 경력개발 전문가는 경력개발의 방향을 제언하고, 경력개발 실천전략을 설계, 실행, 평가할 때 개인의 권리를 존중하도록 유의해야 한다. 이러한 일은 간단해 보이지만, 사실 그리 쉬운 일은 아니다. 우선 경력개발 전문가는 자신이 지니고 있는 가치, 가정, 편견 등이 무엇인지를 검토하는 것부터 시작해야 한다. 이와 관련하여 Niles와 Harris-Bowlsbey(2013)는 다음과 같이 주장하였다.

> 경력개발과 관련된 문제를 해결하는 과정에는 가치가 내재되어 있다. 사람들의 삶의 영역이나 생활방식에서 발생하는 문제를 해결하는 데 있어서 가치는 중요하다. …(중략)… 전문가들이 자신의 가치를 명확히 이해하는 것은 경력개발의 출발점이 되며, 이는 동시에 경력서비스를 제공할 때의 윤리적 문제와 연결된다. 가치가 내재되어 있지 않은 경력개발의 해결책은 존재할 수 없기 때문에, 경력개발 전문가들은 자신이 가지고 있는 가치가 경력서비스에 어떻게 영향을 미치는지 알고 있어야 한다. (p.470)

경력개발 전문가는 스스로를 이해하는 것 외에도, 자신이 직면할 수 있는 딜레마의 유형도 인식해야 한다. 이를 통해 경력개발 전문가들은 잠재적 문제를 조기에 확인하고, 이를 해결하기 위해 능동적으로 노력하게 된다. 일부 선행연구들은 개별 직원의 경력개발을 돕기 위한 해결책이 지닌 윤리적 문제를 탐색한 바 있다. 특히 경력상담, 코칭, 멘토링 등에 대한 선행연구들은 경력개발 전문가들이 직면할 수 있는 윤리적 딜레마에 대해 탐색하였는데, 가장 보편적 딜레마는 다음과 같다.

- 비밀유지(confidentiality): 개인의 경력전환, 경력정체, 일과 삶의 갈등, 그리고 다른 경력관련 문제 등을 다룰 때, HR 전문가는 비밀유지의 원칙을 지켜야 한다. 하지만, 관리자가 자신의 부하직원

이 경력과 관련된 문제를 얼마나 잘 해결하고 있는지를 알고자 하는 경우에는 비밀유지와 관련된 딜레마가 발생하게 된다. 이러한 상황에서 양 당사자인 직원과 관리자에게 각각 어떤 내용을 공유할 것인지를 알려주는 것은 갈등상황을 완화하는 역할을 한다. 또한, 직원들이 관리자와 함께 경력개발의 진행 상황을 논의하도록 권장하는 것도 또 다른 해결책이 된다(Brennan & Wildflower, 2014). 물론 이러한 사례는 비밀유지가 경력개발에 어떤 영향을 주는지를 보여주는 하나의 예에 불과하다.

- 이해충돌 : 조직 구성원과 경력개발 전문가 사이에 이해의 충돌이 발생할 가능성은 항상 존재한다. 예를 들어, 업무성과가 좋은 직원이 경력향상의 기회를 문의할 때, 관리자가 좋은 직원을 잃고 싶지 않은 이유로 정보를 제공하지 않거나 이를 미룬다면 이해의 충돌이 발생한다. 이 경우 관리자는 해당 직원과 지속적으로 일하고 싶다는 점을 밝혀야 하며, 동시에 그 직원의 경력향상을 돕기 위해 지속적으로 도움을 제공해야 한다.

- 역량 : 경력개발 전문가는 자신의 역량을 알고 있어야 하고, 일부 특정한 업무를 수행하기 위해서는 충분한 지식, 기술, 교육훈련이 필요하다는 점도 알고 있어야 한다. 예를 들어, 대부분의 HRD 전문가들은 경력상담을 할 수 있을 만큼 충분히 훈련되어 있지 않기 때문에, 조직은 주로 외부 전문가들과 계약을 맺고 경력상담을 제공하고 있는 것이 현실이다. 개인에게 경력서비스를 제공할 수 있는 사람들은 많다. HRD 전문가, 경력상담가, 코치(예를 들면, 관리자코치, 임원코치, 경력코치) 등이 경력서비스를 제공할 수 있는 사람들이라고 할 수 있다. 한 가지 문제는 경력상담분야 외의 분야에서는 경력개발을 실천하기 전에 반드시 거쳐야 하는 인증 절차나 교육훈련이 거의 없다는 사실이다(Chung & Gfroerer, 2003; Krishna, 2014). Gottfredson(2005)은 경력개발분야를 "자격이 없거나 혹은 있더라

도 충분하지 않은 사람들이 널리 퍼져 있는 분야(p.311)"로 규정하
였다. 따라서 경력개발 서비스를 관리하는 사람들은 산업조직심리
학 및 직업심리학분야에서 충분한 훈련과 경험을 갖추고 있어야
한다고 주장하였다. Academy of Human Resource Development(AHRD)
의 윤리강령을 포함하여 대부분의 윤리강령은 역량의 중요성을 언
급하고 있다(Russ-Eft, 2014). 일부 강령은 어떤 역량을 갖추어야 하는지
도 설명하고 있다. 예를 들어, American Counseling Association(ACA,
2014)은 경력상담가의 채용 자격, 업무에 대한 모니터링, 지속적인 교
육참여, 장애를 지닌 고객에 대한 서비스제공 등에 대한 기준을 마
련해 놓고 있다. 그러나 대부분의 윤리강령은 해당 분야의 전문가
가 스스로의 역량 수준을 아는 것이 중요하다는 점만을 강조할 뿐,
실제 역량을 키우는 것과는 큰 관련성이 없는 경우가 많다.

• 힘의 불균형(power differentials) : 일반적으로 대부분의 경력개발을
위한 관계 속에는 힘의 불균형이 존재한다. 경력개발을 안내해 주
는 사람이 관리자, 멘토, 코치, 경력상담가 중 누구이건 상관없이
경력개발 관계에는 힘의 불균형이라는 속성이 포함되어 있다. 이러
한 불균형은 서로 다른 성별, 인종, 혹은 문화권 사이의 관계에서
훨씬 더 큰 문제를 야기한다(McDonald & Hite, 2005; Toporek, Kwan, &
Williams, 2012). 문화적 배경의 차이에 대해 Niles와 Harris-Bowlsbey(2013)
는 "경력분야의 전문가들은 개인주의 중심의 유럽 혹은 미국의 경력
개발 실천전략 모델을 고수하는데, 만약 집단주의 문화권에 속한 사
람을 대상으로 이를 적용한다면 해당 개인의 가치를 침해할 위험
이 있다(p.471)"라고 주장하였다. 이러한 불균형의 윤리적 결과는
경력개발의 관계 속에서 힘의 남용으로 문제가 야기될 때 더욱 명
백해진다. 문제를 야기하는 관계는 방해, 괴롭힘, 기만, 고의적 배
제, 자신의 가치를 강요하는 것 등의 다양한 원인 때문에 발생할 수
있다(Eby & Allen, 2002; Niles & Harris-Bowlsbey, 2013).

이러한 딜레마들을 피하고 효과적으로 이를 해결하려면, 경력개발 전문가들은 경력개발 이론과 실천을 이해해야 하며 이를 적절히 사용할 수 있어야 한다(Niles & Harris-Bowlsbey, 2013). 하지만, 현실은 관련 교육훈련을 받지 않고 경력서비스를 제공하는 사람들이 너무 많다는 사실이다. 경력개발을 실천하는 데 필요한 필수 지식과 기술을 제공하는 각종 자격증 프로그램이나 학위 프로그램은 다양하게 운영되고 있다. 또한, 경력개발 문제를 다루는데 사용될 수 있는 지침을 제공하는 윤리강령들도 있다. 예를 들어, ACA 윤리강령은 경력상담을 하지 않더라도, 경력개발과 관련된 업무를 수행하는 전문가들에게 도움이 될 수 있는 원칙을 제공하고 있다. ACA에서 제시한 원칙은 다음과 같으며, 다른 경력개발과 관련된 윤리강령은 <표 8.1>에 제시되어 있다.

- 자율성, 또는 개인이 스스로 삶의 방향을 통제할 수 있는 권리를 보장한다.
- 무해성(nonmaleficence)[50]을 유지하며 고객에게 피해를 줄 수 있는 행동은 피한다.
- 정신건강 및 심리적 웰빙을 촉진하여 개인과 사회의 이익을 위해 일한다.
- 정의롭게 행동하고, 개인을 공평하게 대우하며, 공정성과 평등을 촉진한다.
- 신의를 지키며 전문적 관계 속에서 신뢰감을 유지하도록 책임을 다하고 약속을 지킨다.
- 경력개발 전문가와 계약을 수립하여 업무를 수행할 때 진실하게 일을 한다. (ACA, 2014, p.3)

---

50 상담윤리 중 하나로, 내담자에게 고통이나 피해를 줄 수 있는 위험한 행동을 하지 않는 것을 말한다. 이는 의사가 환자를 치료할 때 해를 끼치지 않아야 한다는 의학적 윤리에 기초를 두고 있다.

〈표 8.1〉 경력개발 관련 윤리강령

관련 학회 및 협회 윤리강령

- Academy of Human Resource Development (AHRD) 윤리기준
- Academy of Management (AOM) 윤리강령
- American Counseling Association (ACA) 윤리강령
- American Psychological Association (APA) 심리학자 윤리원칙 및 행동강령
- British Columbia Career Development Association (BCCDA) 윤리강령
- Career Development Association of New Zealand (CD ANZ) 윤리강령 및 경력 전문가 행동강령
- Career Industry Council of Australia, Inc., 호주 경력개발 전문가 행동수칙
- Career Professionals of Canada (CPC) 행동 및 윤리강령
- Global Career Development Facilitator (GCDF) 윤리강령
- Indian Career Education and Development Council (ICEDC) 윤리강령
- International Association of Educational and Vocational Guidance (IAEVG) 윤리기준
- National Board for Certified Counselors (NBCC) 윤리강령
- National Career Development Association (NCDA) 윤리강령
- Society of Human Resource Management (SHRM) 윤리강령 및 HRM 전문가 기준

2. 윤리적 경력풍토

다른 장에서 언급한 바와 같이, 조직문화는 경력개발에 큰 영향을 미친다. 또한, 조직문화는 윤리적 경력개발의 실행과 관리에도 영향을 미친다. 경력개발에서 윤리의 중요성은 Adams(2006)가 말한 바와 같이 더욱 분명해지고 있다.

조직의 변화가 가속화됨에 따라, 불확실한 윤리적 문제를 포함하여 새로운 상황이 등장하고 있다. 이러한 새로운 상황에는 다운사이징, 아웃소싱, 경력사다리를 대체하는 고용가능성 강조, 임시직 근로자의 활용, 과학기술의 변화, 경쟁의 글로벌화 등이 포함된다. 이러한 변화는 조직 차원의 경력에 영향을 미치고, 개인과 조직 사이에서 균형을

맞추려는 사람들에게 새로운 도전과제를 제시한다. 심리적 계약이 변
화하면서 경력에 대한 개인의 생각과 조직에 대한 의무 사이에는 새
로운 긴장이 발생하고 있다. (p.299)

기업문화가 개인의 경력에 악영향을 미치는 비윤리적 관행을 고착화하는
방법은 여러 가지가 있다. 이 책에서는 경력성공, 경력 불평등, 경력 환경의
변화 등 세 가지에 초점을 맞추어 설명하고자 한다.

1) 조직문화와 경력성공

조직문화는 개인의 경력성공에 영향을 미칠 수 있다. 예를 들어, 성공의 객
관적 지표(급여나 승진 등)를 강조하는 문화는 경쟁, 일중독, 인상관리(impression
management)[51] 등의 특징을 지닌다. Callanan(2003)은 다음과 같이 설명하고 있다.

이러한 방식으로 성공을 좁게 규정하면 개인들은 자신의 가치 및 신
념에 부합하지 않는 경력목표 및 경력개발전략을 취하게 된다. 즉,
매우 성공한 관리자나 경영자도 개인적 삶에서는 실패하였다고 생각
할 수 있는데, 이는 경력성공을 추구하는 과정에서 가족과의 관계를
희생하였다는 후회에서 비롯된 것이라고 할 수 있다. (p.131)

직원들을 일회용 상품으로 취급하거나 혹은 다른 의심스러운 일들이 용납
되는 조직문화 속에서는 직원들이 자신의 일자리를 지키기 위해 주어진 조직
문화에 순응하는 모습을 나타낸다. 이러한 조직문화에서 침묵하지 않거나 경
영진에게 비판을 제기하는 사람은 더 이상 진급하지 못하거나 다른 직업으로
이동하게 된다(Callanan, 2003). 직원들의 문제행동 증가도 불건전한 경력문화

---

51 다른 사람들과의 사회적 상호작용에서 자신을 보다 긍정적으로 보이게 하려는 시도를 말하
  며, 자기 제시(self-presentation)와 유사한 의미를 지닌다.

에 대한 또 다른 반응으로 꼽힐 수 있다. 조직의 문제행동 관리(organizational misbehavior management: OMB)의 맥락에서 볼 때, Vardi와 Kim(2007)은 직원들이 다음과 같은 불량행동을 할 수 있다고 주장하였다.

- 개인 내적 불량행동(일중독 등)
- 개인 사이의 불량행동(폭력, 괴롭힘 등)
- 생산성과 관련된 불량행동(사회적 태만 등)
- 조직의 자산과 관련된 불량행동(절도, 공공 기물 파손 등)
- 정치적 행동과 관련된 불량행동(편파적 태도 등)

이러한 문제행동은 다시 재정적 혹은 사회적 비용을 초래하며, 개인 및 조직 모두에게 부정적 영향을 미치게 된다.

2) 조직문화와 경력 불평등

Van Buren(2003)은 산업화 사회의 노동자를 두 집단으로 분류하였다. 한 집단에 속한 노동자들은 충분한 기술을 보유하고 있어서 고용주로부터 공정한 대우를 받는 소수의 사람들이다. 다른 집단에 속한 노동자들은 "쉽게 대체가 가능한 기술을 지닌(p.134)" 다수의 사람들이다. 불행하게도 조직은 종종 이 두 번째 집단의 경력요구를 무시하는 경향이 있는데, 이들 중에는 소수자집단 출신이나 사회적으로 소외된 집단에 속한 개인들이 포함될 가능성이 높다. 이 책의 6장은 이러한 불평등이 선발, 평가, 경력개발 기회에 대한 접근가능성, 경력성공 등에 영향을 미친다는 것을 논한 바 있다.

특히, 가진 자와 그렇지 못한 사람 사이의 격차가 벌어지고 있다는 점이 점차 더 주목받고 있는데, 이와 관련하여 OECD는 다음과 같이 지적하고 있다.

대부분의 OECD 국가는 현재 30년 만에 최고 수준의 빈부격차를 나타내고 있다. 오늘날 OECD 국가의 상위 10% 부유층에 속한 사람들은 가장 가난한 10%보다 9.5배나 더 많은 수입을 올리고 있다. 1980년대에는 이 비율이 7:1이었다. (OECD, 2014, p.1)

조직은 종종 문화, 정책, 관행 등을 통해 이러한 소득수준의 차이를 고착화하거나 더욱 악화시키기도 한다. 수입은 경력성공을 나타내는 하나의 지표이지만, 이는 일터를 뛰어넘어 개인의 삶에 큰 영향을 미친다. 조직은 이러한 불평등을 인식하고 이를 최소화하는 방향으로 윤리적 책임을 이행해야 한다.

3) 조직문화와 변화하는 경력환경

무경계경력 등 최근에 논의되는 새로운 경력개념들은 주로 관계적 계약보다는 거래적 계약에 기초한다(Callanan, 2003; Van Buren, 2003). 관계적 계약은 일반적으로 장기적 계약이며 고용보장에 대한 대가로 조직에 대한 헌신과 충성을 요구한다. 이와는 대조적으로 거래적 계약은 불안정한 고용과 조직에 대한 낮은 수준의 헌신이라는 특징을 지닌다.

Van Buren(2003)은 특히 무경계경력의 공정성 문제를 제기하였다. 그는 상대적으로 대체가 용이한 기술을 지니고 있는 직원들은 그렇지 않은 직원들에 비해 고용협상의 상황에서 취약한 위치에 처할 수 있다는 점을 지적하였다. 고용주는 거래적 계약에 기초하여 고용과 관련된 비용을 줄이려 하는데, 이 과정에서 대부분의 위험은 종업원에게 이전되며 잦은 직무변화에 따른 비용도 개인의 몫이 된다는 것이다. Van Buren은 고용주에게는 노동자의 고용가능성을 보장해야 하는 윤리적 의무가 있다고 하였는데, 고용가능성은 고용주가 직원의 능력을 개발하는 데 투자하여 달성할 수 있다고 하였다. 그는 다음과 같이 주장한다.

고용주는 개인의 지속적 고용가능성을 보장하여 개인과 집단의 웰빙을 이루게 된다. 그러므로 고용주가 개별 직원과 계약관계를 수립할 때에는 정의와 박애정신(benevolence)에 바탕을 두어야 한다. 그렇지 않을 경우, 조직과 개인, 사회는 해로운 영향을 받으며 능력향상에 대한 책임은 직원에게 전가된다. (p.144)

4) 제언

조직의 문화는 쉽게 바뀌지 않는다. 앞에서도 말한 바 있지만, 이러한 딜레마들은 조직에 너무 오랫동안 뿌리박혀 있는 것일지도 모른다. 이를 해결하기 위한 첫 단계는 건전하지 못한 조직문화가 윤리적 경력개발을 방해하고 있다는 사실을 인식하는 것이다. 경력개발에 대해 책임을 지니고 있는 경력개발 전문가는 다음 중 하나를 선택하고 해당 질문에 대한 답을 찾는 것으로부터 시작해야 한다.

- 조직이 경력성공을 어떻게 바라보고 있으며 이를 장려하는지 검토 : 객관적 성공지표(예를 들면, 급여나 승진)에 주로 초점을 맞추고 있는가? 개인들을 보상하는 방법은 무엇이며, 이러한 보상의 구조가 혹시 잘못된 행동이나 비윤리적 행동을 조장하지는 않는가?
- 경력개발 기회와 관련된 조직의 정책이나 실천 사례를 검토 : 소수자집단과 소외계층이 더 나은 경력을 추구하기 위해 경력개발활동에 참여할 수 있는가? 그들이 경력개발에 참여하도록 지원을 받는가? (불평등과 관련된 해결책은 이 책의 6장에서 다루고 있다.)
- 직원의 보유 현황, 직원의 업무 몰입도, 계약 및 임시직 근로자 활용현황 같은 고용현황 분석 : 조직과 개인 사이에 거래적 계약이 존재한다는 것을 보여주는 경향성이 존재하는가? 노동자의 고용가능성을 보장하기 위해 조직은 어떤 일을 하고 있는가?

3. 결론

이 책 전반에 걸쳐 경력에 관한 여러 가지 주제가 논의되었는데, 이번 절에서는 이를 종합적으로 다시 살펴보고자 한다. 이는 경력이 어떻게 진화하고 있는지를 보여줄 뿐만 아니라, 개인의 경력개발에 대해 책임이 있는 모든 전문가들에게 의미 있는 시사점을 제공해 줄 것으로 기대된다.

1) 과학기술은 경력에 영향을 미친다.

과학기술이 우리의 삶을 어떻게 변화시키고 있는지 그리고 그 변화의 속도가 어떠한지를 이해하는 것은 쉽지 않은 일이다. 과학기술의 진보는 일자리를 창출하기도 하고 없애기도 한다. 또한, 과학기술은 일하는 방식, 일하는 시기, 함께 일하는 사람 등도 변화시킨다. 과학기술이 강조되는 현재의 경력환경에서, 개인은 경력성공을 위해 이전 세대와는 다른 능력을 갖추고 있어야 한다. Conceição와 Thomas(2015)는 "문제 해결력, 지식 관리, 창의적 해결책의 개발, 정보통신기술의 관리, 협력 등은 디지털화된 일터에서 필수적인 능력(p.612)"이라고 주장한 바 있다.

과학기술은 개인과 이들을 위해 다양한 전략을 활용하는 조직 모두에게 도움을 제공한다. 인재 관리를 위한 시스템, 온라인 교육, 가상공간에서의 취업 박람회, 웹캐스트(webcast) 등은 개인이 경력개발을 위한 기회에 쉽게 참여할 수 있도록 과학기술을 활용한 사례이다(Conceição & Thomas, 2015). 그러나 Cascio(2007)는 "과학기술이 사람들에게 언제 어디서나 일할 수 있는 자유를 주지만, 동시에 사람들에게 이전에는 존재하지 않았던 족쇄를 채우기도 한다(p.553)"라고 지적하였다. 즉, 일과 연결되는 도구를 늘 지니고 있기 때문에, 일과 삶의 갈등 및 직무스트레스가 발생할 수 있다는 것이다. 따라서 조직은 관리자와 HR 전문가를 통해 직원들이 경계를 설정하고 건강한 업무환경을 조성할 수 있도록 지원해야 한다(Kossek, Valcour, & Lirio, 2014).

2) 리더십은 효과적 경력개발을 위해 중요한 역할을 담당한다.

최고 경영진과 관리자는 조직 내 경력개발에 큰 영향력을 지니고 있다. 즉, 임직원의 경력성장을 촉진하는 문화를 조성하려면 임원진의 리더십이 중요하다고 할 수 있다. 구체적으로 경력개발에 대한 노력이 효과를 나타내려면, 리더들이 다양한 관점을 수용하고, 윤리적이며, 학습 지향적 조직문화를 촉진할 필요가 있다. 긍정적 경력개발 문화는 업무에 보다 더 몰입하고 생산성이 높은 직원을 만들어내며, 모든 개인에게 동등한 기회를 제공하고, 승계계획을 포함하여 미래의 인적자원에 대한 필요를 예측하고 계획할 수 있도록 한다(Conger, 2002).

직원들의 직속 상사는 경력개발에서 매우 중요한 역할을 수행한다. 선행연구는 감독자들이 경력개발을 촉진하고, 기회를 제공하며, 장애물을 제거하고, 부하직원을 개발하는 등의 핵심적 역할을 한다는 사실을 분명히 밝히고 있다. McGuire와 Kissack(2015)은 일선 관리자들이 HR업무로 간주되는 다음과 같은 여러 역할을 수행한다고 밝힌 바 있다.

- 인재의 확보를 포함한 인력운영 계획 수립
- 코칭
- 멘토링
- 학습환경 조성
- 경력계획
- 교육훈련의 운영 (pp.525-527)

이러한 역할을 수행하는 것은 이미 많은 업무를 맡고 있는 관리자의 부담을 가중하는 일인데, 관리자들은 이러한 새로운 업무를 효과적으로 수행하기 위해 필요한 교육훈련조차 거의 받지 못한 경우가 많다(McGuire & Kissack, 2015; Renwick & MacNeil, 2002). 또한, 조직 내 HR부서는 관리자들이 자신의 영역을 침범하거나 자신들의 일과 중복된 일을 하고 있다고 생각하여 우려를 표명할 수도 있다(Renwick & MacNeil, 2002). 사실 이러한 우려는 경력개발에서 직원, HR부서, 관리자 등의 역할을 포용하고 지원하는 학습문화의 개발이 중요하다는 사실을 부각한다. 따라서 조직 내 HRD부서는 관리자가 경력개발을 효과적으로 도울 수 있도록 교육훈련 및 필요한 자원을 제공하여 관리자와 협력관계를 수립해야 한다. 또한, 조직은 제도적으로 직원들의 경력개발에 기여한 것을 참고하여 관리자들에게 보상을 제공해야 한다(McGuire & Kissack, 2015).

3) 하나의 경력개발전략이 모든 상황에 동일하게 적용될 수 있는 것은 아니다.

경력개발을 계획하고 시행할 때에는 여러 상황적 요인과 개인차를 고려해야 한다. 이 책의 3장에서는 조직의 외부적 요인과 내부적 요인이 모두 경력개발전략에 영향을 미친다는 점을 설명한 바 있다. 경력개발을 계획할 때에는 개인이 지닌 특징이나 기술, 인구통계학적 특성, 고용상태 등의 개인차를 고려해야 한다. 고용상태만으로도 다양한 형태가 존재하며(예를 들면, 정규직, 비정규직, 임시직 등), 근로자의 유형 또한 다양하다(예를 들면, 노동직, 최저임금 규정 적용 대상, 최저임금 규정 적용 비대상, 전문직, 관리직, 사무직, 숙련직, 반숙련직 등). 이와 더불어 각 개인의 경력개발 요구와 목표가 다르듯, 조직도 서로 다른 경력개발 요구와 목표를 지니고 있다.

선행연구는 조직들이 경력개발 실천전략을 수립하고 실행하는 데 있어서 '환경에 민첩하게 대응하고 창의적'이라고 지적하고 있다(McDonald & Hite, 2014). 조직과 직원의 요구를 모두 충족시키는 경력개발전략은 "지속적 학습을 지원하는 환경(Park & Rothwell, 2009, p.401)"을 조성하고, 경력개발 과정에서 중요한 역할을 담당하는 관리자를 준비하는 두 가지 전략으로부터 시작할 수 있다. 관리자들은 HR과 협력할수록 부하직원의 경력개발과 관련된 요구를 더 잘 이해하게 되고 개인의 요구에 부합한 맞춤형 경력개발을 지원할 수 있게 된다. 아울러, 직원들은 조직 내에서 사회화 과정을 통해 경력목표를 달성하는

데 필요한 지원과 기회를 찾을 수 있게 된다.

4) 일과 삶의 경계가 모호해지고 있다.

일과 삶은 여러 가지 이유에 근거하여 서로 의존관계를 맺게 된다. 일터에서의 다양성(예를 들면, 맞벌이 가정, 한부모 가정, 여성의 노동시장 참여 등), 과학기술, 유연근무제 외에도 많은 이유로 현재 일과 삶의 경계는 모호해지고 있다. 예를 들어, Greenhaus와 Kossek(2014)은 "일터와 가정(home, 여기서의 '가정'은 일터와는 상관없는 역할이나 환경을 의미함)에서의 일들은 명확하게 상호 의존관계에 있다(p.363)"라고 하며 '일-가정 관점(work-home perspective)'을 제안하였다. Greenhaus와 Kossek은 이러한 상호의존성이 반드시 부정적 혹은 긍정적 결과로 이어지지 않는다는 점에서 일-가정 관점이 일과 삶의 갈등(work-life conflict)이나 일과 삶의 충실화(work-life enrichment)와는 다르다고 주장하였다. 일-가정 관점은 각 영역에 대한 개인의 우선순위, "각 영역 경계에 대한 침투가능성(permeability), 각 영역에서 성공을 정의하는 방식(Greenhaus & Kossek, 2014, p.364)" 등에 초점을 맞춘다.

일과 삶의 상호 의존성에 대한 또 다른 새로운 관점이 있는데, 이것은 지속가능한(sustainable) 경력이다. Newman(2011)은 지속가능성이 "인적자본을 보존하고 향상하며, 균형을 회복하고 유지(p.138)"한다고 주장하였다. Newman은 지속가능한 경력은 세 가지 측면이 있다고 밝혔는데, 여기에는 갱신을 위한 기회, 유연함과 적응력을 지닌 경력, "전인성(wholeness), 완벽함, 의미 등을 만들어 내는 삶의 여러 영역과 경험(p.138)"에서의 통합 등이 포함된다. Kossek, Valcour, 그리고 Lirio(2014)는 지속가능한 경력을 경제적 필요를 충족할 수 있는 안정성을 제공하고, 직업과 삶 사이의 가치의 적합성을 제공하며, "변화하는 개인의 요구와 관심을 충족시키기 위한 유연성과 능력(p.309)"을 제공하고, 개인이 새로운 힘을 얻도록 업무를 개선하는 등의 특징을 가진 것으로 정의하였다. Newman(2011)과 Kossek 등(2014)은 조직이 지속가능한 경력을 촉진하기 위해 사용할 수 있는 전략으로 휴가 관련 제도를 도입하는 것(예를 들면, 안식년, 파트타임 근무 등), 심화된 노동강도를 약화하는 것(예를 들면, 업무 재설계, 현실적인 업무 마감 일정 설정), 일터에서 사회적 지원을 제공하는 것(예를 들면, 분야 간 교육훈련) 등을 제언하였다.

일-가정 관점과 지속가능한 경력의 초점은 서로 중첩되는 부분이 많은데, Greenhaus와 Kossek(2014)은 지속가능한 경력이 일-가정 관점에 큰 영향을 미친다는 점을 지적하였다. 이 둘은 모두 일과 삶의 경계를 모호한 것으로 보고 있다. 그러나 지금까지는 일-가정 관점과 지속가능한 경력을 지원하기 위해 무엇이 필요한지에 대해서는 거의 논의가 이루어지지 못했다(Greenhaus & Kossek, 2014). 아마도 조직이나 사회는 이들을 지원하기 위해 일을 재구조화할 때 급진적 변화를 겪을 것으로 보인다. 단, 우려가 되는 사실 중 하나는 일-가정 관점이나 지속가능한 경력 등이 전문직, 기술직, 관리직 등의 종사자들에게는 이익을 제공하지만, 환경변화에 취약한 노동자 집단은 조직이 경력을 지원하지 않을 수 있다는 점에서 불리하게 작용할 수 있다는 점이다.

5) 경력개발을 사회정의의 관점에서 바라볼 필요가 있다.

경력은 모든 사람에게 중요하다. Blustein(2008)은 일의 의미(meaning of work)를 "일은 삶의 여러 측면 중에서 중심이 되는데, 생계를 위한 투쟁은 개인이 사회적, 경제적, 정치적 맥락과 어떻게 상호작용을 하는지를 근원적으로 가장 일관되게 보여주고 있다(p.237)"라고 마치 웅변하듯 말한 바 있다. 하지만, 삶에서 일이 중요함에도 불구하고, Blustein과 동료들은 그보다 먼저 "실제로, 일의 세계는 …(중략)… 사회적 불평등과 부당함이 존재하는 삶의 맥락을 가장 분명하게 보여준다(Blustein, McWhirter, & Perry, 2005, p.142)"라고 지적하였다. 이러한 도전적 현실, 특히 그중에서도 소수자집단의 사람들이 조직에서 경력개발의 기회를 얻지 못하고, 부적절하게 배제당하며, 인적자원으로서 충분히 활용되지 못하는 현실을 살펴보고자 하는 여러 시도들이 있었다(Fassinger,

2008).

　진로지도와 상담분야에서 사회적 정의는 새로운 개념이 아니다. Pope, Briddick, 그리고 Wilson(2013)은 1890년대 후반과 1900년대 초반의 진보적 사회개혁 운동에서 경력상담 역사의 근원을 추적한 바 있다. 일반적으로 진로지도분야의 창시자로 알려져 있는 Frank Parsons도 사회적 정의를 수립하려는 강한 의지가 있었으며, 다양한 관련 사회단체에도 참여한 바 있다(Pope et al., 2013). 그러나 많은 전문가들(예를 들면, HRD 혹은 HRM 실무자들), 특히 영리를 추구하는 조직의 전문가들은 이러한 사회적 정의를 거의 말하고 있지 않으며 행동하려고 하지도 않는다. Byrd(2014)는 "HRD분야의 패러다임을 사회적 정의를 추구하는 방향으로 전환하는 것은 사회적 억압에 대한 적극적 자세를 취하는 것을 의미하며 이 분야의 전문가 집단이 도덕적 책임감을 갖게 되는 것을 의미한다. 이것은 곧 도덕적 주체성(moral agency)의 확립을 의미한다(p.292)"라고 주장하였다.

　사회적 정의의 관점에서 보면 경력개발을 통해 불평등을 고착화하고 개인의 힘을 약화하는 조직문화는 바뀌어야 한다. 이 책에서는 조직이 경력개발과 관련된 결정을 할 때 공정성을 인식하고 직원들이 부딪히게 되는 도전과제를 해결하도록 돕는 정책과 실천사항을 위한 수용적 문화 구축에 대해 논의한 바 있다. HRD 전문가는 조직이 공정하고 정의롭게 운영될 수 있도록 역할을 감당해야 하며, 동시에 "권력과 특권"을 가진 사람들이 현 상황에 대해 "비평적 의식(critical consciousness)"을 갖도록 노력해야 할 것이다(Blustein et al., 2005, p.167).

　조직의 변화를 넘어 공정성과 평등을 달성하기 위해서는 사회적 변화가 필요하다. Blustein(2008)과 Fassinger(2008)는 소외된 집단의 요구를 해결하기 위한 공공정책의 필요성을 강조하였다. Blustein은 일이 개인의 심리적 행복에 있어 중요하기 때문에, 심각한 정신 질환으로부터의 회복을 돕고, 일터의 심리적 웰빙을 지원하며, 인종차별을 방지하는 정책 등이 지속적으로 만들어지고 운영되어야 할 필요가 있다고 지적하였다.

4. 요약

경력개발 전문가들은 개인의 경력개발을 돕는 데 발생할 수 있는 윤리적 문제를 고려해야 한다. 이 장은 해당 전문가들이 일반적으로 직면할 수 있는 몇 가지 윤리적 딜레마(기밀유지, 이해충돌, 역량, 힘의 불균형)에 초점을 맞추었다. 또한, 이번 장은 윤리적 경력풍토의 중요성도 다루었다. 조직문화는 다양한 방법으로 경력풍토에 영향을 미친다. 조직문화가 경력성공을 어떻게 규정하며, 경력성공 달성 방법을 어떻게 규정하는지 살펴보는 것은 조직문화의 영향력을 확인시켜 준다. 또한, 조직이 경력에서의 불평등을 고착화하고, 종업원과 관계적 고용계약이 아닌 거래적 고용계약을 수용하려고 할 때, 윤리적 사항들이 문제가 될 수도 있다는 점을 이번 장에서는 언급하였다.

이번 장은 끝으로 현재 경력과 관련된 선행연구들이 제시하고 있는 다섯 가지 제언을 제공하고 있다. 이러한 제언들은 오늘날의 경력환경을 설명하고 있으며, 경력개발분야의 전문가들에게 미래 자신의 역할에 대해 생각하도록 하고 있다. 현재 HR은 새로운 경력개발의 시대를 이끌고 갈 위치에 서 있다. 해야 할 일이 많다!

참고문헌

Abele, A. E., Volmer, J., & Spurk, D. (2012). Career stagnation: Underlying dilemmas and solutions in contemporary work environments. In N. P. Reilly, M. J. Sirgy, & C. A. Gorman (Eds.), *Work and quality of life: Ethical practices in organizations* (pp. 107-132). New York: Springer.

Adams, J. S. (2006). Ethics and careers. In J. H. Greenhaus & G. A. Callanan (Eds.), *Encyclopedia of career development* (pp. 298-302). Thousand Oaks, CA: Sage Publications.

American Counseling Association (ACA) (2014). *Code of ethics.* Retrieved from http://www.counseling.org/knowledge-center/ethics.

Blustein, D. L. (2008). The role of work in psychological health and wellbeing. *American Psychologist, 63*(4), 228-240.

Blustein, D. L., McWhirter, E. H., & Perry, J. C. (2005). An emancipatory communitarian approach to vocational development theory, research, and practice. *The Counseling Psychologist, 33*(2), 141-179.

Brennan, D., & Wildflower, L. (2014). Ethics in coaching. In E. Cox, T. Bachkirova, & D. A. Clutterbuck (Eds.), *The complete handbook of coaching* (2nd ed., pp. 430-444). Los Angeles: Sage Publications.

Byrd, M. Y. (2014). A social justice paradigm for HRD: Philosophical and theoretical foundations. In N. E. Chalofsky, T. S. Rocco, & M. L. Morris (Eds.), *Handbook of human resource development* (pp. 281-298). Hoboken, NJ: John Wiley & Sons, Inc.

Callanan, G. A. (2003). What price career success? *Career Development International, 8*(3), 126–133.

Cascio, W. F. (2007). Trends, paradoxes, and some directions for research in career studies. In H. Gunz & M. Peiperl (Eds.), *Handbook of career studies* (pp. 549–557). Los Angeles: Sage Publications.

Chung, Y. B., & Gfoerer, M. C. A. (2003). Career coaching: Practice, training, professional, and ethical issues. *The Career Development Quarterly, 52*(2), 141–152.

Conceição, S. C. O., & Thomas, K. J. (2015). Virtual HRD (VHRD). In R. F. Poell, T. S. Rocco, & G. L. Roth (Eds.), *The Routledge companion to human resource development* (pp. 606–615). London: Routledge.

Conger, S. (2002). Fostering a career development culture: Reflections on the roles of managers, employees and supervisors. *Career Development International, 7*(6), 371–375.

Eby, L. T., & Allen, T. D. (2002). Further investigation of proteges' negative mentoring experiences. *Group & Organization Management, 27*(4), 456–479.

Fassinger, R. E. (2008). Workplace diversity and public policy. *American Psychologist, 63*(4), 252–268.

Gottfredson, G. D. (2005). Career development in organizations. In W. B. Walsh & M. L. Savickas (Eds.), *Handbook of vocational psychology* (3rd ed., pp. 297–318). Mahwah, NJ: Lawrence Erlbaum Associates.

Greenhaus, J. H., & Kossek, E. E. (2014). A contemporary career: A work-home perspective. *Annual Review of Organizational Psychology and Organizational Behavior, 1*(1), 361–388.

Kossek, E. E., Valcour, M., & Lirio, P. (2014). The sustainable workforce: Organizational strategies for promoting work-life balance and wellbeing. In P. Y. Chen & G. L. Cooper (Eds.), *Work and wellbeing: Wellbeing: A complete reference guide. Volume. III.* (pp. 295-318). Chichester: John Wiley & Sons.

Krishna, V. (2014). Certification of HRD professionals. In N. E. Chalofsky, T. S. Rocco, & M. L. Morris (Eds.), *Handbook of human resource development* (pp. 661-672). Hoboken, NJ: John Wiley & Sons.

McDonald, K. S., & Hite, L. M. (2005). Ethical issues in mentoring: The role of HRD. *Advances in Developing Human Resources, 7*(4), 569-582.

McDonald, K. S., & Hite, L. M. (2014). Contemporary career literature and HRD. In N. E. Chalofsky, T. S. Rocco, & M. L. Morris (Eds.), *Handbook of human resource development* (pp. 353-368). Hoboken, NJ: John Wiley & Sons.

McGuire, D., & Kissack, H. C. (2015). Line managers and HRD. In R. F. Poell, T. S. Rocco, & G. L. Roth (Eds.), *The Routledge companion to human resource development* (pp. 521-530). London: Routledge.

Newman, K. L. (2011). Sustainable careers: Lifecycle engagement in work. *Organizational Dynamics, 40*(2), 136-143.

Niles, S. G., & Harris-Bowlsbey, J. (2013). *Career development interventions in the 21st century* (4th ed.). Boston: Pearson.

OECD (2014, December). *Focus on inequality and growth.* Retrieved from http://www.oecd.org/social/Focus-Inequality-and-Growth-2014.pdf.

Park, Y., & Rothwell, W. J. (2009). The effects of organizational learning climate, career-enhancing strategy, and work orientation on the protean career. *Human Resource Development International, 12*(4), 387-405.

Pope, M., Briddick, W. C., & Wilson, F. (2013). The historical importance of social justice in the founding of the National Career Development Association. *The Career Development Quarterly, 61*(4), 368-373.

Renwick, D., & MacNeil, C. M. (2002). Line manager involvement in careers. *Career Development International, 7*(7), 407-414.

Russ-Eft, D. (2014). Morality and ethics in HRD. In N. E. Chalofsky, T. S. Rocco, & M. L. Morris (Eds.), *Handbook of human resource development* (pp. 510-525). Hoboken, NJ: John Wiley & Sons.

Toporek, R. L., Kwan, K. K., & Williams, R. A. (2012). Ethics and social justice in counseling psychology. In N. A. Fouad (Ed.), *APA handbook of counseling psychology: Practice, interventions, and applications. Vol. II.* (pp. 305-332). Washington, DC: The American Psychological Association.

Van Buren, H. J. (2003). Boundaryless careers and employability obligations. *Business Ethics Quarterly, 13*(2), 131-149.

Vardi, Y., & Kim, S. H. (2007). Considering the darker side of careers: Toward a more balanced perspective. In H. Gunz & M. Peiperl (Eds.), *Handbook of career studies* (pp. 502-511). Los Angeles: Sage Publications.

찾아보기

역자소개

박용호

고려대학교 교육학과 학사 및 석사
Pennsylvania State University HRD전공 박사
전) 삼성생명 인재개발팀
전) 고려대학교 교육문제연구소 연구교수
전) 현대NGV 자문교수
전) 대한민국인재상 중앙심사위원
현) 인천대학교 사회과학대학 창의인재개발학과 교수
현) 한국인력개발학회 상임이사
현) 한국산업교육학회 이사

Career Development: A Human Resource Development Perspective,
Copyright © 2016 Kimberly McDonald and Linda Hite
All rights reserved
Authorized translation from English language edition published by Routledge,
an imprint of Taylor & Francis Group LLC
Korean Translation Copyright © 2019 by PYMATE Publishing
Korean edition is published by arrangement with Taylor & Francis Group LLC,
through Duran Kim Agency, Seoul.

이 책의 한국어판 저작권은 듀란킴 에이전시를 통해
저작권자와 독점 계약한 박영사에 있습니다.
저작권법에 의해 한국 내에서 보호를 받는 저작물이므로
무단 전재와 무단 복제를 금합니다.

HRD 관점에서 본 경력개발

초판발행	2019년 11월 22일
중판발행	2024년 10월 18일
지은이	Kimberly McDonald & Linda Hite
옮긴이	박용호
펴낸이	노 현
편 집	강민정
기획/마케팅	조정빈
표지디자인	이미연
제 작	고철민·조영환
펴낸곳	(주)피와이메이트
	서울특별시 금천구 가산디지털2로 53 한라시그마밸리 210호(가산동)
	등록 2014. 2. 12. 제2018-000080호
전 화	02)733-6771
f a x	02)736-4818
e-mail	pys@pybook.co.kr
homepage	www.pybook.co.kr
ISBN	979-11-90151-97-9 93370

* 파본은 구입하신 곳에서 교환해 드립니다. 본서의 무단복제행위를 금합니다.

정 가   18,000원

박영스토리는 박영사와 함께하는 브랜드입니다.